基金来源：黑龙江省省属高校基本科研业务费项目"绥化市玉米全产业链影响因素和发展路径研究（项目编号：YWF10236230105）"；绥化学院科研创新团队"农产品产业链管理研究科研创新团队（项目编号：SIT05013）"

产业结构升级与经济增长的关系探讨

李　明　著

哈尔滨工程大学出版社
Harbin Engineering University Press

内容简介

本书系统探讨了产业结构升级与经济增长的理论机制与实证关系，为经济高质量发展提供政策启示。在全球经济变革与科技驱动的背景下，传统的经济增长模式面临挑战，产业结构升级成为各国提升竞争力的核心路径。本书结合理论梳理与实证分析，揭示产业结构升级通过技术进步、资源配置等渠道促进经济增长的内在逻辑，并基于跨国与中国数据验证其正向效应。本研究不仅填补了理论空白，更为中国等转型经济体提供了产业政策优化方向。

本书适合经济学研究者、政策制定者及高校师生阅读，以深化对结构性改革与增长动能转换的理解。

图书在版编目(CIP)数据

产业结构升级与经济增长的关系探讨 / 李明著.
哈尔滨：哈尔滨工程大学出版社，2025. 8. -- ISBN
978-7-5661-4901-5

Ⅰ. F264;F061.2

中国国家版本馆 CIP 数据核字第 20254FG143 号

产业结构升级与经济增长的关系探讨
CHANYE JIEGOU SHENGJI YU JINGJI ZENGZHANG DE GUANXI TANTAO

选题策划 夏飞洋
责任编辑 夏飞洋
封面设计 李海波

出版发行 哈尔滨工程大学出版社
社　　址 哈尔滨市南岗区南通大街 145 号
邮政编码 150001
电　　话 0451-82519989
经　　销 新华书店
印　　刷 哈尔滨市海德利商务印刷有限公司
开　　本 787 mm×1 092 mm　1/16
印　　张 12.25
字　　数 251 千字
版　　次 2025 年 8 月第 1 版
印　　次 2025 年 8 月第 1 次印刷
书　　号 ISBN 978-7-5661-4901-5
定　　价 59.00 元

http://www.hrbeupress.com
E-mail:heupress@hrbeu.edu.cn

前　言

本书旨在深入探讨产业结构升级与经济增长之间的内在联系，揭示产业结构升级对经济增长的影响机制，并为政策制定提供科学依据。本书的出版，不仅是对相关理论研究的总结和深化，更是对当前经济高质量发展实践的积极响应。

在全球经济格局深刻变革的背景下，产业结构升级已成为推动经济高质量发展的重要途径。随着科技的迅猛发展和全球化的深入推进，传统的经济增长模式面临着诸多挑战，产业结构升级成为各国应对挑战、提升竞争力的关键举措。中国作为世界第二大经济体，正处于经济转型升级的关键阶段，产业结构升级对其经济增长的推动作用愈发显著。因此，深入研究产业结构升级与经济增长的关系，不仅具有重要的理论意义，更具有深远的现实意义。

本书的主要内容包括以下几个方面：首先，在理论基础与文献综述部分，系统梳理了产业结构升级与经济增长的相关理论，总结了国内外相关研究的最新进展，为后续研究奠定了坚实的理论基础。其次，在实证分析与政策建议部分，运用多种经济计量方法，对产业结构升级与经济增长的关系进行了实证分析，验证了产业结构升级对经济增长的正向影响，并基于研究结果提出了有针对性的政策建议。最后，在未来研究方向部分，结合当前研究的局限性和未来经济发展的新趋势，提出了未来研究的方向和重点，为后续研究提供了参考和启示。通过这三个方面的内容，本书不仅深化了对产业结构升级与经济增长关系的理解，还为政策制定和学术研究提供了重要的理论支持和实践指导。

本书的出版得到了黑龙江省省属高校基本科研业务费项目“绥化市玉米全产业链影响因素和发展路径研究（项目编号：YWF10236230105）”以及绥化学院科研创新团队“农产品产业链管理研究科研创新团队（项目编号：SIT05013）”的资助。在撰写过程中，我还得到了众多专家学者和同人的支持与帮助。在此，谨向所有为本书出版做出贡献的专家学者、编辑和出版人员致以诚挚的谢意。希望本书能为相关领域的研究者、政策制定者提供有益参考，为推动经济高质量发展贡献力量。

由于时间和水平有限，书中难免存在不足之处，恳请广大读者批评指正。期待与各位读者共同探讨产业结构升级与经济增长的关系，为推动经济高质量发展贡献智慧和力量。

著　者

2024 年 10 月

目　　录

第1章 绪　　论

1.1 研究背景与意义

1.1.1 全球产业结构演变趋势

当前,全球经济正处于深刻的变革之中,新一轮科技革命和产业变革加速演进,全球产业结构呈现新的发展趋势。

1. 数字化、智能化、绿色化转型及影响

当前,以人工智能、大数据、云计算等为代表的新一代信息技术正以前所未有的速度与实体经济深度融合,推动全球产业结构向数字化、智能化、绿色化方向加速转型。这一转型不仅重塑了传统产业的生产方式和商业模式,也催生了大量新产业、新业态、新模式,为全球经济增长注入新的活力。

(1)数字化、智能化转型

新一代信息技术正在深刻改变着全球的产业格局,推动传统产业向数字化、网络化、智能化方向转型。在制造业领域,智能制造、工业互联网等新模式、新业态不断涌现,通过数据驱动和智能决策,大幅提升了生产效率和产品质量。例如,智能工厂通过物联网技术实现设备互联和数据共享,利用人工智能算法优化生产流程,显著降低了生产成本和资源消耗。在服务业领域,电子商务、在线教育、远程医疗等新业态快速发展,打破了传统服务业的时空限制,为消费者提供了更加便捷、个性化的服务体验。例如,数字医疗平台通过大数据分析和人工智能诊断技术,为患者提供精准的医疗服务,极大地提升了医疗资源的利用效率。

(2)绿色化转型

全球气候变化和资源环境约束的日益加剧,使得绿色低碳发展成为全球共识。各国政府和企业纷纷加大对绿色技术的研发投入,推动新能源、节能环保、生态治理等绿色产业的快速发展。例如,太阳能、风能等可再生能源技术的突破,使得清洁能源的成本大幅下降,逐步取代传统化石能源,成为主流能源。同时,绿色金融工具的不断创新,如绿色债券、绿色基金等,为绿色产业的发展提供了强有力的资金支持。此外,循环经济模式的推广也使得资源利用效率显著提升,减少了环境污染和资源浪费。

(3)转型的深远影响

数字化、智能化、绿色化转型不仅推动了传统产业的升级,也催生了大量新兴产业,如人工智能、区块链、生物技术等。这些新兴产业不仅为经济增长提供了新的动力,也为解决全球性挑战提供了新的解决方案。例如,人工智能技术在医疗、教育、交通等领域的应用,极大地提高了社会运行效率;区块链技术在金融、供应链管理等领域的应用,显著提升了透明度和安全性。

总之,数字化、智能化、绿色化转型正在重塑全球产业结构,为经济增长注入新的动力。各国应积极顺应这一趋势,通过政策引导和技术创新,推动产业结构升级,实现经济高质量发展。

2. 产业链供应链区域化、本地化趋势明显

近年来,受地缘政治冲突、新型冠状病毒感染等多重因素影响,全球产业链供应链正经历深刻重构,区域化、本地化趋势日益显著。各国纷纷将产业链供应链的安全稳定提升至战略高度,推动供应链布局从全球化向区域化、本地化转变。

(1)地缘政治与贸易保护主义的影响

地缘政治冲突和贸易保护主义的抬头,使得全球供应链面临着前所未有的不确定性。例如,中美贸易摩擦导致部分高科技产业链断裂,迫使企业重新评估供应链布局。为降低地缘政治风险,许多国家开始将关键产业链向本国或周边地区转移,以减少对单一国家或地区的依赖。

(2)区域化、本地化趋势的加速

在全球供应链重构的背景下,区域化、本地化成为重要趋势。区域经济一体化协定的签署,如《区域全面经济伙伴关系协定》(RCEP),促进了区域内产业链供应链的深度融合。例如,东南亚国家凭借其劳动力成本低和地理位置佳的优势,成为全球制造业供应链的重要节点。同时,各国政府通过政策激励,鼓励企业将生产基地布局在本国或周边地区,以增强供应链的自主可控能力。例如,美国颁布的《芯片与科学法案》,旨在吸引半导体制造业回流,而欧盟则通过"绿色新政"推动本土清洁能源产业链的发展。

(3)对全球经济的深远影响

产业链供应链的区域化、本地化趋势,一方面有助于提高供应链的安全性和稳定性;另一方面也可能导致全球分工效率下降,推高生产成本。例如,企业为满足本地化生产要求,可能需要在多个地区重复建设生产线,增加了运营成本。此外,区域化趋势可能加剧全球经济碎片化,削弱全球化带来的资源配置效率。

总之,产业链供应链的区域化、本地化趋势是当前全球经济格局变化的重要特征。各国和企业需要在保障供应链安全与维持全球化效率之间寻找平衡,通过技术创新和合作机制,构建更具韧性和可持续性的供应链体系。

3. 服务业经济持续发展,产业结构不断优化

随着全球经济发展水平的不断提高,服务业在国民经济中的比重持续上升,成为推动经济增长的重要引擎。与此同时,产业结构不断优化升级,知识密集型和技术密集型服务业快速发展,为全球经济注入新的活力。

(1)服务业比重持续上升

随着居民收入水平的提高和消费结构的升级,全球服务业在国民经济中的比重持续上升。在发达国家,服务业占国内生产总值(GDP)的比重普遍超过70%;而在新兴经济体,这一比重也在快速上升。例如,中国的服务业增加值占GDP的比重已超过50%,成为经济增长的主要动力。服务业的快速发展不仅满足了人们对教育、医疗、文化、旅游等多样化服务的需求,也为就业创造了大量机会。例如,数字经济平台催生了外卖骑手、网约车司机等新型就业岗位,为劳动力市场注入了新的活力。

(2)产业结构不断优化

在服务业内部,产业结构也在不断优化升级。传统服务业如零售、餐饮等通过数字化转型焕发新生,而知识密集型和技术密集型服务业则成为增长的主要动力。例如,信息技术服务、研发设计服务、金融服务等高附加值服务业快速发展,推动了产业链向高端延伸。以信息技术服务为例,云计算、大数据、人工智能等技术的广泛应用,不仅提升了服务效率,还催生了新的商业模式,如共享经济、平台经济等。

(3)知识密集型服务业的崛起

知识密集型服务业的快速发展是产业结构优化的重要标志。这类服务业以高知识含量和技术含量为特征,包括研发设计、咨询服务、教育培训、文化创意等领域。例如,研发设计服务通过技术创新和产品设计,为制造业提供了强大的支撑;咨询服务通过专业知识和经验,帮助企业提升管理水平和运营效率。此外,文化创意产业通过融合科技与艺术,创造了巨大的经济价值和社会价值。

(4)技术密集型服务业的创新

技术密集型服务业依托先进技术,推动了服务模式的创新和服务质量的提升。例如,金融科技通过区块链、人工智能等技术,实现了支付、借贷、投资等金融服务的智能化和便捷化;健康科技通过远程医疗、智能诊断等技术,提高了医疗服务的可及性和精准性。这些技术创新不仅提升了服务效率,还创造了新的市场需求,推动了服务业经济的持续发展。

(5)服务贸易的全球化

服务贸易的快速发展也是服务经济持续增长的重要体现。随着数字技术的普及,跨境服务贸易的壁垒逐渐降低,数字服务贸易成为新的增长点。例如,在线教育、远程医疗、数字内容等服务的跨境交付,为全球消费者提供了更加便捷和多样化的选择。同时,服务贸易的全球化也促进了知识、技术和人才的国际流动,推动了全球经济的深度融合。

总之,服务业经济的持续发展和产业结构的不断优化,是全球经济转型升级的重要特征。知识密集型和技术密集型服务业的快速发展,不仅提升了服务业的附加值,也为经济增长注入了新的动力。未来,随着技术的进步和需求的升级,服务业将继续在全球经济中扮演重要角色,推动全球经济向更高质量、更可持续的方向发展。

1.1.2 中国经济发展新常态与产业结构升级

中国经济已由高速增长阶段转向高质量发展阶段,经济发展进入新常态,面临着结构性、体制性、周期性问题相互交织带来的挑战。推动产业结构升级是破解发展难题、实现高质量发展的关键。

1. 传统产业面临着转型升级的压力

中国传统产业规模庞大,长期以来为经济增长和就业提供了重要支撑。然而,随着经济进入高质量发展阶段,部分传统产业面临产能过剩、技术水平不高、资源环境约束加剧等问题,转型升级压力日益突出。

(1)产能过剩问题

部分传统行业,如钢铁、煤炭、水泥等,长期存在产能过剩问题。这不仅导致资源浪费和企业盈利能力下降,还加剧了市场竞争,使得部分企业陷入低价竞争的恶性循环。例如,钢铁行业在经历高速扩张后,正面临着需求增长放缓的挑战,产能利用率持续走低。为化解产能过剩,政府通过供给侧结构性改革,推动去产能、去库存,但部分企业仍面临转型困难。

(2)技术水平不高

许多传统产业的技术水平相对落后,生产效率低下,产品附加值较低。例如,纺织、服装等劳动密集型行业,长期以来依赖低成本劳动力优势,但在劳动力成本上升和国际贸易环境变化的背景下,竞争力逐渐减弱。此外,部分制造业企业缺乏核心技术,关键零部件依赖进口,面临“卡脖子”风险。例如,半导体、高端装备制造等领域的技术短板,制约了产业向高端化发展。

(3)资源环境约束加剧

传统产业高能耗、高污染的特征与绿色发展的要求之间的矛盾日益突出。例如,化工、建材等行业在生产过程中消耗大量能源和资源,同时排放大量污染物,给生态环境带来巨大压力。随着环保政策的趋严和“双碳”目标的提出,传统产业面临更大的环保压力和转型压力。例如,碳排放配额制度的实施,使得高耗能企业的生产成本大幅上升。

(4)转型升级的迫切性

面对上述挑战,传统产业的转型升级已成为必然选择。通过技术创新、模式创新等手段,传统产业可以实现从低端向高端、从粗放向集约的转变。例如,智能制造技术的应用可以提升生产效率和产品质量;绿色技术的推广可以降低能耗和污染物排放;服务型制造的转型可以延伸产业链,提升附加值。此外,数字化转型也为传统产业提供了新的发展机遇。例如,工业互联网平台的应用可以实现生产过程的智能化和协同化,提升资源配置效率。

(5)政策支持与市场机遇

为支持传统产业转型升级,政府出台了一系列政策措施,如技术改造专项资金、绿色金融支持等。同时,市场需求的升级也为传统产业提供了新的机遇。例如,消费者对高品质、个性化产品的需求,推动了传统制造业向高端化、定制化方向发展。此外,国际市场的绿色消费趋势,也为传统产业的绿色转型提供了动力。

总之,传统产业的转型升级是推动经济高质量发展的重要任务。通过技术创新、模式创新和绿色发展,传统产业可以焕发新的活力,为经济增长注入新的动力。在这一过程中,政府、企业和社会各界需要共同努力,为传统产业的转型升级创造良好的政策环境和市场条件。

2. 新兴产业快速发展,但核心竞争力有待提升

近年来,中国战略性新兴产业快速发展,在新能源、人工智能、生物技术等领域取得了显著成就,成为经济增长的新引擎。然而,从整体来看,新兴产业仍面临核心技术受制于人、产业链供应链不稳定等问题,核心竞争力有待进一步提升。

(1)新兴产业的快速发展

中国战略性新兴产业涵盖新一代信息技术、高端装备制造、新材料、生物技术、新能源等领域,近年来保持了高速增长。例如,新能源汽车产业在政策支持和市场需求的双重驱动下,产销量连续多年位居世界第一;人工智能产业在算法、算力和数据等方面取得重要突破,应用场景不断拓展;光伏、风电等新能源产业的技术水平和市场规模均位居世界前列。这些成就不仅推动了中国经济的转型升级,也为全球科技进步和可持续发展作出了重要贡献。

(2)核心技术受制于人

尽管新兴产业取得了显著进展,但在部分关键领域,核心技术仍受制于人。例如,半导体产业的高端芯片设计、制造设备和材料仍依赖进口,面临“卡脖子”风

险;人工智能产业的底层算法和高端芯片也主要依赖国外技术。此外,生物技术领域的高端医疗设备和创新药物研发能力仍有待提升。核心技术的缺失不仅制约了产业的自主发展,也影响了产业链的安全和稳定。

(3)产业链供应链不稳定

新兴产业的快速发展对产业链供应链的稳定性和韧性提出了更高要求。然而,部分新兴产业的产业链供应链仍存在薄弱环节。例如,新能源汽车产业的电池原材料供应高度依赖进口,存在供应中断的风险;人工智能产业的算力基础设施布局不均衡,制约了技术的普及和应用。此外,地缘政治风险和国际贸易环境的不确定性,也加剧了产业链供应链的不稳定性。

(4)提升核心竞争力的路径

为提升新兴产业的核心竞争力,需要从以下几个方面着力:

①加强核心技术攻关。加大对基础研究和关键核心技术研发的投入,突破"卡脖子"技术瓶颈。例如,通过国家科技重大专项、产学研合作等方式,推动半导体、人工智能、生物技术等领域的技术创新。

②完善产业链供应链。加强产业链上下游协同,提升产业链供应链的自主可控能力。例如,通过政策引导和市场机制,推动关键原材料、核心零部件的国产化替代。

③培育创新生态。营造良好的创新环境,激发企业、高校、科研机构的创新活力。例如,通过完善知识产权保护制度、优化创新资源配置,构建开放协同的创新生态。

④加强国际合作。在坚持自主创新的同时,积极参与全球科技合作,融入全球创新网络。例如,通过国际科技合作项目、技术交流平台,提升中国新兴产业的国际竞争力。

总之,新兴产业的快速发展为中国经济注入了新的活力,但核心竞争力的提升仍是当前面临的重要任务。通过加强技术创新、完善产业链供应链、培育创新生态和加强国际合作,中国新兴产业有望在全球竞争中占据更加有利的地位,为经济高质量发展提供更强有力的支撑。

3. 服务业发展潜力巨大,但结构有待优化

近年来,中国服务业在国民经济中的比重持续上升,已成为经济增长的主要动力。然而,服务业的内部结构仍存在不平衡的问题:生产性服务业发展相对滞后,生活性服务业质量有待提升。为进一步释放服务业发展潜力,推动经济高质量发展,优化服务业结构势在必行。

(1)服务业比重持续上升

随着经济发展和居民收入水平的提高,中国服务业在国民经济中的比重持续

上升。根据国家统计局数据,2022年服务业增加值占GDP的比重已超过50%,成为经济增长的主要贡献者。服务业的快速发展不仅创造了大量的就业机会,还满足了人民群众日益增长的美好生活需要。例如,电子商务、在线教育、远程医疗等新兴服务业的兴起,极大地提升了人们生活的便利性和幸福感。

(2)生产性服务业发展滞后

尽管服务业整体发展迅速,但生产性服务业的发展相对滞后。生产性服务业包括研发设计、现代物流、金融服务、信息技术服务等,是为制造业和其他产业提供中间投入的服务行业。目前,中国生产性服务业的规模和质量与发达国家相比仍有较大差距。例如,研发设计服务的创新能力不足,难以满足制造业高端化发展的需求;现代物流服务的效率和服务水平有待提升,制约了产业链供应链的优化。

(3)生活性服务业质量有待提升

生活性服务业直接面向消费者,包括教育、医疗、文化、旅游等领域。尽管生活性服务业规模不断扩大,但服务质量参差不齐的问题依然突出。例如,教育资源分布不均衡,优质教育资源供给不足;医疗服务体系尚不完善,看病难、看病贵的问题仍未完全解决;文化旅游服务的个性化、多样化需求尚未得到充分满足。这些问题制约了生活性服务业的进一步发展,也影响了人民群众的生活质量。

(4)优化服务业结构的路径

为推动服务业高质量发展,优化服务业结构,可以从以下几个方面着手:

①加快发展生产性服务业。加大对研发设计、现代物流、金融服务等生产性服务业的支持力度,提升其服务能力和水平。例如,通过政策引导和资金支持,鼓励企业加大研发投入,推动生产性服务业与制造业深度融合。

②提升生活性服务业的规模和质量。加强生活性服务业的标准化和规范化建设,提升服务质量和效率。例如,通过完善教育、医疗等公共服务体系,推动文化旅游服务的转型升级,满足人民群众多样化、个性化的需求。

③推动服务业数字化转型。利用新一代信息技术,推动服务业的数字化转型和智能化升级。例如,通过大数据、人工智能等技术,提升服务业的运营效率和服务水平,培育新的服务业态和模式。

④加强服务业人才培养。加大对服务业人才的培养和引进力度,为服务业高质量发展提供人才支撑。例如,通过职业教育、技能培训等方式,提升服务业从业人员的专业素质和服务能力。

总之,服务业发展潜力巨大,但结构优化仍是当前面临的重要任务。通过加快发展生产性服务业、提升生活性服务业的规模和质量、推动服务业数字化转型与加强服务业人才培养,中国服务业有望实现高质量发展,为经济增长和人民生活水平提升作出更大贡献。

1.1.3 研究产业结构升级与经济增长关系的意义

产业结构升级是经济增长的重要动力，研究产业结构升级与经济增长的关系具有重要的理论和现实意义。

1. 理论意义

研究产业结构升级与经济增长的关系，不仅具有重要的现实意义，也具有深远的理论意义。这一研究有助于丰富和发展产业结构理论、经济增长理论，为理解二者之间的关系提供新的视角和思路。

(1) 丰富产业结构理论

产业结构理论主要研究产业结构演变的一般规律和影响因素。传统产业结构理论，如配第-克拉克定理、库兹涅茨产业结构演变理论等，主要关注产业结构变化与经济发展水平之间的关系。然而，随着经济全球化和技术进步的加速，产业结构演变呈现新的特征，例如数字化、智能化、绿色化转型等。研究产业结构升级与经济增长的关系，可以拓展产业结构理论的研究范围，将技术进步、全球化、绿色发展等因素纳入分析框架，从而更全面地解释产业结构演变的规律和机制。

(2) 发展经济增长理论

经济增长理论主要研究经济增长的源泉和动力。传统经济增长理论，如古典经济增长理论、新古典经济增长理论等，主要关注资本积累、劳动投入和技术进步对经济增长的贡献。然而，随着经济全球化和知识经济的发展，产业结构升级对经济增长的影响日益显著。研究产业结构升级与经济增长的关系，可以丰富经济增长理论的研究内容，将产业结构升级作为经济增长的重要动力，从而更全面地解释经济增长的机制和路径。

(3) 提供新的研究视角

研究产业结构升级与经济增长的关系，可以为理解二者之间的关系提供新的视角和思路。例如，从创新驱动的视角，研究产业结构升级如何通过技术进步和创新推动经济增长；从全球价值链的视角，研究产业结构升级如何通过参与全球分工和贸易促进经济增长；从绿色发展的视角，研究产业结构升级如何通过资源节约和环境保护实现可持续经济增长。这些新的研究视角不仅有助于深化对产业结构升级与经济增长关系的理解，也为相关政策制定提供了理论依据。

(4) 推动跨学科研究

产业结构升级与经济增长的关系涉及经济学、管理学、社会学等多个学科领域。研究这一关系，可以推动跨学科研究的开展，促进不同学科之间的交流与合作。例如，经济学可以提供理论框架和实证分析方法，管理学可以研究企业层面的创新和战略，社会学可以分析产业结构升级对社会结构和社会关系的影响。这种跨学科研究不仅有助于深化对产业结构升级与经济增长关系的理解，也为解决复杂的现实问题提供了新的思路和方法。

总之，研究产业结构升级与经济增长的关系，不仅有助于丰富和发展产业结构理论、经济增长理论，还为理解二者之间的关系提供了新的视角和思路。这一研究具有重要的理论意义，将为推动经济高质量发展提供理论支撑和智力支持。

2. 现实意义

研究产业结构升级与经济增长的关系，不仅具有重要的理论意义，更具有深远的现实意义。这一研究为中国推动产业结构升级、实现经济高质量发展提供了理论依据和政策建议。

(1) 推动产业结构升级

当前，中国经济已由高速增长阶段转向高质量发展阶段，产业结构升级成为推动经济转型升级的关键。研究产业结构升级与经济增长的关系，可以为政府制定产业政策提供理论依据。例如，通过分析不同产业升级路径对经济增长的影响，可以为政府选择重点发展产业提供参考；通过研究产业结构升级的驱动因素，可以为政府制定技术创新、人才培养等政策提供依据。此外，研究还可以为企业制定发展战略提供指导，帮助企业抓住产业结构升级的机遇，实现转型升级。

(2) 实现经济高质量发展

经济高质量发展要求经济增长更加注重质量、效率和可持续性。研究产业结构升级与经济增长的关系，可以为实现经济高质量发展提供政策建议。例如，通过分析产业结构升级对资源配置效率、技术进步、人力资本积累等方面的影响，可以为政府制定提高经济增长质量的政策提供依据；通过研究产业结构升级对资源消耗和环境污染的影响，可以为政府制定绿色发展政策提供参考。此外，研究还可以为政府制定区域协调发展政策提供依据，推动不同地区根据自身优势实现产业结构升级和经济增长。

(3) 应对全球挑战

当前，全球经济面临诸多挑战，例如地缘政治冲突、疫情冲击、气候变化等。研究产业结构升级与经济增长的关系，可以为应对这些挑战提供解决的思路。例如，通过分析产业链供应链区域化、本地化趋势对经济增长的影响，可以为政府制定供应链安全政策提供依据；通过研究绿色产业发展对经济增长的促进作用，可以为政府制定应对气候变化的政策提供参考。此外，研究还可以为政府制定国际合作政策提供依据，推动中国在全球经济治理中发挥更大作用。

(4) 提升国际竞争力

在全球经济竞争日益激烈的背景下，提升国际竞争力成为中国经济发展的重要目标。研究产业结构升级与经济增长的关系，可以为提升国际竞争力提供政策建议。例如,通过分析新兴产业发展的关键因素,可以为政府制定支持新兴产业发展的政策提供依据;通过研究服务业结构优化对经济增长的影响,可以为政府制定提升服务业国际竞争力的政策提供参考。此外,研究还可以为政府制定吸引外资和人才的政策提供依据,推动中国在全球价值链中向高端攀升。

总之,研究产业结构升级与经济增长的关系,对于中国推动产业结构升级、实现经济高质量发展具有重要的现实意义。这一研究不仅为政府制定政策提供了理论依据,也为企业制定发展规划提供了指导,同时为应对全球挑战和提升国际竞争力提供了思路。通过深化研究和实践探索,中国有望在产业结构升级和经济增长方面取得更大成就,为全球经济可持续发展做出更大贡献。

1.2 研究内容与方法

1.2.1 研究内容

本节将围绕"产业结构升级与经济增长的关系"这一主题,重点研究以下内容。

1. 产业结构升级与经济增长的理论基础和作用机制

(1)理论基础

本节主要基于产业结构演变理论、经济增长理论和创新理论,系统探讨产业结构升级与经济增长的关系。

首先,产业结构演变理论为分析产业结构变化的一般规律和影响因素提供了重要框架。配第-克拉克定理揭示了劳动力在三次产业间转移的规律,指出随着经济发展,劳动力会从第一产业向第二、第三产业转移。库兹涅茨产业结构演变理论进一步从产值和劳动力分布的角度,分析了产业结构演变与经济增长的关系,强调技术进步和需求结构变化是推动产业结构升级的重要因素。钱纳里工业化阶段理论则通过划分工业化阶段,阐述了产业结构升级与经济增长的动态关系,指出不同发展阶段产业结构的变化特征及其对经济增长的影响。

其次,经济增长理论为探讨经济增长的源泉和动力提供了理论支撑。古典经济增长理论强调资本积累和劳动力增长对经济增长的作用,而新古典经济增长理论引入了技术进步作为外生变量,解释了长期经济增长的动力。内生经济增长理论进一步将技术进步内生化,强调人力资本、研发投入和创新是经济增长的核心驱动力。这些理论为理解产业结构升级如何通过技术进步和资源配置优化推动经济增长提供了重要视角。

最后,创新理论为研究技术创新的过程、机制和影响提供了理论基础。熊彼特创新理论强调创新是经济发展的根本动力,认为企业家通过引入新产品、新技术和新组织形式推动经济变革。国家创新系统理论则从系统视角出发,强调政府、企业、高校和科研机构在创新过程中的协同作用,指出创新体系的完善是提升国家竞争力的关键。这些理论为分析产业结构升级中的技术创新机制及其对经济增长的影响提供了重要启示。

(2)作用机制

产业结构升级与经济增长之间存在密切的互动关系,二者相互促进、相互制约,共同推动经济高质量发展。

首先,产业结构升级对经济增长具有显著的促进作用。通过提高资源配置效率,产业结构升级能够将生产要素从低效部门向高效部门转移,从而提升整体经济效率。同时,产业结构升级通过促进技术进步与创新,推动新兴产业和高技术产业的发展,为经济增长注入新的动力。此外,产业结构升级还能够提升人力资本水平,通过教育和技能培训提高劳动者的素质,增强经济的创新能力和竞争力。产业结构升级还能通过优化需求结构,满足消费者对高质量产品和服务的需求,进一步拉动经济增长。

其次,经济增长为产业结构升级提供了重要的推动力。经济增长通过提供物质基础,为产业结构升级创造了必要的资本和技术条件。例如,经济增长带来的资本积累可以支持企业进行技术研发和设备更新,推动产业向高端化、智能化方向发展。同时,经济增长通过创造市场需求,为新兴产业和高技术产业提供了广阔的发展空间。此外,经济增长还通过促进要素流动,推动劳动力、资本和技术在产业间的优化配置,为产业结构升级提供了有力支持。

最后,产业结构升级与经济增长之间存在协同发展机制。二者相互促进、相互制约,形成良性循环。一方面,产业结构升级通过提升经济效率和技术水平推动经济增长;另一方面,经济增长通过提供物质基础和市场需求支持产业结构升级。这种协同发展机制要求政府在政策制定中注重二者的协调,通过优化产业政策、加大科技创新投入、完善要素市场等措施,推动产业结构升级与经济增长的良性互动。例如,可以通过制定差异化的产业政策,支持重点产业和关键领域的发展;通过加强科技创新体系建设,提升技术转化效率;通过完善要素市场化配置机制,促进资源的高效流动和优化配置。总之,产业结构升级与经济增长的协同发展是实现经济高质量发展的重要路径。

2. 中国产业结构升级与经济增长的现状及问题

(1)中国产业结构的演变历程

中国产业结构的演变历程反映了不同历史阶段经济发展战略的调整和经济体制的变革。改革开放前,中国的产业结构以重工业为主,农业基础薄弱,服务业发展滞后。这一时期，受计划经济体制和优先发展重工业战略的影响，资源大量向重工业倾斜，农业和服务业的发展受到限制。尽管重工业的快速发展为国民经济奠定了初步的工业基础，但农业和服务业的滞后却导致经济结构失衡，人民生活水平提升缓慢。

改革开放后，中国开始进行产业结构调整，农业的基础地位得到巩固，轻工业快速发展，第三产业比重逐步上升。农村家庭联产承包责任制的实施极大地释放了农业生产力，农业产值和农民收入显著提高。与此同时，轻工业在市场化改革的推动下迅速发展，满足了人民群众日益增长的消费需求。随着经济体制改革的深入，第三产业特别是服务业开始崛起，成为经济增长的重要动力。这一阶段的产业结构调整不仅改善了经济结构，也为后续的经济发展奠定了坚实基础。

进入新时代，中国产业结构优化升级的步伐进一步加快。供给侧结构性改革深入推进，通过去产能、去库存、去杠杆、降成本、补短板等措施，推动传统产业转型升级和新兴产业快速发展。创新驱动发展战略深入实施，科技创新成为推动产业结构升级的核心动力，高技术产业和战略性新兴产业的比重显著提升。绿色发展理念深入人心，绿色产业和循环经济快速发展，推动产业结构向低碳化、绿色化方向转型。新时代的产业结构优化升级不仅提升了经济的质量和效益，也为实现经济高质量发展提供了有力支撑。

综上所述，中国产业结构的演变历程从以重工业为主到农业、轻工业和服务业的协调发展，再到新时代的创新驱动和绿色发展，反映了中国经济从高速增长向高质量发展的转变。这一历程不仅体现了经济发展战略的调整，也为未来产业结构升级和经济增长提供了宝贵经验。

(2)中国经济增长现状及特征

中国经济增长在过去的几十年中取得了举世瞩目的成就，成为世界经济增长的主要动力源。

首先，在经济增长速度方面，中国保持了中高速增长，为全球经济稳定和复苏做出了重要贡献。尽管近年来经济增速有所放缓，但仍保持在合理区间，显示出较强的韧性和潜力。中国经济的持续增长不仅推动了国内人民生活水平的显著提高，也为全球经济注入了强劲动力，成为世界经济增长的重要引擎。

其次，在经济增长质量方面，中国经济结构不断优化，创新能力显著增强，绿色发展取得积极进展。随着供给侧结构性改革的深入推进，传统产业转型升级步伐加快，新兴产业和高技术产业快速发展，经济结构更加均衡和高效。创新驱动发展战略的实施使得科技创新能力显著提升，高技术产业和战略性新兴产业的比重不断增加，为经济增长注入了新的活力。同时，绿色发展理念的深入人心推动了绿色产业和循环经济的快速发展，经济增长的可持续性显著增强。

最后，在经济增长动力方面，传统动能持续发力，新动能加快成长。传统产业通过技术改造和转型升级，继续为经济增长提供重要支撑。与此同时，新动能如数字经济、智能制造、绿色经济等快速崛起，成为经济增长的新引擎。特别是在数字经济领域，互联网、大数据、人工智能等技术的广泛应用，不仅推动了新兴产业的快速发展，也为传统产业的转型升级提供了新的路径和机遇。

综上所述，中国经济增长在速度、质量和动力方面均表现出显著的特征和优势。中高速增长为全球经济提供了稳定动力，经济结构的优化和创新能力的提升推动了增长质量的提高，而传统动能与新动能的协同发力则为经济增长注入了持续的动力。未来，中国将继续通过深化改革、创新驱动和绿色发展，推动经济实现更高质量、更有效率、更加公平、更可持续的发展。

(3)中国产业结构升级与经济增长的互动关系分析

产业结构升级与经济增长之间存在密切的互动关系，二者相互促进、相互制约，共同推动经济高质量发展。

首先，产业结构升级通过多种途径促进经济增长。其一，产业结构升级能够提高资源配置效率，将生产要素从低效部门向高效部门转移，从而提升整体经济效率。其二，产业结构升级通过促进技术进步与创新，推动新兴产业和高技术产业的发展，为经济增长注入新的动力。其三，产业结构升级有助于提升人力资本水平，通过教育和技能培训提高劳动者的素质，增强经济的创新能力和竞争力。其四，产业结构升级通过优化需求结构，满足消费者对高质量产品和服务的需求，进一步拉动经济增长。

其次，经济增长为产业结构升级提供了重要的推动力。经济增长通过提供物质基础，为产业结构升级创造了必要的资本和技术条件。例如，经济增长带来的资本积累可以支持企业进行技术研发和设备更新，推动产业向高端化、智能化方向发展。同时，经济增长通过创造市场需求，为新兴产业和高技术产业提供了广阔的发展空间。此外，经济增长还通过促进要素流动，推动劳动力、资本和技术在产业间的优化配置，为产业结构升级提供了有力支持。

最后，产业结构升级与经济增长之间存在协同发展机制。二者相互促进、相互制约，形成良性循环。一方面，产业结构升级通过提升经济效率和技术水平推动经济增长；另一方面，经济增长通过提供物质基础和市场需求支持产业结构升级。这种协同发展机制要求政府在政策制定中注重二者的协调，通过优化产业政策、加大科技创新投入、完善要素市场等措施，推动产业结构升级与经济增长的良性互动。例如，可以通过制定差异化的产业政策，支持重点产业和关键领域的发展；通过加强科技创新体系建设，提升技术转化效率；通过完善要素市场化配置机制，促进资源的高效流动和优化配置。总之，产业结构升级与经济增长的协同发展是实现经济高质量发展的重要路径。

3. 中国产业结构升级与经济增长的实证分析

(1)模型构建与变量选取

①经济增长模型

经济增长是经济学研究的核心问题之一,构建计量经济模型有助于深入分析影响经济增长的关键因素。在经济增长模型中,产业结构升级、人力资本、研发投入和外商直接投资是重要的解释变量。产业结构升级通过优化资源配置、提高生产效率促进经济增长;人力资本则通过提升劳动力素质和技术创新能力推动经济长期增长;研发投入是技术进步的重要源泉,直接影响全要素生产率;外商直接投资不仅带来资本积累,还通过技术溢出效应促进经济增长。

在模型构建中,通常以 GDP 增长率作为被解释变量,产业结构升级可以用第三产业增加值占 GDP 的比重衡量;人力资本可以用平均受教育年限或高等教育人口比例表示;研发投入可以用研发经费占 GDP 的比重衡量;外商直接投资可以用 FDI 存量或流量占 GDP 的比重表示。通过多元回归分析,可以量化各因素对经济增长的贡献程度,并检验其显著性。此外,该模型还需考虑控制变量,如资本形成、劳动力供给、制度环境等,以提高其解释力。

②产业结构升级模型

产业结构升级是经济高质量发展的重要标志,其影响因素包括经济增长、人力资本、研发投入和外商直接投资等。经济增长为产业结构升级提供了物质基础和市场空间;人力资本通过提升劳动力技能和创新水平推动产业向高端化发展;研发投入是产业技术升级的核心动力;外商直接投资则通过技术转移和产业关联效应促进产业结构优化。

在产业结构升级模型中,通常以第三产业增加值占 GDP 的比重或高技术产业增加值占工业增加值的比重作为被解释变量。经济增长可以用 GDP 增长率表示,人力资本、研发投入和外商直接投资的衡量方式与经济增长模型类似。通过构建计量经济模型,可以分析各因素对产业结构升级的影响方向和强度。例如,研发投入可能对高技术产业发展的促进作用更为显著,而外商直接投资可能对传统产业升级的影响更大。此外,该模型还需考虑区域差异、政策环境等控制变量,以便更全面地反映产业结构升级的驱动机制。

通过上述两个模型的构建与分析,可以为制定促进经济增长和产业结构升级的政策提供科学依据。例如,加大对人力资本和研发投入的支持力度,优化外商直接投资结构,推动产业向高端化、智能化方向发展,从而实现经济的高质量增长。

(2)实证结果与分析

①描述性统计分析

描述性统计分析是对数据的基本特征进行总结和描述的过程,旨在了解数据的分布规律和特征。在研究中,先要对主要变量(如经济增长率、产业结构升级指标、人力资本、研发投入、外商直接投资等)进行描述性统计分析。通过计算均值、中位数、标准差、最大值、最小值等统计量,可以初步判断数据的集中趋势、离散程度以及分布形态。例如,经济增长率的均值反映了样本期间的平均增长水平,标准差则衡量了增长率的波动性。此外,通过绘制直方图或核密度图,可以直观地观察数据的分布特征,判断是否存在偏态或异常值。描述性统计分析为后续的计量分析提供了基础,有助于识别数据的潜在问题,如数据缺失或极端值。

②平稳性检验

平稳性是时间序列分析的重要前提,非平稳时间序列可能导致"伪回归"问题。在研究中,采用 ADF 检验(augmented dickey-fuller test)和 PP 检验(phillips-perron test)对主要变量进行平稳性检验。ADF 检验通过引入滞后项来消除序列相关性,而 PP 检验则通过非参数方法修正异方差和自相关问题。如果检验结果显示变量是非平稳的,通常需要对数据进行差分处理,直到通过平稳性检验。平稳性检验的结果为后续的协整分析和格兰杰因果检验提供了基础。

③协整检验

协整检验用于分析非平稳时间序列之间是否存在长期均衡关系。在研究中,采用 Johansen 协整检验方法,检验经济增长、产业结构升级、人力资本、研发投入和外商直接投资等变量之间的协整关系。Johansen 协整检验基于向量自回归(VAR)模型,通过计算迹统计量和最大特征值统计量来判断协整关系的存在性和数量。如果变量之间存在协整关系,说明它们具有长期的均衡关系,可以建立误差修正模型(ECM)来分析短期波动和长期均衡的调整过程。

④格兰杰因果检验

格兰杰因果检验用于分析变量之间的因果关系。在研究中,采用格兰杰因果检验方法,检验产业结构升级与经济增长之间的因果关系。格兰杰因果检验基于 VAR 模型,通过检验一个变量的滞后项是否对另一个变量具有显著预测能力来判断因果关系的方向。例如,如果产业结构升级的滞后项对经济增长具有显著影响,则说明产业结构升级是经济增长的格兰杰原因。格兰杰因果检验的结果有助于理解变量之间的相互作用机制。

⑤脉冲响应分析

脉冲响应分析用于研究一个变量受到外部冲击时对其他变量的动态影响。在研究中,采用脉冲响应函数(IRF)分析产业结构升级对经济增长的动态影响。通过构建 VAR 模型,可以模拟产业结构升级受到一个单位标准差冲击后,经济增长的响应路径。脉冲响应分析能够揭示变量之间的动态关系,例如产业结构升级对经济增长的短期和长期影响是否存在差异。

⑥方差分解法

方差分解法用于分析各变量对经济增长的贡献度。在研究中,采用方差分解法,将经济增长的预测误差方差分解为各变量的贡献部分。通过计算各变量在不同预测期内的贡献比例,可以评估产业结构升级、人力资本、研发投入和外商直接投资等因素对经济增长的相对重要性。方差分解的结果有助于识别影响经济增长的关键因素,为政策制定提供依据。

上述分析方法可以全面揭示经济增长与产业结构升级之间的关系,为经济政策的制定和实施提供科学依据。

(3)稳健性检验

稳健性检验是计量经济学研究中的重要环节,旨在验证模型结果的可靠性和稳定性。通过采用不同的变量指标、样本区间和估计方法,我们可以检验模型是否对设定变化敏感,从而增强研究结论的可信度。以下是三种常见的稳健性检验方法:

①更换变量指标

在研究中,变量指标的选择可能对结果产生重要影响。例如,产业结构升级通常用第三产业增加值占 GDP 的比重来衡量,但这种指标可能无法全面反映产业升级的内涵。为了保证检验结果的稳健性,可以采用其他指标,如高技术产业增加值占 GDP 的比重或全要素生产率(TFP)增长率。高技术产业增加值占比更能体现产业向高端化、技术密集型方向发展的趋势,而 TFP 增长率则反映了技术进步和效率提升对经济增长的贡献。通过更换变量指标,我们可以验证产业结构升级对经济增长的影响是否具有一致性。如果不同指标下的检验结果相似,则说明研究结论具有较高的稳健性。

②更换样本区间

样本区间的选择可能影响模型的估计结果。例如,在研究经济增长与产业结构升级的关系时,初始样本区间为 2000—2022 年。为了保证检验结果的稳健性,可以将样本区间缩短为 2010—2022 年,以排除早期数据可能存在的结构性问题或异常波动。此外,还可以根据经济周期或政策变化划分子样本区间,例如金融危机前后或供给侧结构性改革实施前后。通过更换样本区间,可以验证模型结果是否在不同时间段内保持一致。如果检验结果在不同样本区间下具有相似性,则说明研究结论具有较强的稳健性。

③更换估计方法

估计方法的选择对模型结果具有重要影响。在面板数据分析中,常用的估计方法包括固定效应模型和随机效应模型。固定效应模型适用于个体效应与解释变量相关的情况,而随机效应模型则适用于个体效应与解释变量无关的情况。为了保证检验结果的稳健性,可以分别采用固定效应模型和随机效应模型进行估计,并通过 Hausman 检验选择更合适的模型。此外,还可以采用广义矩估计(GMM)或工具变量法(IV)来处理内生性问题。通过更换估计方法,可以验证模型结果是否对方法选择敏感。如果不同方法下的检验结果一致,则说明研究结论具有较高的可靠性。

稳健性检验是确保研究结论科学性和可信度的重要步骤。通过更换变量指标、样本区间和估计方法,可以全面评估模型的稳健性,从而为政策制定提供更加可靠的依据。

4. 促进中国产业结构升级与经济增长协同发展的政策建议

(1)深化供给侧结构性改革

优化产业结构是推动经济高质量发展的重要举措。首先,通过推动传统产业转型升级,培育壮大战略性新兴产业,加快发展现代服务业,实现产业结构的优化升级。其次,提升产业链水平是关键,通过加强产业链供应链协同创新,打造优势产业集群,增强产业链供应链的韧性和竞争力。最后,发展现代服务业是重要方向,推动生产性服务业与制造业深度融合,提升生活性服务业品质,同时加快数字经济发展,为经济增长注入新动能。这些措施相辅相成,共同促进产业结构的高级化、智能化,为经济可持续发展奠定坚实基础。

(2)实施创新驱动发展战略

加强科技创新是推动经济高质量发展的核心动力。首先,通过加大研发投入、加强基础研究、完善科技创新体系,提升科技创新的整体能力。其次,促进科技成果转化是关键,通过健全科技成果转化机制、加强科技成果转化平台建设、鼓励企业参与科技成果转化,打通从研发到应用的“最后一公里”。最后,培养创新人才是基础,通过加强创新型人才培养、完善人才激励机制、优化人才发展环境,为科技创新提供智力支持。

(3)完善体制机制

完善体制机制是保障科技创新和经济发展的制度基础。首先,深化市场化改革,完善要素市场化配置体制机制,健全公平竞争审查制度,深化“放管服”改革,激发市场活力。其次,健全法律法规,完善产业政策法规体系,加强知识产权保护,健全市场监管体系,为创新提供法治保障。最后,优化营商环境,打造市场化、法治化、国际化的营商环境,加强政府诚信建设,构建亲清政商关系,为企业和创新主体营造良好的发展环境。

通过科技创新与体制机制的协同推进,能够有效提升经济竞争力,为实现经济高质量发展提供坚实支撑。

1.2.2 研究方法

本书将采用多种研究方法,包括文献研究法、比较分析法、实证分析法和案例分析法,以全面、深入地探讨产业结构升级与经济增长的关系。

1. 文献研究法

文献研究法是本书使用的基础研究方法。通过查阅国内外学术期刊、专著、研究报告、政府文件等文献,我们重点关注产业结构升级与经济增长的理论基础、作用机制、实证研究、政策建议等方面,采用定性分析方法对文献进行归纳、总结和评述,提炼出有价值的研究成果和研究方向。文献研究法的作用主要体现在:为本书提供理论基础和研究框架,帮助读者了解国内外研究现状,避免重复研究,同时发现研究空白,明确研究方向,从而为后续研究奠定坚实的理论基础和参考依据。

2. 比较分析法

比较分析法是本书使用的重要研究方法。通过选择与中国经济发展阶段相似或产业结构升级经验丰富的国家(如美国、德国、日本、韩国等)或地区作为比较对象,我们可以重点关注其产业结构升级路径、政策措施和经验教训等方面,采用定性分析方法对比较对象进行横向和纵向比较,总结出可借鉴的经验和教训。比较分析法的作用在于为中国产业结构升级与经济增长提供国际经验借鉴,帮助读者发现中国在产业结构升级和经济增长中存在的问题和不足,并为提出符合中国国情的政策建议提供重要参考依据。

3. 实证分析法

实证分析法是本书使用的核心研究方法。通过运用计量经济学方法,我们可以构建面板数据模型、时间序列模型等计量经济模型,对中国产业结构升级与经济增长的关系进行实证分析,验证理论假设并揭示二者之间的内在联系。数据主要来源于《中国统计年鉴》、《中国科技统计年鉴》、各省统计年鉴以及相关政府网站。实证分析法包括描述性统计分析、平稳性检验、协整检验、格兰杰因果检验、脉冲响应分析和方差分解法等,对数据进行系统处理和分析。实证分析法的作用在于验证产业结构升级与经济增长之间的理论关系,量化分析产业结构升级对经济增长的影响程度,并为政策制定提供科学、可靠的实证依据。

4. 案例分析法

案例分析法是本书使用的补充研究方法。通过选择具有代表性的行业、企业或地区(如新能源汽车产业、华为公司、深圳市等)作为典型案例,我们重点关注其产业结构升级的路径、措施、成效以及对经济增长的影响,采用定性分析方法对案例进行深入剖析,总结出可推广的经验和模式。案例分析法的作用在于为理论研究提供实证支持,帮助读者发现产业结构升级与经济增长中的成功经验和失败教训,并为其他行业、企业或地区提供借鉴。

本书选择文献研究法、比较分析法、实证分析法和案例分析法等多种研究方法,主要基于以下考虑:首先,研究对象的复杂性决定了需要采用多种方法进行综合分析;其次,中国产业结构升级与经济增长的数据相对丰富,为实证分析提供了数据支持;最后,多种研究方法的结合能够更全面、深入地揭示产业结构升级与经济增长的关系,从而为政策制定提供更有价值的参考依据。

1.3 研究创新与不足

1.3.1 研究创新

本书在产业结构升级与经济增长关系的研究领域,力求在视角、方法和结论上实现创新,以期为相关理论和实践提供新的思路和参考。具体而言,本书的创新点主要体现在以下三个方面。

1. 研究视角创新

本书从全球产业结构演变趋势和中国经济发展新常态的视角,研究产业结构升级与经济增长的关系,突破了传统研究局限于单一国家或地区的局限性。

(1)全球视角

当前,全球经济正处于深刻变革之中,新一轮科技革命和产业变革加速演进,全球产业链供应链重构,绿色低碳发展成为全球共识。本书将中国产业结构升级与经济增长置于全球背景下进行分析,探讨全球化、技术进步、绿色发展等全球性趋势对中国产业结构升级和经济增长的影响。

(2)新常态视角

中国经济已由高速增长阶段转向高质量发展阶段,经济发展进入新常态,面临着结构性、体制性、周期性问题相互交织带来的挑战。本书从新常态的视角,分析中国产业结构升级与经济增长的关系,探讨如何通过产业结构升级推动经济高质量发展。

2. 研究方法创新

本书综合运用多种研究方法,特别是注重运用实证分析法,对产业结构升级与经济增长的关系进行定量分析,提高了研究的科学性和可靠性。

(1)多种研究方法结合

本书采用文献研究法、比较分析法、实证分析法和案例分析法等多种研究方法,从不同角度、不同层面分析产业结构升级与经济增长的关系,力求全面、深入地揭示二者之间的内在联系。

(2)注重实证分析

本书运用计量经济学方法,构建计量经济模型,对中国产业结构升级与经济增长的关系进行实证分析,验证理论假设,量化分析产业结构升级对经济增长的影响程度,为政策制定提供实证依据。

3. 研究结论创新

本书在理论分析和实证研究的基础上,提出促进中国产业结构升级与经济增长协同发展的政策建议,具有较强的针对性和可操作性。

(1)理论分析

本书系统地梳理了产业结构升级与经济增长的理论基础和作用机制,为理解二者之间的关系提供了理论框架。

(2)实证研究

本书运用计量经济学方法,对中国产业结构升级与经济增长的关系进行了实证分析,验证了理论假设,量化分析了产业结构升级对经济增长的影响程度。

(3)政策建议

本书在理论分析和实证研究的基础上,结合中国实际情况,提出了促进中国产业结构升级与经济增长协同发展的政策建议,包括深化供给侧结构性改革、实施创新驱动发展战略、完善体制机制等方面。

4. 创新点的意义

本书的创新点具有重要的理论意义和实践意义。

(1)理论意义

本书丰富了产业结构理论和经济增长理论,为理解产业结构升级与经济增长的关系提供了新的视角和思路。

(2)实践意义

本书为中国推动产业结构升级、实现经济高质量发展提供了理论依据和政策建议。

1.3.2 研究不足

尽管本书力求在视角、方法和结论上实现创新,并取得了一定的研究成果,但由于研究问题的复杂性和研究条件的限制,仍存在一些不足之处,主要体现在以下几个方面。

1. 数据获取的局限性

数据是实证研究的基础，数据的质量和数量直接影响研究结果的准确性和可靠性。然而，由于数据获取的限制，本书可能存在数据不全或数据滞后的问题。

(1)数据不全

部分指标的数据难以获取，例如某些行业的细分数据、企业的微观数据等，导致本书无法全面反映产业结构升级与经济增长的关系。

(2)数据滞后

部分数据存在滞后性，例如统计年鉴中的数据通常滞后一年，导致本书无法及时反映最新的经济动态。

数据获取的局限性对研究结果和研究深度产生了显著影响。首先，数据不全或滞后可能导致研究结果存在偏差，无法准确反映实际情况，从而影响研究结论的可靠性和科学性。其次，数据的限制也制约了研究的深度和广度，使得一些关键问题无法得到深入分析，限制了研究的全面性和系统性。

为弥补数据获取的局限性，我们可以从以下两个方面进行改进：一方面，拓展数据来源，例如利用企业调研数据、行业报告数据等，以丰富数据的多样性和全面性；另一方面，采用更先进的数据处理方法，例如数据插值法、数据预测法等，以弥补数据不全和滞后的问题，提高数据的准确性和时效性，从而为研究提供更可靠的数据支持。

2. 模型构建的局限性

经济现象具有复杂性和动态性，模型构建过程中不可避免地需要进行简化和抽象，这可能导致研究结论存在一定的局限性。

(1)简化假设

为了便于分析，模型构建过程中需要进行一些简化假设，例如假设市场是完全竞争的、信息是完全对称的等，这些假设可能与实际情况存在偏差。

(2)变量选择

模型构建过程中需要选择有限的变量进行分析，而现实中影响产业结构升级与经济增长的因素众多，变量选择可能存在遗漏或偏差。

模型构建的局限性对研究结果和模型的解释力产生了重要影响。首先，由于经济现象的复杂性和模型简化假设的存在，研究结果可能无法完全反映实际情况，存在一定的误差，从而影响研究结论的准确性。其次，模型的局限性也限制了其解释力和预测力，使其难以准确预测未来的经济走势，降低了研究的实用价值。

为改进模型构建的局限性，我们可以从以下两个方面着手：一方面，采用更复杂的模型，例如动态随机一般均衡模型(DSGE)、可计算一般均衡模型(CGE)等，以提高模型的解释力和预测力，使其更贴近现实经济情况；另一方面，引入更多的变量,例如制度因素、文化因素等,以更全面地反映影响经济现象的多重因素,从而提高模型的准确性和科学性。

3. 政策建议的可行性

政策建议的制定需要考虑政策环境的复杂性和多变性,而本研究提出的政策建议可能存在一定的局限性,需要根据实际情况进行调整和完善。

(1)政策环境的复杂性

政策制定和实施受到多种因素的影响,例如政治因素、经济因素、社会因素等,这些因素相互作用,增加了政策制定的难度。

(2)政策环境的多变性

政策环境处于不断变化之中,例如国际形势的变化、国内经济形势的变化等,这些变化可能导致政策建议失效。

政策建议的局限性可能对政策实施效果产生显著影响。首先,由于政策环境的复杂性和多变性,政策建议可能无法有效实施,导致预期效果难以实现,甚至可能偏离政策目标。其次,政策建议的局限性还可能引发意想不到的后果,带来新的问题或负面影响,从而增加政策实施的难度和风险。

为应对政策建议的局限性,我们可以从以下两个方面进行改进:一方面,加强政策评估,对政策建议进行全面的可行性分析和风险评估,确保政策建议的科学性和可操作性;另一方面,建立政策反馈机制,及时收集政策实施过程中的信息和反馈,动态调整和完善政策建议,以增强政策的适应性和有效性。

4. 研究不足的启示

尽管本书的研究存在一些不足之处,但这些不足也为未来的研究提供了重要的方向和启示。通过对研究不足的反思,可以为后续研究提供改进思路,推动相关领域的学术进步和实践发展。具体而言,未来的研究可以从以下三个方面进行改进和深化。

(1)加强数据建设

数据是实证研究的基础,数据的质量和可获得性直接影响研究结果的准确性和可靠性。针对数据获取的局限性,未来的研究应加强数据建设,建立健全的数据收集和共享机制。首先,可以通过拓展数据来源,例如利用企业调研数据、行业报告数据、国际数据库等,丰富数据的多样性和全面性。其次,应推动数据共享平台的建设和完善,促进学术界、政府和企业之间的数据共享与合作,提高数据的可获得性。最后,还可以采用更先进的数据处理方法,例如数据插值法、数据预测法等,以弥补数据不全和滞后所带来的问题,提高数据的准确性和时效性。通过加强数据建设,可以为研究提供更可靠的数据支持,提升研究的科学性和实用性。

(2)改进模型构建

经济现象的复杂性和动态性要求研究模型具备更高的解释力和预测力。针对模型构建的局限性,未来的研究应改进模型构建方法,采用更先进的模型和技术。例如,可以引入动态随机一般均衡模型、可计算一般均衡模型等复杂模型,以更全面地反映经济系统的运行机制。同时,应注重引入更多的变量,例如制度因素、文化因素、环境因素等,以提高模型的准确性和科学性。此外,还可以结合机器学习、人工智能等新兴技术,开发更具创新性的研究方法,提升模型的解释力和预测力。通过改进模型构建,我们可以更准确地揭示经济现象的内在规律,为政策制定提供更有价值的参考依据。

(3)注重政策评估

政策建议的科学性和可行性是研究成果应用于实践的关键。针对政策建议的局限性,未来的研究应注重政策评估,加强政策评估和反馈机制的建设。首先,应在政策建议制定过程中进行全面的可行性分析和风险评估,确保政策建议的科学性和可操作性。其次,应建立政策反馈机制,及时收集政策实施过程中的信息和反馈,动态调整和完善政策建议,以增强政策的适应性和有效性。最后,还可以通过案例研究、模拟实验等方法,对政策建议进行预评估,提前发现潜在问题并加以解决。通过注重政策评估,我们可以提高政策建议的实用性和影响力,推动研究成果更好地服务于经济社会发展。

总之,研究不足为未来的研究提供了重要的改进方向和启示。通过加强数据建设、改进模型构建和注重政策评估,我们可以进一步提升研究的科学性、实用性和影响力,为相关领域的理论发展和实践应用做出更大贡献。

第2章　理论基础与文献综述

2.1　相关概念的界定

2.1.1　产业结构

产业结构是指国民经济中各产业的构成及其相互关系。它反映了社会资源在不同产业间的配置状况,是衡量经济发展水平的重要指标。产业结构的优化升级是推动经济增长、实现经济高质量发展的重要途径。产业结构可以从不同的角度进行划分,常见的分类方法包括三次产业分类法、生产要素密集度分类法和技术含量分类法等。

1. 三次产业分类法

三次产业分类法是一种广泛使用的产业结构分类方法,它将国民经济划分为第一产业(农业)、第二产业(工业)和第三产业(服务业)。这种分类方法不仅直观地反映了经济发展的阶段性和产业结构的演变规律,还为经济分析和政策制定提供了重要的理论依据。以下将详细探讨三次产业分类法的具体内容及其在经济发展中的作用。

(1)第一产业

第一产业主要包括种植业、林业、畜牧业和渔业等,其主要功能是提供食品和原材料。第一产业作为国民经济的基础,在经济发展的初期阶段占据主导地位。它为人类提供了基本的生存资料,如粮食、蔬菜、水果、肉类等,同时也为工业生产提供了必要的原材料,如棉花、木材、皮革等。

然而,随着经济的发展和工业化进程的推进,第一产业在国民经济中的比重逐渐下降。这一现象符合经济发展的普遍规律,即随着生产力的提高和产业结构的升级,第一产业的相对重要性逐渐减弱。尽管如此,第一产业仍然是国民经济中不可或缺的一部分,尤其是在保障粮食安全和维护生态平衡方面具有不可替代的作用。

(2)第二产业

第二产业包括制造业、采矿业、建筑业等,其主要功能是进行物质产品的生产和加工。第二产业是国民经济的主导产业,在工业化过程中,其比重先上升后下降。工业化是经济发展的重要阶段,标志着从农业社会向工业社会的转变。在这一阶段,工业生产成为经济增长的主要动力,推动了城市化进程和技术进步。

制造业是第二产业的核心,涵盖了从原材料加工到成品制造的各个环节。采矿业则为制造业提供了必要的原材料,如煤炭、石油、金属矿石等。建筑业则通过基础设施建设和房地产开发,为经济发展提供了物质基础。

随着经济的发展和技术的进步,第二产业在国民经济中的比重逐渐趋于稳定甚至下降。这一现象反映了产业结构的进一步升级,即从以第二产业为主导的经济向以服务业为主导的经济转变。然而,第二产业仍然是国民经济的重要组成部分,尤其是在推动技术创新和提高生产效率方面具有重要作用。

(3)第三产业

第三产业包括批发和零售业、交通运输业、金融业、教育、医疗等,其主要功能是提供各种服务。第三产业是国民经济的重要组成部分,随着经济发展水平的提高,其比重持续上升。第三产业的兴起标志着经济发展进入了一个新的阶段,即从以物质生产为主的经济向以服务提供为主的经济转变。

批发和零售业是第三产业的重要组成部分,它们通过商品的流通和销售,满足了消费者的需求。交通运输业则为商品和人员的流动提供了必要的支持,促进了经济的区域一体化。金融业通过资金的融通和风险管理,为经济活动提供了必要的资金支持。教育和医疗则通过提供人力资源和健康保障,为经济的可持续发展提供了基础。

三次产业分类法作为一种常见的产业结构分类方法,为理解经济发展的阶段性和产业结构的演变规律提供了重要的理论依据。第一产业、第二产业和第三产业各自在国民经济中扮演着不同的角色,随着经济的发展,它们的比重和重要性也在不断变化。尽管三次产业分类法存在一定的局限性,但它仍然是经济分析和政策制定的重要工具。随着经济的发展和技术的进步,三次产业分类法需要不断更新和完善,以更好地反映现代经济的复杂性和多样性。

2. 生产要素密集度分类法

生产要素密集度分类法是一种根据生产要素的密集程度对产业进行分类的方法,它将产业划分为劳动密集型产业、资本密集型产业和技术密集型产业。这种分类方法反映了不同产业对劳动力、资本和技术的依赖程度,为分析产业结构和制定经济政策提供了重要依据。以下将详细探讨生产要素密集度分类法的具体内容及其在经济发展中的作用。

(1)劳动密集型产业

劳动密集型产业主要依赖劳动力的投入,其特点是生产过程需要大量的人力资源,而对资本和技术的依赖相对较低。典型的劳动密集型产业包括纺织业、服装业、食品加工业、玩具制造业等。这些产业通常技术含量、附加值较低,但能够吸纳大量劳动力就业,尤其是在经济发展初期或劳动力资源丰富的地区,劳动密集型产业往往占据重要地位。

劳动密集型产业的优势在于其就业吸纳能力强,能够有效缓解就业压力,促进社会稳定。此外,这类产业通常进入门槛较低,适合中小企业发展,能够为地方经济注入活力。然而,劳动密集型产业也存在一些局限性,例如生产效率较低、产品附加值不高、易受劳动力成本上升的影响。随着经济发展和劳动力成本的提高,劳动密集型产业的竞争优势可能逐渐减弱,需要通过技术升级或产业转型来维持竞争力。

(2)资本密集型产业

资本密集型产业主要依赖资本的投入,其特点是生产过程需要大量的资金支持,用于购买设备、建设厂房和采购原材料等。典型的资本密集型产业包括钢铁业、化工业、汽车制造业、能源产业等。这些产业通常技术含量、附加值较高,但投资规模大,回收周期长,对企业的资金实力和融资能力提出了较高要求。

资本密集型产业的优势在于其规模效应显著,能够通过大规模生产降低成本,提高生产效率。此外,这类产业通常具有较强的产业链带动作用,能够促进上、下游产业的发展,形成产业集群效应。然而,资本密集型产业也存在一些挑战,例如投资风险较高、市场波动较大、对政策环境的依赖性较强。在经济下行或市场需求不足的情况下,资本密集型产业可能面临较大的经营压力。

(3)技术密集型产业

技术密集型产业主要依赖技术的投入,其特点是生产过程需要高水平的技术支持和创新能力。典型的技术密集型产业包括电子信息产业、生物医药产业、航空航天产业、新能源产业等。这些产业通常技术含量、附加值高,但研发投入大,风险较高,对人才和技术的依赖性较强。

技术密集型产业的优势在于其创新能力强,能够通过技术进步推动产业升级和经济增长。这类产业通常具有较高的附加值和市场竞争力,能够在全球价值链中占据高端位置。此外,技术密集型产业还具有较强的知识溢出效应,能够带动相关领域的技术进步和产业创新。然而,技术密集型产业也存在一些挑战,例如研发投入大、技术更新快、市场竞争激烈。企业需要持续投入资源进行技术研发和创新,以保持竞争优势。

生产要素密集度分类法是一种重要的产业分类方法,它通过分析产业对劳动力、资本和技术的依赖程度，为理解产业结构和制定经济政策提供了重要依据。劳动密集型产业、资本密集型产业和技术密集型产业各自具有不同的特点和发展规律，在经济发展中扮演着不同的角色。然而，随着技术进步和产业融合的发展，生产要素密集度分类法需要不断更新和完善，以便能更好地反映现代经济的复杂性和多样性。在未来，我们应结合新技术和新产业的发展趋势，进一步探索更加科学和全面的产业分类方法，为经济分析和政策制定提供更有力的支持。

3. 技术含量分类法

技术含量分类法是根据产业的技术含量，将产业划分为传统产业和高新技术产业。这种分类方法反映了不同产业的技术水平和创新能力。

(1) 传统产业

传统产业通常指技术含量较低、生产工艺相对成熟的行业，例如纺织业、食品加工业、建材业等。这些产业在国民经济中仍占有重要地位，尤其是在提供就业、满足基本生活需求和支撑地方经济方面发挥着重要作用。然而，随着经济全球化和技术进步的加速，传统产业面临着转型升级的压力。一方面，传统产业的生产效率较低，产品附加值不高，难以适应市场需求的变化；另一方面，劳动力成本上升和资源环境约束加剧，进一步压缩了传统产业的利润空间。因此，传统产业需要通过技术创新、设备升级和管理优化来实现转型升级，以提高竞争力和可持续发展能力。

(2) 高新技术产业

高新技术产业则是指技术含量高、创新能力强的行业，例如电子信息产业、生物医药产业、新能源产业等。这些产业以技术创新为核心驱动力，具有高附加值、高成长性和强带动作用，是国民经济发展的新引擎。高新技术产业不仅能推动经济增长，还能促进产业结构升级和全球竞争力的提升。例如，电子信息产业推动了数字化和智能化的发展；生物医药产业改善了人类健康水平；新能源产业助力绿色低碳转型。然而，高新技术产业的发展也面临研发投入大、技术更新快、市场竞争激烈等挑战，需要政府、企业和科研机构的协同努力，以构建良好的创新生态系统。

总之，传统产业和高新技术产业在国民经济中各自扮演着重要角色。传统产业需要通过转型升级焕发新活力，而高新技术产业则代表着未来产业的发展方向，二者共同推动经济的高质量发展。

技术含量分类法有助于识别产业的技术水平和创新能力，为制定产业政策提供依据。然而，技术含量的高低是一个相对的概念，随着技术的进步，传统产业也可能通过技术改造升级为高新技术产业。

4. 其他分类方法

除了以上常见的三次产业分类法和生产要素密集度分类法外，还可以根据其他标准对产业结构进行分类,这些方法为人们理解产业特征和经济结构提供了更多视角。

(1)按产品用途分类

按产品用途可以将产业划分为生产资料产业和消费资料产业。生产资料产业主要生产用于再生产过程的中间产品或资本品,例如机械设备、原材料和能源等,其产品主要用于支持其他产业的生产活动,是经济循环中的重要基础。消费资料产业则直接生产满足消费者需求的最终产品,例如食品、服装、电子产品等,其产品直接进入消费领域,满足人们的生活需求。这种分类方法有助于分析生产和消费之间的关系,以及不同产业在经济循环中的作用。例如,生产资料产业的发展水平直接影响其他产业的生产效率和技术水平,而消费资料产业的发展则反映了市场的需求和人民的生活水平。通过这种分类,我们可以更好地理解产业结构的构成和经济运行的逻辑,为制定产业政策提供科学依据。

(2)按产业关联度分类

按产业关联度可以将产业划分为上游产业、中游产业和下游产业。上游产业主要涉及原材料和初级产品的生产,例如采矿业和农业,为整个产业链提供基础资源。中游产业负责中间产品的加工和制造,例如钢铁业和化工业,将上游的原材料转化为可供下游使用的中间产品。下游产业则专注于最终产品的生产和销售,例如汽车制造业和家电业直接面向消费者市场。这种分类方法有助于分析产业链的分工与协作,以及各环节在价值链中的地位和作用。例如,上游产业的技术进步可以提高原材料的质量和供应能力,中游产业的升级可以提升中间产品的附加值,下游产业的创新则能够满足消费者的多样化需求。通过这种分类,我们可以更好地理解产业链的运行机制,为优化产业结构和提升价值链地位提供科学依据。

(3)按产业生命周期分类

按产业生命周期可以将产业划分为新兴产业、成熟产业和衰退产业。新兴产业处于快速发展阶段,具有高成长性和创新性,例如人工智能和新能源产业;成熟产业增长趋于稳定,市场竞争激烈,例如传统制造业;衰退产业则面临市场需求萎缩和技术替代,例如部分传统资源型产业。这种分类方法有助于制定有针对性的产业政策,推动产业升级和结构调整。

上述产业结构的分类方法从不同角度揭示了产业结构的多样性和复杂性,为经济分析和政策制定提供了更全面的参考依据。不同的分类方法各有优缺点,适用于不同的研究目的。在实际研究中,可以根据需要选择合适的分类方法,或者综合运用多种分类方法,以更全面地反映产业结构的特征。

2.1.2　产业结构演变规律

产业结构并非一成不变，而是随着经济的发展和技术的进步不断演变。这种演变反映了经济从低级阶段向高级阶段的发展过程，通常遵循一定的规律。以下是产业结构演变的三大主要规律。

1. 农业比重下降

在经济发展的初期阶段，农业是国民经济的主导产业，为全社会提供基本的食品和原材料。然而，随着经济发展水平的提高，农业在国民经济中的比重逐渐下降。这一现象产生的原因在于农业生产率的提高和资源向其他产业的转移。工业化进程加速了农业机械化和技术进步，使得农业所需的劳动力减少，同时，人们对工业品和服务业的需求不断增长，促使资源向第二产业和第三产业转移。尽管如此，农业仍然是国民经济的基础，尤其是在保障粮食安全和维护生态平衡方面具有不可替代的作用。

2. 工业比重先上升后下降

在工业化过程中，工业比重呈现先上升后下降的趋势。在经济发展的中期阶段，工业化成为推动经济增长的主要动力。制造业、采矿业和建筑业等第二产业迅速发展，吸纳大量劳动力，推动城市化进程和技术进步。然而，当经济发展到一定水平后，工业比重逐渐趋于稳定甚至下降。这一现象的原因在于工业生产的规模效应逐渐减弱，同时服务业开始崛起，成为经济增长的新引擎。此外，技术进步和自动化生产的普及也减少了对工业劳动力的需求。

3. 服务业比重持续上升

随着经济发展水平的提高，服务业比重持续上升，并最终成为国民经济的主导产业。服务业包括批发和零售业、交通运输业、金融业、教育、医疗等，其特点是提供各种服务而非物质产品。服务业的兴起标志着经济发展进入高级阶段，即从以物质生产为主的经济向以服务提供为主的经济转变。服务业的增长不仅提高了人民的生活质量，还为经济增长提供了新的动力。特别是在信息化和全球化的背景下，现代服务业如信息技术、金融、文化创意等产业迅速发展，成为推动经济高质量发展的重要力量。

产业结构的演变规律反映了经济发展的内在逻辑和阶段性特征。农业比重的下降、工业比重的先升后降以及服务业比重的持续上升，共同构成了产业结构演变的基本路径。这一过程不仅推动了经济增长和社会进步，也为政策制定者提供了重要的参考依据。未来，随着技术进步和全球化的深入发展，产业结构将继续演变，新兴产业和现代服务业将进一步崛起，推动经济向更高层次发展。

2.1.3 产业结构优化升级

1. 产业结构优化升级的目标

产业结构优化升级是推动经济增长、实现经济高质量发展的重要途径。通过调整和优化产业布局,可以提高资源配置效率、促进技术进步与创新、提升人力资本水平以及优化需求结构,从而为经济可持续发展注入新的动力。以下是产业结构优化升级的四大主要目标:

(1)提高资源配置效率

产业结构优化升级的核心目标之一是提高资源配置效率。通过引导资源从低效率产业向高效率产业流动,可以实现资源的最优配置,从而提高整体经济效率。例如,减少对高耗能、高污染产业的依赖,将资源更多地投向绿色低碳产业和高附加值产业,不仅能提升经济效益,还能促进环境保护和可持续发展。此外,优化资源配置还可以减少资源浪费,增强经济的抗风险能力。例如,通过发展高技术产业和现代服务业,提高资源利用效率,降低对传统资源的依赖,增强经济的韧性和竞争力。因此,提高资源配置效率不仅是产业结构优化升级的重要目标,也是实现经济高质量发展的重要途径。未来,应继续深化产业结构调整,推动资源向高效领域流动,为经济可持续发展提供坚实支撑。

(2)促进技术进步与创新

技术进步与创新是推动产业结构优化升级的关键动力。通过发展高新技术产业,如电子信息、生物医药、新能源等,可以推动技术进步和产业升级,提升产业竞争力。技术创新不仅能有力提高生产效率,还能催生新产品、新业态和新模式,为经济增长提供新的增长点。例如,人工智能、大数据和区块链等技术的应用,正在深刻改变传统产业的生产方式和商业模式。同时,技术进步还可以促进传统产业的转型升级,使其焕发新的活力。例如,通过智能制造和绿色生产技术,推动传统制造业向高端化、智能化方向发展。政府和企业应加大对研发的投入,构建良好的创新生态系统,为技术进步与创新提供有力支持。以上措施能够有效推动产业结构优化升级,为经济高质量发展注入新的动力。

(3)提升人力资本水平

产业结构优化升级的另一个重要目标是提升人力资本水平。通过发展知识密集型产业,如教育、科研、金融、信息技术等,可以创造更多高质量就业岗位,吸引和培养高素质人才。人力资本的提升不仅能提高劳动生产率,还能增强经济的创新能力和竞争力。此外,优化产业结构还可以促进教育体系和职业培训的完善,为劳动者提供更多学习和发展的机会,从而实现人力资本的持续积累和提升。

(4)优化需求结构

随着经济发展和人民生活水平的提高,需求结构也在不断变化。产业结构优化升级的目标之一是满足人民群众日益增长的美好生活需要,优化需求结构。通过发展现代服务业,如文化创意、健康养老、旅游休闲等,可以提供更多优质服务,满足多样化的消费需求。同时,优化需求结构还可以促进消费升级,推动经济增长从投资驱动向消费驱动转变,增强经济的稳定性和可持续性。

产业结构优化升级是推动经济高质量发展的重要途径,其目标包括提高资源配置效率、促进技术进步与创新、提升人力资本水平以及优化需求结构。通过实现这些目标,可以推动经济向更高层次发展,增强经济的竞争力和可持续性。未来,应继续深化产业结构调整,推动新兴产业和现代服务业的发展,为经济高质量发展提供坚实支撑。产业结构优化升级是一个复杂的系统工程,需要政府、企业和社会各界的共同努力。通过制定科学的产业政策、加大科技创新投入、加强人才培养等措施,可以推动产业结构优化升级,实现经济高质量发展。这一过程不仅需要政策的引导和支持,还需要市场的积极参与和创新驱动,最终形成政府、企业和社会协同推进的良好局面,为经济的长期可持续发展奠定坚实基础。

2. 产业结构升级的内涵与表现

产业结构升级是指产业结构从低级向高级、从低效率向高效率的演进过程。这一过程不仅是经济发展的必然趋势,也是实现经济高质量发展的重要途径。产业结构升级通常表现为产业结构高度化、合理化和高效化三个方面。以下将详细探讨产业结构升级的内涵与具体表现。

(1)产业结构高度化

产业结构高度化是指高附加值、高技术含量产业在国民经济中的比重上升,而低附加值、低技术含量产业的比重逐渐下降。这一过程反映了产业结构的优化和升级,是经济发展从低级阶段向高级阶段迈进的重要标志。

在产业结构高度化的过程中,传统产业如农业和低端制造业的比重逐渐降低,而高新技术产业和现代服务业的比重显著上升。例如,电子信息产业、生物医药产业、新能源产业等高技术产业迅速发展,成为经济增长的新引擎。同时,金融、教育、医疗、文化创意等现代服务业也快速崛起,满足了人民群众日益增长的美好生活需要。

产业结构高度化的实现离不开技术进步和创新。通过加大对研发的投入,推动科技成果转化,可以促进高技术产业的发展,提升产业附加值。此外,政府政策的引导和支持也是推动产业结构高度化的重要保障。例如,政府通过制定产业政策、提供税收优惠和资金支持,可以鼓励企业向高附加值领域转型。

(2)产业结构合理化

产业结构合理化是指各产业之间协调发展,资源配置效率提高。合理的产业结构能够实现资源的最优配置,避免资源浪费和低效使用,从而提升整体经济效率。

在产业结构合理化的过程中,需要注重产业之间的协调与平衡。例如,农业、工业和服务业之间应形成良性互动,避免某一产业过度发展而导致资源错配。同时,产业链上下游之间也应实现高效衔接,形成完整的产业生态系统。例如,原材料供应、生产制造、销售服务等环节应紧密配合,以提高整体产业链的效率和竞争力。

产业结构合理化还需要注重区域经济的协调发展。不同地区应根据自身的资源禀赋和比较优势,发展适合的产业,避免产业同质化和恶性竞争。例如,资源丰富的地区可以重点发展资源型产业,而技术人才集中的地区则可以大力发展高新技术产业。

(3)产业结构高效化

产业结构高效化是指产业技术水平提高,生产效率提升,经济效益改善。高效化的产业结构能够以更少的资源投入获得更多的产出,从而实现经济的可持续发展。

在产业结构高效化的过程中,技术进步是关键驱动力。通过引进先进技术、改造传统产业、发展智能制造,可以大幅提高生产效率。例如,自动化生产线和工业机器人的应用,不仅能减少劳动力成本,还能提高产品精度和一致性。此外,信息技术的发展也为产业高效化提供了重要支持。例如,大数据、云计算和人工智能技术的应用,可以实现生产过程的智能化管理和优化,进一步提高生产效率。

产业结构高效化还需要注重资源节约和环境保护。通过发展绿色低碳产业,推广清洁生产技术,可以减少资源消耗和环境污染,实现经济效益与生态效益的双赢。例如,新能源产业的发展不仅能减少对化石能源的依赖,还能推动能源结构的优化和升级。

3. 产业结构升级的意义

产业结构升级是经济发展的重要驱动力,对实现经济高质量发展具有深远意义。

首先,产业结构升级能够推动经济增长从数量扩张向质量提升转变。传统经济增长模式依赖资源消耗和低成本劳动力,而产业结构升级通过发展高技术产业、现代服务业和绿色经济,推动经济增长向创新驱动、效率驱动转变。这不仅提高了资源的利用效率,还增强了经济的可持续性,为实现经济高质量发展奠定了坚实基础。

其次,产业结构升级能够显著增强经济的竞争力和抗风险能力。在全球经济不确定性增加的背景下,通过优化产业结构、发展高附加值产业和战略性新兴产业,可以提升经济在全球价值链中的地位。例如,高技术产业和数字经济具有较强的创新能力和市场适应能力,能够有效应对外部冲击。同时,产业链的完善和供应链的韧性增强,能够降低经济波动带来的风险,为经济稳定增长提供保障。

再次,产业结构升级对就业结构的优化和人力资本的提升具有积极作用。随着传统产业向高端化、智能化转型,社会对高技能人才的需求不断增加,这促使劳动力向知识密集型和技术密集型领域转移。这不仅提高了劳动者的收入水平,还推动了人力资本的积累和提升。同时,现代服务业和新兴产业的快速发展创造了大量就业机会,缓解了结构性失业问题,为社会稳定和包容性增长提供了支持。

最后,产业结构升级还能够促进区域经济协调发展。通过引导资源向高效益产业流动,优化区域产业布局,可以缩小地区间发展差距,实现区域经济的均衡发展。例如,中西部地区通过承接东部地区的产业转移,发展特色产业和新兴产业,能够加快工业化进程,提升经济整体竞争力。

综上所述,产业结构升级不仅是经济高质量发展的必然要求,也是增强经济韧性、优化就业结构、促进区域协调发展的关键路径。通过持续推进产业结构升级,能够为经济社会的可持续发展注入新的活力,为实现共同富裕目标提供有力支撑。

4. 推动产业结构升级的路径

为了实现产业结构升级,需要采取多方面措施。首先,应加大对科技创新的投入,推动技术进步和产业升级。其次,应优化产业政策,引导资源向高附加值、高技术含量产业流动。再次,应加强人才培养和引进,为产业结构升级提供智力支持。最后,应注重区域经济的协调发展,避免产业同质化和资源错配。

产业结构升级是经济发展的重要趋势,其表现为产业结构高度化、合理化和高效化。通过推动产业结构升级,可以实现经济的高质量发展,增强经济的竞争力和可持续性。未来,应继续深化产业结构调整,推动新兴产业和现代服务业的发展,为经济高质量发展提供坚实支撑。

2.1.4　经济增长

1. 经济增长的内涵与意义

经济增长是指一个国家或地区在一定时期内生产的物质产品和服务的总量持续增加。它是经济学中的一个核心概念,通常用 GDP 或人均 GDP 来衡量。GDP 反映了一个国家或地区在一定时期内所有最终产品和服务的市场价值总和,而人均 GDP 则是 GDP 除以人口数量,用于衡量平均每个人的经济产出水平。经济增长是经济发展的重要基础,但需要注意的是,经济增长并不等同于经济发展。经济发展是一个更为广泛的概念，除了经济增长外，还包括经济结构优化、社会进步、生态环境改善等多个方面。

2. 经济增长的衡量指标

经济增长的主要衡量指标是 GDP 和人均 GDP。

除了 GDP 和人均 GDP 外，经济增长还可以通过其他指标来衡量。例如，国民总收入（GNI）反映了一个国家或地区居民在一定时期内从国内外获得的总收入；农业增加值、工业增加值和服务业增加值则分别反映了不同产业的经济贡献。此外，经济增长的质量还可以通过劳动生产率、全要素生产率等指标来衡量。

3. 经济增长与经济发展的区别

经济增长是经济发展的重要基础，但二者并不等同。经济增长主要关注经济总量的增加；而经济发展则是一个更为广泛的概念，涵盖了经济结构优化、社会进步、生态环境改善等多个方面。

（1）经济结构优化

经济发展不仅要求经济总量的增长，还要求经济结构的优化。例如，从以农业为主的经济向以工业和服务业为主的经济转变，从低附加值产业向高附加值产业升级，都是经济结构优化的重要体现。经济结构优化能够提高资源配置效率，使资源从低效领域向高效领域流动，从而提升整体经济效率。同时，经济结构优化还能够增强经济的竞争力和可持续性。例如，通过发展高技术产业和现代服务业，可以提高经济的创新能力和附加值，增强国际竞争力；通过推动绿色产业和循环经济，可以实现经济发展与生态保护的协调统一，增强经济的可持续性。因此，经济结构优化不仅是经济高质量发展的内在要求，也是实现经济长期稳定增长的重要途径。未来，应继续深化经济结构调整，推动新兴产业和现代服务业的发展，为经济高质量发展提供坚实支撑。

（2）社会进步

经济发展不仅体现在经济总量的增长和经济结构的优化上，还体现在社会进步方面，如教育水平提高、医疗卫生条件改善、社会保障体系完善等。社会进步能够显著提高人民的生活质量，促进社会公平与和谐。例如，教育水平的提高可以增强人力资本，为经济发展提供高素质的劳动力；医疗卫生条件的改善可以提升人民的健康水平，减少因病致贫和因病返贫的现象；社会保障体系的完善可以为弱势群体提供基本生活保障，减少社会不平等，促进社会和谐。此外，社会进步还能够为经济发展创造良好的社会环境。例如，教育水平的提高可以促进科技创新；医疗卫生条件的改善可以提高劳动生产率；社会保障体系的完善可以增强社会的稳定性。因此，经济发展与社会进步是相辅相成的，只有实现经济与社会的协调发展，才能真正实现经济的高质量发展，提高人民的幸福感和获得感。

(3)生态环境改善

经济发展不仅要求经济总量的增长和经济结构的优化,还要求生态环境的改善。传统的经济增长模式往往以牺牲环境为代价,导致资源过度消耗和环境污染问题日益严重。而经济发展则强调经济增长与环境保护的协调,通过发展绿色经济、循环经济和低碳经济,可以实现经济增长与生态环境改善的双赢。例如,绿色经济通过推广清洁能源和节能技术,减少对自然资源的依赖和环境污染;循环经济通过资源的循环利用,减少废弃物的产生,提高资源利用效率;低碳经济通过减少温室气体排放,应对气候变化,推动可持续发展。这些新型经济模式不仅能够促进经济增长,还能够改善生态环境,提高人民的生活质量。因此,经济发展与生态环境改善是相辅相成的,只有实现经济与环境的协调发展,才能真正实现经济的高质量发展,为子孙后代留下良好的生态环境。

4. 经济增长的驱动因素

经济增长的驱动因素主要包括资本积累、劳动力增长、技术进步和制度创新。

(1)资本积累

资本积累是经济增长的重要驱动力,通过增加投资,可以扩大生产规模,提高生产效率。资本积累不仅包括物质资本,如机器设备、基础设施等,还包括人力资本,如教育、培训等。物质资本的积累能够直接提升生产能力,例如通过引进先进设备和技术,提高生产效率和产品质量;基础设施的建设能够改善交通、通信和能源供应条件,降低企业的运营成本,促进经济的整体发展。人力资本的积累则通过教育和培训提高劳动者的技能和素质,增强创新能力和劳动生产率,为经济的高质量发展提供智力支持。此外,资本积累还能够带动技术进步和产业升级,例如通过研发投入和技术改造,推动新兴产业和高技术产业的发展。因此,资本积累不仅是经济增长的重要基础,也是实现经济结构优化和可持续发展的重要途径。未来,应继续加大资本积累的力度,特别是增加人力资本的投入,为经济高质量发展提供坚实的物质支撑。

(2)劳动力增长

劳动力是经济增长的基本要素之一,劳动力数量的增加和质量的提高均能够推动经济增长。首先,劳动力数量的增加可以直接扩大生产规模,例如通过人口增长或劳动力参与率的提高,为经济发展提供更多的人力资源。其次,劳动力质量的提高则能够显著提升生产效率,例如通过提高教育水平和职业技能培训,增强劳动者的知识储备和技术能力,使其能够更好地适应现代经济的需求。最后,高质量的劳动力还能够促进技术创新和产业升级,例如通过研发和创新活动,推动新兴产业和高技术产业的发展。因此,劳动力不仅是经济增长的重要基础,也是实现经济结构优化和可持续发展的重要动力。未来,应继续加大对教育和职业培训的投入,提高劳动力的整体素质，为经济高质量发展提供坚实的人力资源支撑。

(3)技术进步

技术进步是经济增长的核心驱动力，通过技术创新，可以提高生产效率，降低生产成本，推动产业升级。技术进步不仅包括生产技术的改进（例如通过引入自动化设备和智能制造技术，提升生产效率和产品质量），还包括管理技术的创新（例如通过优化生产流程和供应链管理，降低运营成本和提高资源利用效率），以及信息技术的创新（例如通过大数据、人工智能和区块链等技术的应用，提升决策的科学性和市场的响应速度）。此外，技术进步还能够推动新兴产业的发展，例如新能源、生物技术和数字经济等领域的突破，为经济增长注入新的动力。因此，技术进步不仅是经济增长的重要基础，也是实现经济结构优化和可持续发展的重要途径。未来，应继续加大对技术创新的投入，推动产学研合作，为经济高质量发展提供坚实的技术支撑。

(4)制度创新

制度创新是经济增长的重要保障，通过改革经济体制、完善市场机制、优化营商环境，可以激发经济活力，促进资源的高效配置。首先，改革经济体制能够打破原有的制度束缚，例如通过简政放权、减少行政干预，释放市场主体的活力和创造力。其次，完善市场机制能够提高资源配置的效率，例如通过建立健全的产权制度、公平竞争机制和价格形成机制，确保资源流向高效领域。此外，优化营商环境能够吸引更多的投资和创新，例如通过简化行政审批流程、降低市场准入门槛、加强知识产权保护，为企业提供更加便利和公平的发展环境。因此，制度创新不仅是经济增长的重要基础，也是实现经济结构优化和可持续发展的重要途径。未来，应继续深化制度改革，推动制度创新，为经济高质量发展提供坚实的制度保障。

5. 经济增长的意义

经济增长对国家和地区的经济社会发展具有重要意义。

(1)经济增长能够提高人民的生活水平

随着经济总量的增加，人民的收入水平也会相应提高，从而改善生活质量，满足其更多的物质和文化需求。例如，收入的增长使人们能够享受更好的教育、医疗和娱乐服务，提升幸福感和获得感。因此，经济增长不仅是提高人民生活水平的重要手段，也是实现社会进步的重要途径。

(2)经济增长能够促进就业

经济规模的扩大通常伴随着就业机会的增加，有助于缓解就业压力，促进社会稳定。此外，经济增长还能够增强国家的综合实力和国际竞争力，为国家的长远发展奠定坚实基础。例如，通过技术进步和产业升级，提升国家的创新能力和经济效率，增强在国际市场中的竞争力。因此，经济增长不仅是提高人民生活水平的重要手段,也是实现国家长远发展和国际地位提升的重要途径。

6. 经济增长的挑战与可持续性

尽管经济增长具有重要意义,但在追求经济增长的过程中也面临诸多挑战。例如,资源约束、环境污染、收入分配不均等问题都可能制约经济增长的可持续性。因此,实现经济增长的可持续性需要注重以下几个方面。

(1)绿色发展

在经济增长过程中,绿色发展是实现可持续发展的核心路径。传统经济增长模式往往以资源消耗和环境污染为代价,而绿色发展强调环境保护与资源节约,进而推动绿色经济和低碳经济的发展。通过推广清洁能源、节能技术和循环经济模式,可以减少对自然资源的过度依赖,降低碳排放和环境污染。例如,发展太阳能、风能等可再生能源,不仅能减少化石能源的使用,还能创造新的经济增长点。此外,绿色金融和碳交易市场的建设,为绿色产业提供了资金支持和市场激励。绿色发展不仅能改善生态环境,还能提升经济的长期竞争力,为实现经济与环境的协调发展提供保障。

(2)社会公平

经济增长的成果应惠及全体人民,应避免收入分配不均和社会分化。社会公平是经济可持续发展的重要基础,也是社会和谐稳定的关键。在经济增长过程中,应注重缩小城乡、区域和行业间的收入差距,完善社会保障体系,提高低收入群体的生活水平。例如,通过税收调节、转移支付和社会福利政策,可以实现财富的再分配,缓解贫富差距。同时,推动教育、医疗等公共服务的均等化,能够为弱势群体提供更多发展机会,促进社会流动性。社会公平不仅能增强社会的凝聚力和稳定性,还能激发全社会的创造力和活力,为经济增长注入持久动力。

(3)创新驱动

创新驱动是提高经济增长质量和效率的关键。通过技术创新和制度创新,可以推动经济从要素驱动向创新驱动转变,增强经济的竞争力和可持续性。技术创新是产业升级的核心动力,例如,人工智能、大数据、区块链等新兴技术的应用,能够显著提高生产效率和资源配置效率。同时,制度创新是技术创新的保障,通过深化市场化改革、完善知识产权保护制度、优化营商环境,可以为创新活动提供良好的制度环境。此外,加强产学研合作,推动科技成果转化,能够加速创新成果的商业化应用,形成新的经济增长点。创新驱动不仅能提升经济的核心竞争力,还能为经济高质量发展提供源源不断的动力。

综上所述,绿色发展、社会公平和创新驱动是实现经济高质量发展的三大支柱。绿色发展注重环境保护与资源节约,社会公平强调经济增长成果的共享,创新驱动则通过技术和制度创新提升经济效率。三者相辅相成,共同推动经济向更高质量、更可持续的方向发展,为实现共同富裕和长期繁荣奠定坚实基础。

经济增长是一个国家或地区在一定时期内生产的物质产品和服务的总量持续增加,通常用 GDP 或人均 GDP 来衡量。它是经济发展的重要基础,但经济增长并不等同于经济发展。经济发展还包括经济结构优化、社会进步、生态环境改善等多个方面。经济增长的驱动因素包括资本积累、劳动力增长、技术进步和制度创新。在追求经济增长的过程中,应注重可持续性,推动绿色发展、社会公平和创新驱动,为实现经济高质量发展奠定坚实基础。

2.2 产业结构升级与经济增长的理论基础

2.2.1 产业结构演变理论

1. 三种氏表性的产业结构演变理论

产业结构演变理论主要研究产业结构变化的一般规律和影响因素,为理解经济发展过程中的产业变迁提供了重要的理论框架。以下是三种具有代表性的产业结构演变理论:配第-克拉克定理、库兹涅茨产业结构演变理论和钱纳里工业化阶段理论。这些理论从不同角度揭示了产业结构演变的内在规律,为经济分析和政策制定提供了重要依据。

(1)配第-克拉克定理

配第-克拉克定理是产业结构演变理论中的重要内容,由英国经济学家威廉·配第提出,后经科林·克拉克进一步发展和验证。该定理指出,随着人均 GDP 的提高,劳动力首先由第一产业向第二产业转移,进而向第三产业转移。

这一规律反映了经济发展过程中产业结构的自然演变。在经济发展的初期阶段,农业是国民经济的主导产业,吸纳了大量劳动力。随着工业化的推进,第二产业的比重逐渐上升,劳动力从农业向工业转移。当经济发展到更高阶段时,服务业的比重持续上升,劳动力进一步从工业向服务业转移。配第-克拉克定理揭示了产业结构演变与经济发展水平之间的内在联系,为理解劳动力流动和产业变迁提供了重要视角。

(2)库兹涅茨产业结构演变理论

库兹涅茨产业结构演变理论由美国经济学家西蒙·库兹涅茨提出,进一步深化了对产业结构演变规律的研究。库兹涅茨认为,从长期来看,第一产业的比重逐渐下降,第二产业的比重先上升后下降,而第三产业的比重则持续上升。

这一理论强调了产业结构演变的动态性和阶段性。在工业化初期,工业部门的比重迅速上升,成为经济增长的主要动力。然而,当经济发展到一定水平后,工业部门的比重趋于稳定甚至下降,而服务业部门的比重则持续上升,最终成为国民经济的主导产业。库兹涅茨的研究还指出,产业结构演变与技术进步、资本积累和劳动力流动密切相关,这些因素共同推动了产业结构的优化和升级。

(3)钱纳里工业化阶段理论

钱纳里工业化阶段理论由美国经济学家霍利斯·钱纳里提出,将工业化过程划分为六个阶段,每个阶段对应不同的产业结构特征。这六个阶段分别是:

在初级产品生产阶段,经济以农业和资源开采为主,工业比重较低;进入工业化初期阶段后,轻工业开始发展,工业比重逐步上升;到了工业化中期阶段,重工业迅速发展,工业比重显著提高;在工业化后期阶段,工业比重达到峰值,服务业开始崛起;进入后工业化阶段后,服务业成为主导产业,工业比重逐渐下降;最终,在现代化阶段,经济以高技术产业和现代服务业为主,产业结构实现高度优化。

这一理论系统描述了工业化过程中产业结构的阶段性变化,反映了经济发展从低级向高级演进的规律。

钱纳里工业化阶段理论为理解工业化过程中产业结构的阶段性变化提供了系统框架。每个阶段的产业结构特征反映了经济发展的不同水平和需求变化。例如,在工业化初期,轻工业的发展满足了基本消费需求;而在工业化后期,服务业的发展则满足了更高层次的生活需求。

2. 产业结构演变的影响因素

产业结构演变不仅受到经济发展水平的影响,还受到技术进步、资源禀赋、政策环境等多种因素的制约。例如,技术进步能够推动新兴产业的发展,改变传统产业的竞争格局;资源禀赋决定了不同地区的产业选择和发展路径;政策环境则通过产业政策、税收优惠和资金支持等方式影响产业结构的调整方向。

产业结构演变理论揭示了经济发展过程中产业结构变化的一般规律和影响因素。配第-克拉克定理、库兹涅茨产业结构演变理论和钱纳里工业化阶段理论从不同角度分析了产业结构的演变路径,为理解经济结构变迁提供了重要理论支持。这些理论不仅有助于分析经济发展的阶段性特征,还为制定产业政策和推动经济高质量发展提供了科学依据。未来,随着技术进步和全球化的深入发展,产业结构演变将继续呈现新的特点和趋势,需要进一步研究和探索。

2.2.2　经济增长理论

经济增长理论是经济学的重要分支,主要研究经济增长的源泉和动力。它试图解释为什么一些国家或地区能够实现持续的经济增长,而另一些国家或地区的经济却陷入停滞或衰退。经济增长理论的发展经历了从古典经济增长理论到新古典经济增长理论,再到内生经济增长理论的演变过程。

1. 三种有代表性的经济增长理论

(1)古典经济增长理论

古典经济增长理论起源于 18 世纪末至 19 世纪初,以亚当·斯密、大卫·李嘉图和托马斯·马尔萨斯等经济学家为代表。这一理论强调资本积累和劳动投入对经济增长的贡献,认为经济增长主要依赖于生产要素的增加。

①资本积累

古典经济学家将资本积累视为经济增长的核心驱动力。他们认为,通过储蓄和投资,可以扩大生产规模并提高生产效率,从而推动经济增长。亚当·斯密在《国富论》中强调,分工和资本积累是提高劳动生产率的关键。分工能够使劳动者专注于特定任务,从而提高熟练度和效率;而资本积累则为生产提供了更多的工具、设备和基础设施,进一步提升了生产能力。例如,工业革命期间,资本积累推动了机械化生产的普及,极大地提高了生产效率,促进了经济的快速增长。然而,资本积累也面临挑战,如储蓄率不足或投资效率低下,可能限制其对经济增长的贡献。

②劳动投入

劳动是经济增长的基本要素之一。古典经济学家认为,劳动力数量的增长和劳动生产率的提高是推动经济增长的重要途径。劳动力数量的增长可以通过人口增长或劳动力参与率的提高实现,而劳动生产率的提升则依赖于技术进步、教育水平和技能培训。然而,马尔萨斯在《人口论》中提出了"人口陷阱"理论,认为人口增长会呈几何级数增长,而资源(如粮食)只能以算术级数增长,最终导致资源短缺和经济停滞。这一理论提醒人们,单纯依赖劳动力数量的增长可能无法实现可持续的经济增长,必须注重劳动生产率的提升和资源的合理利用。

③边际收益递减

古典经济增长理论还提出了边际收益递减规律,即在技术不变的情况下,随着资本和劳动投入的增加,单位投入的边际产出会逐渐减少。例如,在一块固定面积的土地上,不断增加劳动力和资本的投入,初期可能会显著提高产量,但随着投入的持续增加,新增产出会逐渐减少,最终甚至可能为零或负值。这一规律表明,单纯依靠要素投入的增长模式难以实现长期持续的经济增长。要突破边际收益递减的限制,必须依靠技术进步和创新,提高全要素生产率。例如,通过研发新技术、改进生产工艺或优化资源配置,可以抵消边际收益递减的影响,为经济增长注入新的动力。

综上所述,古典经济增长理论从资本积累、劳动投入和边际收益递减三个角度分析了经济增长的驱动因素和限制条件。这些理论为现代经济增长研究提供了重要基础,同时也提醒我们,要实现长期可持续的经济增长,必须注重技术进步、创新和资源的合理配置,而不能仅仅依赖要素投入的简单增加。

尽管古典经济增长理论为理解经济增长提供了重要基础,但其局限性在于忽视了技术进步和制度创新对经济增长的作用。

(2)新古典经济增长理论

新古典经济增长理论兴起于20世纪50年代,以罗伯特·索洛和特雷弗·斯旺等人为代表。这一理论在古典经济增长理论的基础上引入了技术进步因素,认为技术进步是经济长期增长的源泉。

①索洛模型

索洛模型是新古典经济增长理论的核心框架,由经济学家罗伯特·索洛于20世纪50年代提出。该模型将经济增长归因于三个主要因素:资本积累、劳动投入和技术进步。索洛模型的核心思想是,资本和劳动是经济增长的基础要素,但在资本和劳动投入不变的情况下,技术进步是推动经济长期增长的关键动力。技术进步通过提高全要素生产率,使得相同的资本和劳动投入能够产生更多的产出。例如,自动化技术和信息技术的应用显著提高了生产效率,推动了经济的持续增长。索洛模型的一个重要贡献是区分了经济增长的短期和长期驱动因素,强调了技术进步在长期增长中的核心作用。

②稳态增长理论

新古典经济增长理论提出了"稳态增长"的概念,即在长期中,经济增长率趋于稳定,且主要由技术进步率决定。在稳态下,人均产出增长率与技术进步率一致,而资本和劳动的增长只能影响经济的规模,而不能改变人均产出的长期增长率。例如,如果一个国家的技术进步率为2%,那么在稳态下,其人均GDP增长率也将趋近于2%。这一理论揭示了经济增长的长期规律,即单纯依靠资本积累和劳动投入的增长模式无法实现持续的人均收入增长,只有通过技术进步才能突破增长的瓶颈。稳态增长理论为政策制定者提供了重要启示,即应注重技术创新和人力资本投资,以实现经济的长期繁荣。

③技术进步的外生性

新古典经济增长理论的一个显著特点是将技术进步视为外生变量,即技术进步是由经济系统之外的因素(如科学发现或偶然的创新)决定的,而非经济系统内部活动的直接结果。这一假设简化了模型的分析,但也成为其主要的局限性。由于技术进步被假定为外生,索洛模型无法解释技术进步的来源、机制及其与经济活动之间的相互作用。例如,模型无法回答为什么某些国家的技术进步速度更快,或者企业研发投入如何影响技术进步。这一局限性促使经济学家进一步探索内生增长理论,将技术进步内生化,解释其与经济系统内部因素(如研发投入、人力资本积累)之间的关系。

综上所述,索洛模型为新古典经济增长理论奠定了基础,强调了技术进步在长期经济增长中的核心作用,并提出了稳态增长的概念。然而,其将技术进步视为外生变量的假设限制了模型的解释力。尽管如此,索洛模型仍然是理解经济增长机制的重要工具,并为后续的内生增长理论提供了研究起点。通过结合技术进步的内生性分析,现代经济增长理论能够更全面地解释经济增长的动力和机制。

新古典经济增长理论的贡献在于强调技术进步对经济增长的重要性,但其局限性在于将技术进步视为外生变量,未能深入探讨技术进步的内生机制。

(3)内生经济增长理论

内生经济增长理论兴起于20世纪80年代,以保罗·罗默和罗伯特·卢卡斯等人为代表。这一理论强调知识、人力资本、创新等因素对经济增长的内生作用,认为经济增长的动力来自经济系统内部。

①知识积累

保罗·罗默的内生经济增长理论将知识视为经济增长的核心驱动力。知识作为一种具有非竞争性和部分排他性的生产要素,能够通过积累和创新显著提高生产效率。非竞争性意味着知识可以被无限次使用而不会损耗,部分排他性则使得知识的所有者可以通过专利或版权获得收益。知识积累不仅依赖于研发投入,还依赖于知识的传播和应用。例如,企业通过研发活动创造新技术,而这些技术通过教育、培训和技术扩散传播到整个经济体系,从而推动全社会的生产率提升。知识积累的过程具有自我强化的特点,即更多的知识积累会促进更多的创新,形成良性循环,为经济增长提供持续动力。

②人力资本

罗伯特·卢卡斯将人力资本引入经济增长模型,强调其对经济增长的重要作用。人力资本是指通过教育、培训和实践积累的知识、技能和健康水平。罗伯特·卢卡斯认为,人力资本的积累能够显著提高劳动力的生产效率,从而带动经济增长。例如,受过高等教育的劳动者通常具有更强的创新能力和适应能力,能够更快地掌握新技术并将其应用于生产。此外,人力资本还具有正外部性,即高技能劳动者的知识和技能可以通过交流和合作传播给其他人,从而促进整体技术进步和创新。因此,投资于教育和培训不仅是提升个体能力的手段,也是推动经济增长的重要途径。

③创新与研发

内生经济增长理论特别强调创新和研发对经济增长的作用。通过增加研发投入,可以推动技术进步,提高生产效率。研发活动不仅包括基础研究,还包括应用研究和开发,这些活动能够将科学发现转化为实际的生产技术和产品。例如,信息技术的快速发展得益于大量的研发投入,这些技术不仅提高了生产效率,还催生了互联网、人工智能等新兴产业。此外,创新还能够催生新产品、新业态和新模式,为经济增长提供新的动力。例如,共享经济和平台经济的兴起,正是技术创新的结果,它们改变了传统的生产和消费模式,创造了新的经济增长点。

④规模收益递增

内生经济增长理论认为,由于知识和人力资本具有正外部性,经济增长可能呈现规模收益递增的特点。这意味着经济增长的速度可能随着经济规模的扩大而加快。例如,一个国家的经济规模越大,其知识积累和人力资本存量通常也越高,这会促进更多的创新和技术进步,从而带动更快的经济增长。规模收益递增的特点使得经济增长具有自我强化的趋势,即经济增长本身会创造更多的增长机会。这一理论为解释某些国家或地区经济快速发展的现象提供了重要依据,同时也强调了知识经济和人力资本在现代经济增长中的核心地位。

综上所述,内生经济增长理论通过知识积累、人力资本、创新与研发以及规模收益递增等概念,深入分析了经济增长的内在机制。这些理论不仅揭示了技术进步和人力资本积累对经济增长的重要性,还为政策制定者提供了促进经济增长的科学依据,例如加大对教育、研发和创新的支持力度,以实现经济的长期可持续发展。

内生经济增长理论的贡献在于揭示了经济增长的内生机制,强调了知识、人力资本和创新对经济增长的作用。这一理论为制定促进经济增长的政策提供了重要依据,例如,加大对教育和研发的投入、优化创新环境等。

2. 经济增长理论的现实意义

经济增长理论从古典经济增长理论到新古典经济增长理论,再到内生经济增长理论的演变,反映了人们对经济增长源泉和动力的认识不断深化。古典经济增长理论强调资本积累和劳动投入,新古典经济增长理论引入技术进步因素,而内生经济增长理论则强调知识、人力资本和创新的内生作用。这些理论不仅为理解经济增长提供了重要视角,还为制定促进经济增长的政策提供了科学依据。未来,随着技术进步和全球化的深入发展,经济增长理论将继续演变,为经济高质量发展提供更多理论支持。

2.2.3　创新理论

创新理论是经济学和管理学的重要分支,主要研究技术创新的过程、机制和影响。创新不仅是推动经济增长的核心动力,也是提升产业竞争力和实现社会进步的关键因素。创新理论的发展经历了从熊彼特创新理论到国家创新系统理论的演变,以下将详细介绍这两种代表性理论的核心观点及其对创新的解释。

1. 熊彼特创新理论

熊彼特创新理论是由奥地利经济学家约瑟夫·熊彼特在20世纪初提出的,是创新理论的奠基之作。熊彼特认为,创新是经济发展的根本动力,而企业家是创新的主体。该理论主要包括以下几个核心观点。

(1)创新的定义

熊彼特将创新定义为"生产要素的重新组合",包括引入新产品、采用新生产方法、开辟新市场、获取新原材料或半成品来源以及实现新的组织形式。创新不仅仅是技术上的突破,还包括商业模式和组织结构的变革。例如,引入新产品可以满足市场需求,提升企业竞争力;采用新生产方法可以提高生产效率,降低生产成本;开辟新市场可以扩大企业的市场份额,增加收入来源;获取新原材料或半成品来源可以优化供应链,降低资源依赖;实现新的组织形式可以提高企业的管理效率和灵活性。因此,创新不仅是经济增长的重要驱动力,也是企业保持竞争优势的关键。通过不断创新,企业能够适应市场变化,推动产业升级,为经济高质量发展注入新的活力。

(2)企业家的作用

熊彼特强调,企业家是创新的主体。企业家通过发现和利用新的商业机会,推动生产要素的重新组合,从而实现创新。企业家的创新活动不仅能提高生产效率,还能打破经济均衡,推动经济的动态发展。

(3)创造性破坏

熊彼特提出了"创造性破坏"的概念,认为创新是一个破坏旧的经济结构并创造新的经济结构的过程。例如,新技术的出现可能使旧技术被淘汰,但同时也会催生新的产业和就业机会。创造性破坏是经济发展的内在动力,能够推动经济的持续进步。例如,互联网技术的兴起颠覆了传统的商业模式,但也催生了电子商务、社交媒体等新兴产业,创造了大量的就业机会和经济增长点。因此,创造性破坏不仅是经济发展的必然现象,也是推动经济结构优化和产业升级的重要力量。通过不断的技术创新和产业变革,经济能够实现从低效向高效的转变,为经济高质量发展注入新的活力。

(4)经济周期

熊彼特将创新与经济周期联系起来,认为创新是经济周期波动的主要原因。大规模的创新活动会引发经济繁荣,而创新的扩散和模仿则会导致经济衰退。经济周期是创新推动经济发展的自然结果。例如,新技术的突破和应用往往带来新的投资机会和产业增长,推动经济进入繁荣期;但随着技术的普及和模仿,市场竞争加剧,利润率下降,经济可能进入衰退期。熊彼特创新理论的贡献在于揭示了创新对经济发展的根本作用,强调了企业家在创新中的核心地位。然而,这一理论的局限性在于忽视了制度环境和政策支持对创新的影响。例如,政府的产业政策、知识产权保护制度和创新激励机制,对创新的推动和扩散具有重要影响。因此,在理解创新与经济发展的关系时,需要综合考虑市场机制与制度环境的相互作用。

2. 国家创新系统理论

国家创新系统理论兴起于20世纪80年代,以克里斯托弗·弗里曼、理查德·纳尔逊和本特-艾克·伦德瓦尔等人为代表。这一理论强调创新是一个复杂的系统过程,需要政府、企业、高校、科研机构等各方共同参与。

(1)创新系统的构成

国家创新系统理论认为,创新系统由多个主体和要素构成,包括企业、高校、科研机构、政府、金融机构等。这些主体通过相互作用和协作,共同推动创新的产生、扩散和应用。例如,企业作为创新的主要实施者,负责将技术转化为产品和市场应用;高校和科研机构则通过基础研究和人才培养,为创新提供知识和技术支持;政府通过制定政策和提供资金支持,营造良好的创新环境;金融机构则为创新活动提供资金保障。这些主体之间的协同合作,能够形成创新生态系统的良性循环,促进技术突破和产业升级。国家创新系统理论强调了创新活动的系统性和协同性,为理解和推动国家创新能力提供了重要框架。通过优化创新系统的结构和机制,能够有效提升国家的创新能力和经济竞争力。

(2)知识流动与学习

国家创新系统理论强调知识流动和学习在创新过程中的重要性。创新不仅依赖于研发活动,还依赖于知识的传播和应用。例如,企业通过与高校和科研机构的合作,可以获取最新的科研成果,并将其转化为实际应用;政府通过制定政策和提供资金支持,可以促进知识的流动和共享,例如设立技术转移中心和产学研合作平台,推动科研成果的市场化。此外,金融机构通过提供风险投资和融资支持,能够加速创新项目的实施和推广。知识流动和学习不仅能够提高创新的效率,还能够增强各创新主体之间的协同效应,形成创新生态系统的良性循环。因此,国家创新系统理论为理解和推动国家创新能力提供了重要框架,通过优化知识流动和学习机制,能够有效提升国家的创新能力和经济竞争力。

(3)制度环境

国家创新系统理论指出,制度环境对创新具有重要影响。例如,知识产权保护制度能够激励创新活动,通过保障创新者的合法权益,鼓励企业和个人进行更多的研发投入;市场竞争机制能够推动企业不断改进技术和产品,通过优胜劣汰的市场法则,促进创新资源的优化配置;教育和培训体系能够提高人力资本水平,为创新提供智力支持,通过培养高素质的科研人才和技术工人,增强国家的创新能力。此外,政府的政策支持和资金投入也是推动创新的重要因素,例如,通过设立创新基金和制定税收优惠政策,降低企业的创新成本和风险。因此,制度环境不仅是创新活动的重要保障,也是国家创新系统高效运行的基础。通过优化制度环境,能够有效提升国家的创新能力和经济竞争力。

(4)政策支持

国家创新系统理论强调政府在创新中的重要作用。政府通过制定创新政策、提供资金支持、建设基础设施等方式,可以为创新活动创造良好的环境。例如,政府可以通过税收优惠和补贴政策,鼓励企业增加研发投入,降低创新成本;通过建设科技园区和创新平台,促进产学研合作,加速科研成果的转化和应用。此外,政府还可以通过完善知识产权保护制度,激励创新者的积极性;通过优化教育和培训体系,提高人力资本水平,为创新提供智力支持。政府的这些举措不仅能够推动创新资源的有效配置,还能够增强各创新主体之间的协同效应,形成创新生态系统的良性循环。因此,政府在创新中的角色不仅是政策制定者和资源提供者,更是创新环境的营造者和协调者,为国家的创新能力和经济竞争力提供坚实保障。

国家创新系统理论的贡献在于揭示了创新的系统性和复杂性,强调了多方协作和制度环境对创新的影响。这一理论为制定创新政策提供了重要依据,例如加强产学研合作、优化创新生态、完善知识产权保护等。

3. 创新理论的现实意义

创新理论不仅为理解技术创新的过程、机制和影响提供了系统的理论框架,还为政策制定和实践提供了重要指导。熊彼特的创新理论强调了企业家在创新中的核心作用,他认为企业家通过引入新产品、新技术、新市场和新组织形式,能够打破经济均衡,推动经济增长。这一理论为鼓励创业和培育企业家精神提供了理论支持,许多国家通过简化创业流程、提供资金支持和优化营商环境,激发了企业家的创新活力。例如,美国的创业文化和风险投资体系为硅谷的崛起奠定了基础,使其成为全球科技创新的中心。

国家创新系统理论则强调了多方协作和制度环境的重要性,认为创新是一个复杂的系统过程,需要企业、高校、科研机构和政府等多方主体的共同参与。这一理论为构建创新生态系统和制定创新政策提供了科学依据。在实践中,许多国家和地区通过借鉴这一理论,推动了技术创新和经济发展。例如,美国硅谷的成功不仅依赖于企业的创新能力,还得益于斯坦福大学等高校的科研支持、政府的政策引导以及风险资本的积极参与。这种多方协作的创新生态系统,使得硅谷能够持续产生颠覆性技术,并在全球范围内保持领先地位。

中国的创新驱动发展战略也是创新理论在实践中的重要应用。通过加强产学研合作、优化创新环境、加大研发投入,中国在高铁、5G 通信、人工智能等领域取得了显著进展。例如,华为、腾讯等企业通过与国际顶尖高校和科研机构合作,推动了技术创新和产业升级。同时,政府通过制定创新政策、建设科技园区和提供资金支持,为创新活动创造了良好的制度环境。这些举措不仅提升了中国的科技竞争力,还推动了经济的高质量发展。

创新理论为理解技术创新的内在机制和外部条件提供了重要视角,同时也为政策制定和实践提供了科学依据。通过借鉴创新理论,许多国家和地区成功构建了创新生态系统,推动了技术创新和经济发展。未来,随着全球科技竞争的加剧,创新理论将继续在指导实践和推动经济增长中发挥重要作用。

创新理论从熊彼特创新理论到国家创新系统理论的演变,反映了对技术创新过程、机制和影响的认识不断深化。熊彼特创新理论强调了企业家和创造性破坏的作用,而国家创新系统理论则强调了创新的系统性和多方协作的重要性。这些理论不仅为理解创新提供了重要视角,还为制定创新政策和推动经济发展提供了科学依据。未来,随着技术进步和全球化的深入发展,创新理论将继续演变,为经济高质量发展提供更多理论支持。

2.3　国内外研究现状及述评

2.3.1　国外研究现状:产业结构升级与经济增长的关系

产业结构升级与经济增长的关系是经济学研究的重要课题之一。国外学者对此进行了大量研究,主要集中在产业结构升级对经济增长的影响、经济增长对产业结构升级的影响,以及二者之间的互动关系。这些研究不仅深化了对产业结构升级与经济增长关系的理解,还为政策制定提供了重要的理论依据。

1. 产业结构升级对经济增长的影响

国外的大部分研究表明,产业结构升级能够促进经济增长,但不同产业结构升级路径对经济增长的影响存在差异。产业结构升级通常表现为从低附加值产业向高附加值产业、从劳动密集型产业向资本密集型和技术密集型产业的转变。这一过程能够提升资源配置效率、推动技术进步和创新,从而促进经济增长。

(1)资源配置效率的提升

产业结构升级是提升资源配置效率的重要途径。通过将资源从低效率产业转移到高效率产业,能够显著提高整体经济效率。例如,传统农业通常依赖大量劳动力和自然资源,生产效率较低;而现代制造业和服务业则通过技术创新和规模效应,能够以更少的资源投入创造更高的附加值。产业结构升级不仅优化了资源的分配,还促进了技术进步和专业化分工。例如,从劳动密集型产业向技术密集型产业的转变，不仅提高了劳动生产率，还推动了产业链的延伸和升级。此外，现代服务业的发展，如金融、信息技术和物流等，进一步提升了经济的运行效率。总体而言，产业结构升级通过优化资源配置，为经济增长注入了新的动力，为实现经济升质量发展奠定了坚实基础。

(2)技术进步与创新

产业结构升级与技术进步与创新密不可分。高附加值产业和技术密集型产业通常具有更高的研发投入和技术含量，能够推动技术进步，为经济增长注入新的动力。例如，电子信息产业通过不断的技术创新，推动了互联网、人工智能和物联网等新兴技术的发展，不仅提高了生产效率，还催生了新的商业模式和经济增长点。同样的，生物医药产业通过新药研发和医疗技术的突破，不仅改善了人类的健康水平，还创造了巨大的经济价值。这些产业的发展不仅提升了经济的整体技术水平，还带动了相关产业链的升级，形成了良性循环。因此，产业结构升级通过促进技术进步和创新，为经济的可持续增长提供了重要支撑。

(3)产业结构升级路径的差异

不同国家和地区的产业结构升级路径对经济增长的影响存在显著差异。东亚国家，如中国、韩国和日本，通过发展出口导向型制造业实现了经济快速增长。这些国家利用劳动力成本优势和政府政策支持，逐步从劳动密集型产业向资本密集型和技术密集型产业转型，形成了全球领先的制造业竞争力。例如，韩国的半导体产业和中国的电子产品制造业在全球市场中占据重要地位。相比之下，一些欧美国家则通过发展高技术产业和现代服务业推动了经济高质量发展。美国硅谷的科技创新和欧洲的金融服务、高端制造业，体现了这些国家在技术研发和产业高端化方面的优势。这些差异不仅反映了各国资源禀赋和发展阶段的差异，也表明产业升级路径的选择对经济增长模式和质量具有重要影响。因此，制定适合本国国情的产业升级策略是实现经济可持续发展的关键。

尽管产业结构升级对经济增长具有积极作用，但其效果也受到制度环境、政策支持和资源禀赋等因素的制约。例如，缺乏有效的知识产权保护制度可能抑制技术创新，从而削弱产业升级对经济增长的促进作用。

2. 经济增长对产业结构升级的影响

经济增长与产业结构升级之间存在密切的互动关系。经济增长为产业结构升级提供了物质基础和市场需求，但经济增长方式也会显著影响产业结构升级的方向和速度。以下从物质基础、市场需求和经济增长方式三个方面，详细分析经济增长对产业结构升级的影响。

(1)物质基础

经济增长通过增加国民收入和提高储蓄率，为产业结构升级提供了必要的资金支持。资本积累是产业结构升级的重要前提,尤其是在高附加值产业和技术密集型产业的发展中,需要大量的资金投入用于研发、设备更新和人才培养。例如,在工业化进程中,资本积累使得传统农业逐步向现代制造业转型,推动了生产效率和产出的显著提升。随着经济的进一步发展,资本积累还支持了高新技术产业和现代服务业的崛起。以中国为例,改革开放以来,经济的快速增长带来了大量的资本积累,这些资本被用于基础设施建设、科技创新和产业升级,推动了电子信息、新能源和高端装备制造等产业的快速发展。因此,经济增长通过提供物质基础,为产业结构升级创造了条件。

(2)市场需求

经济增长通过提高居民收入水平和消费能力,为产业结构升级创造了市场需求。随着收入水平的提高,消费者的需求结构从基本生活必需品向高质量产品和高附加值服务转变。这种需求变化推动了产业结构的优化升级。例如,在经济发展初期,居民消费主要集中在食品、服装等低附加值产品上;而随着收入的增加,消费者对教育、医疗、旅游、文化娱乐等现代服务业的需求显著增长。这种需求升级促使企业调整生产结构,向高附加值产业转型。以发达国家为例,随着经济的持续增长,现代服务业逐渐成为国民经济的主导产业,这不仅提高了经济的整体效率,还创造了大量的就业机会。因此,经济增长通过扩大市场需求,为产业结构升级提供了动力。

(3)经济增长方式

经济增长方式对产业结构升级的方向和速度具有重要影响。不同的经济增长方式会导致不同的产业结构演变路径。例如,依赖资源出口和低附加值产业的经济增长模式可能抑制产业结构升级。在这种模式下,经济增长主要依赖于自然资源和廉价劳动力的投入,而缺乏对技术创新和人力资本的投资,导致产业结构长期停留在低附加值阶段。这种现象在一些资源丰富的国家尤为明显,如部分石油出口国,尽管短期内实现了经济快速增长,但由于过度依赖资源出口,未能实现产业结构的多元化升级,最终面临经济增长停滞的风险。

相比之下,依赖技术创新和高附加值产业的经济增长模式能够加速产业结构升级。在这种模式下,经济增长主要依靠技术进步、人力资本积累和制度创新,推动了高附加值产业和现代服务业的快速发展。例如,日本和韩国在第二次世界大战后通过发展出口导向型制造业,逐步实现了从劳动密集型产业向技术密集型产业的转型。这些国家通过加大研发投入、培养高素质人才和完善创新体系,推动了电子信息、汽车制造和生物医药等高附加值产业的崛起,实现了经济的高质量发展。

此外,经济增长方式还影响产业结构升级的可持续性。以技术创新为驱动的经济增长模式不仅能够提高资源利用效率,还能够减少对环境的负面影响,推动绿色经济和低碳经济的发展。例如,德国通过发展可再生能源和环保技术,不仅实现了产业结构的优化升级,还成为全球绿色经济的领导者。因此,经济增长方式的选择对产业结构升级的方向、速度和可持续性具有深远影响。

经济增长为产业结构升级提供了物质基础和市场需求,但经济增长方式决定了产业结构升级的方向和速度。通过资本积累和收入增长,经济增长为高附加值产业和技术密集型产业的发展创造了条件;通过需求升级,经济增长推动了现代服务业和高技术产业的崛起。然而,依赖资源出口和低附加值产业的经济增长模式可能抑制产业结构升级,而依赖技术创新和高附加值产业的经济增长模式则能够加速产业结构升级。因此,在推动经济增长的过程中,应注重技术创新、人力资本积累和制度创新,以实现产业结构的优化升级和经济的可持续发展。

此外,经济增长还可能通过改变要素价格和资源配置影响产业结构升级。例如,劳动力成本的上升可能促使企业从劳动密集型产业向资本密集型和技术密集型产业转型。

3. 产业结构升级与经济增长的互动关系

产业结构升级与经济增长之间存在相互促进、相互制约的复杂关系。这种互动关系反映了经济发展过程中产业结构与经济增长的动态平衡。

(1)相互促进

产业结构升级与经济增长之间存在显著的相互促进关系。一方面,产业结构升级通过提高资源配置效率、推动技术进步和创新,为经济增长注入新的动力;另一方面,经济增长为产业结构升级提供了物质基础、市场需求和资金支持,创造了良好的发展条件。这种互动关系使得二者能够形成良性循环,共同推动经济的高质量发展。

①产业结构升级对经济增长的促进作用

产业结构升级通过优化资源配置,将资源从低效率产业转移到高效率产业,从而提高整体经济效率。例如,从传统农业向现代制造业和服务业转型,能够显著提高生产率和附加值。此外,产业结构升级往往伴随着技术进步和创新。高附加值产业和技术密集型产业通常具有更高的研发投入和技术含量,能够推动技术进步,为经济增长注入新的动力。例如,电子信息产业和生物医药产业的发展,不仅提高了生产效率,还催生了新的经济增长点。高新技术产业的发展还能够通过知识溢出效应,促进其他产业的技术升级和效率提升,从而推动整体经济的增长。

②经济增长对产业结构升级的支撑作用

经济增长为产业结构升级提供了必要的物质基础和资金支持。通过增加国民收入、提高储蓄率,经济增长能够为高附加值产业和技术密集型产业的发展提供充足的资金。例如，资本积累支持了研发投入、设备更新和人才培养，为产业升级创造了条件。同时，经济增长通过提高居民收入水平和消费能力，为产业结构升级创造了市场需求。随着收入水平的提高，消费者对高质量产品和高附加值服务的需求增加，推动了现代服务业和高技术产业的发展。例如，教育、医疗、旅游和文化娱乐等现代服务业的快速发展，正是经济增长带来的需求升级的结果。

③互动关系的实例

以中国为例，改革开放以来，经济的快速增长为产业结构升级提供了物质基础和市场需求，推动了从农业经济向工业经济再向服务业经济的转型。同时，产业结构升级又通过提高资源配置效率和技术进步，进一步促进了经济增长。例如，高新技术产业的发展不仅推动了经济增长，还通过技术进步和知识溢出效应，促进了传统产业的升级。这种相互促进的关系使得中国经济在短短几十年内实现了跨越式发展。

总之，产业结构升级与经济增长之间的互动关系是经济高质量发展的关键。通过优化资源配置、推动技术进步和创新，产业结构升级为经济增长注入动力；而经济增长则为产业结构升级提供物质基础、市场需求和资金支持。这种良性循环为经济的可持续发展奠定了坚实基础。

(2)相互制约

①产业结构升级与经济增长的相互制约

尽管产业结构升级与经济增长之间存在相互促进的关系，但在某些情况下，二者可能出现相互制约的现象。过快或过慢的产业结构升级可能影响经济增长的稳定性，而经济增长方式的局限性也可能制约产业结构升级的方向和速度。这种相互制约的关系在经济发展过程中需要引起高度重视。

②产业结构升级对经济增长的制约

产业结构升级的速度和方式可能对经济增长产生负面影响。一方面，如果产业结构升级过快，可能导致部分传统产业在短时间内被淘汰，而新兴产业尚未形成足够的规模和竞争力，从而引发经济波动和社会问题。例如，劳动力从传统产业向新兴产业转移的过程中，可能出现结构性失业问题，影响社会稳定和经济增长的可持续性。另一方面，如果产业结构升级过慢，可能导致资源配置效率低下，经济增长长期依赖低附加值产业，难以实现高质量发展。例如，一些资源型国家由于过度依赖资源出口，未能及时推动产业多元化升级，导致经济增长缺乏后劲。

③经济增长方式对产业结构升级的制约

经济增长方式的局限性也可能制约产业结构升级的方向和速度。依赖资源出口和低附加值产业的经济增长模式，可能抑制高附加值产业和技术密集型产业的发展。例如，一些石油出口国通过资源出口实现了短期经济快速增长，但由于缺乏对技术创新和人力资本的投资，未能实现产业结构的多元化升级，最终陷入“资源诅咒”的困境。此外，过度依赖投资驱动的经济增长模式可能导致资源配置失衡，抑制消费和服务业的发展，从而制约产业结构升级。例如，部分国家在工业化过程中过度依赖基础设施投资，导致现代服务业和高技术产业发展滞后，影响了经济结构的优化。

④相互制约的实例

以拉丁美洲部分国家为例，这些国家在20世纪中期通过资源出口实现了经济快速增长，但由于未能及时推动产业升级，导致经济增长缺乏可持续性。当资源价格下跌时，这些国家的经济陷入停滞，产业结构升级的进程也被迫中断。相比之下，东亚一些国家通过发展出口导向型制造业，逐步实现了从劳动密集型产业向技术密集型产业的转型，避免了经济增长与产业结构升级之间的相互制约。

总之，产业结构升级与经济增长之间的相互制约关系需要引起政策制定者的重视。在推动产业结构升级的过程中，应注重平衡速度与稳定性，避免过快或过慢的升级对经济增长造成负面影响。同时，应优化经济增长方式，减少对资源出口和低附加值产业的依赖，推动技术创新和高附加值产业的发展，为产业结构升级创造良好的条件。通过协调产业结构升级与经济增长的关系，可以实现经济的可持续发展。

(3)动态平衡

产业结构升级与经济增长的互动关系需要在动态中实现平衡。政府在这一过程中扮演着关键角色，通过制定科学的产业政策、优化制度环境和加大研发投入，可以有效推动二者的良性互动。例如，政府可以通过税收优惠、补贴和融资支持，鼓励企业向高附加值产业和技术密集型产业转型，同时加大对教育、科研和基础设施的投资，为产业升级提供人力资本和技术支持。此外，优化制度环境，如完善知识产权保护、简化行政审批流程和构建公平竞争的市场环境，能够激发企业创新活力，促进产业结构升级。通过动态调整政策和支持措施，政府可以在经济增长与产业结构升级之间找到平衡点，既避免产业结构升级过快导致的经济波动，又防止经济增长方式单一对产业结构升级的制约，从而实现经济的高质量发展。

4. 国外研究的启示

国外学者对产业结构升级与经济增长关系的研究，为理解经济发展规律和制定经济政策提供了重要的理论和实践启示。这些研究不仅揭示了产业结构升级与经济增长之间的内在联系，还为不同国家和地区如何实现经济高质量发展提供了宝贵的经验。

(1)产业结构升级的路径选择

产业结构升级是推动经济增长的重要途径，但其路径选择需要结合资源禀赋和发展阶段。例如，东亚国家（如日本、韩国）通过发展出口导向型制造业，逐步实现了从劳动密集型产业向技术密集型产业的转型，推动了经济的快速增长。这些国家的成功经验表明，产业结构升级应立足于自身的比较优势，同时注重技术进步和创新能力的提升。相比之下，一些资源型国家（如一些拉丁美洲国家）由于过度依赖资源出口，未能及时推动产业多元化升级，导致经济增长缺乏可持续性。因此，产业结构升级的路径选择应充分考虑资源禀赋、技术水平和市场需求，避免单一依赖某一产业或增长模式。

（2）经济增长方式对产业结构升级的影响

经济增长为产业结构升级提供了物质基础和市场需求，但经济增长方式的选择对产业结构升级具有重要影响。例如，依赖资源出口和低附加值产业的经济增长模式可能抑制高附加值产业的发展，而依赖技术创新和高附加值产业的经济增长模式则能够加速产业结构升级。以美国为例，其通过发展高技术产业和现代服务业，不仅实现了经济的高质量增长，还推动了全球技术创新的前沿发展。这表明，经济增长方式的选择应注重技术创新和人力资本积累，为产业结构升级创造良好的条件。

（3）产业结构升级与经济增长的良性互动

国外研究强调了产业结构升级与经济增长之间存在复杂的互动关系，需要通过政策引导和制度优化实现二者的良性互动。例如，政府可以通过制定产业政策、优化制度环境和加大研发投入，推动产业结构升级与经济增长的协调发展。以德国为例，其通过“工业4.0”战略，推动了制造业的智能化升级，同时通过完善职业教育体系和创新支持政策，为产业升级提供了人力资本和技术支持。这些经验表明，政府在推动产业结构升级和经济增长中扮演着重要角色，应通过科学的政策设计和制度优化，实现二者的动态平衡。

总之，国外研究为理解产业结构升级与经济增长的关系提供了重要的理论框架和实践启示。这些研究不仅强调了产业结构升级对经济增长的推动作用，还指出了经济增长方式对产业升级的影响，以及政策引导在实现二者良性互动中的关键作用。对于中国和其他发展中国家而言，借鉴这些研究成果，结合自身实际，制定科学的产业政策和发展战略，是实现经济高质量发展的重要路径。

国外学者对产业结构升级与经济增长关系的研究，主要集中在产业结构升级对经济增长的影响、经济增长对产业结构升级的影响，以及二者之间的互动关系。这些研究揭示了产业结构升级与经济增长之间的复杂关系，为政策制定提供了重要的理论依据。未来，随着技术进步和全球化的深入发展，产业结构升级与经济增长的关系将继续演变，需要进一步研究和探索。

2.3.2 国内研究现状:产业结构升级与经济增长的关系

国内学者对产业结构升级与经济增长的关系进行了大量研究,这些研究不仅丰富了对中国经济发展规律的认识,还为政策制定提供了重要的理论依据。研究主要集中在三个方面,以下将详细探讨这些研究的主要内容及其贡献。

1. 中国产业结构升级的现状、问题及对策

国内学者对中国产业结构升级的现状进行了全面分析,总结了取得的成就和存在的问题,并提出了相应的政策建议。

(1)取得的成就

改革开放以来,中国在产业结构升级方面取得了显著成就,实现了从以农业为主的经济结构向以工业和服务业为主导的经济结构的转变。农业在经济中的比重逐年下降,而工业和服务业,尤其是高技术产业和现代服务业的比重显著提高。例如,电子信息、新能源、生物医药等新兴产业快速发展,成为经济增长的新引擎。中国的高铁、5G通信和人工智能等领域已达到世界领先水平,展现了技术创新的强大动力。此外,现代服务业如金融、物流、电子商务等也迅速崛起,为经济注入了新的活力。这些成就不仅推动了中国经济的高速增长,还为全球产业链的优化和升级做出了重要贡献,标志着中国产业结构升级迈入了高质量发展新阶段。

(2)存在的问题

尽管中国在产业结构升级方面取得了显著成就,但仍面临一些亟待解决的问题。首先,部分行业存在产能过剩、技术水平不高和附加值较低的问题。例如,传统制造业和重化工业虽然规模庞大,但技术含量和创新能力不足,导致资源利用效率低下和国际竞争力较弱。其次,区域发展不平衡问题突出。东部地区凭借其地理优势和政策支持,产业结构较为先进,高技术产业和现代服务业发展迅速;而中西部地区仍以传统产业为主,产业升级步伐相对缓慢,区域间差距较大。最后,中国的创新能力和国际竞争力虽有提升,但与发达国家相比仍有差距,尤其是在核心技术领域和高端产业链环节的自主创新能力不足。这些问题制约了中国产业结构升级的进一步深化,需要通过政策优化和技术创新加以解决。

(3)政策建议

针对中国产业结构升级中存在的问题,学者们提出了多项政策建议。首先,应加大对高技术产业和现代服务业的支持力度。通过财政补贴、税收优惠和融资支持等措施,推动这些产业的快速发展,同时促进传统产业的转型升级,提高其技术含量和附加值。其次,优化区域产业布局,促进区域协调发展。通过政策引导和资源倾斜,支持中西部地区发展特色产业和高新技术产业,缩小区域间的发展差距。再次,加强科技创新是提升产业结构升级质量的关键。应加大研发投入,完善创新

体系，鼓励企业、高校和科研机构的协同创新，提高自主创新能力。最后，完善市场机制，优化资源配置。通过深化市场化改革和健全法律法规，为产业结构升级创造公平竞争的市场环境。这些政策建议为中国的产业结构升级和高质量发展提供了科学指导。

2. 中国产业结构升级与经济增长的关系

国内学者运用多种方法实证分析了中国产业结构升级对经济增长的影响，并探讨了其作用机制。

(1) 实证分析

学者们通过构建计量经济模型，深入分析了产业结构升级对中国经济增长的贡献。研究表明，产业结构升级显著促进了经济增长，尤其是高新技术产业和现代服务业的发展对经济增长的拉动作用更为明显。例如，高新技术产业通过技术创新和效率提升，推动了全要素生产率的提高，而现代服务业则通过扩大就业和提升消费水平，为经济增长注入了新的动力。研究发现，服务业比重的提高对经济增长的贡献率逐年上升，成为经济增长的重要引擎。此外，实证分析还表明，区域间产业结构升级的差异对经济增长的影响也存在显著差异，东部地区由于产业结构更为先进，经济增长的效益更为显著。这些研究为理解产业结构升级与经济增长的关系提供了实证依据，也为政策制定提供了科学参考。

(2) 作用机制

产业结构升级通过多种机制促进经济增长。首先，产业结构升级提高了资源配置效率，将资源从低效率产业转移到高效率产业。例如，从传统农业向现代制造业和服务业的转型，能够显著提升资源利用效率，推动经济整体效率的提高。其次，产业结构升级推动了技术进步和创新。高附加值产业和技术密集型产业通常具有更高的研发投入和技术含量，能够通过技术创新提高生产效率和产品附加值。例如，电子信息产业和生物医药产业的发展，不仅提升了技术水平，还催生了新的经济增长点。最后，产业结构升级优化了需求结构，满足了人民群众日益增长的美好生活需要。随着收入水平的提高，消费者对高质量产品和高附加值服务的需求增加，推动了现代服务业和高技术产业的发展。这些机制共同作用，为经济增长注入了持续动力。

(3) 区域差异

研究发现，产业结构升级对经济增长的影响存在显著的区域差异。东部地区由于经济发展水平较高，产业结构较为先进，高技术产业和现代服务业的比重较大，因此产业结构升级对经济增长的促进作用更为显著。例如，长三角和珠三角地区通过发展电子信息、金融和高端制造业，不仅实现了经济的高速增长，还成为全国乃至全球的技术创新中心。相比之下，中西部地区由于经济发展相对滞后，产业结构仍以传统制造业和资源型产业为主,产业结构升级的潜力尚未完全释放。尽管近年来中西部地区在承接产业转移和发展特色产业方面取得了一定进展,但与东部地区相比,其产业升级的速度和效果仍有较大差距。这种区域差异表明,推动中西部地区的产业结构升级,对于实现全国经济的协调发展和高质量发展具有重要意义。

3. 中国产业结构升级的国际比较

国内学者将中国产业结构升级与其他国家进行比较,总结经验教训,为中国产业结构升级提供借鉴。

(1)成功经验

学者们总结了发达国家在产业结构升级方面的成功经验,为中国和其他发展中国家提供了重要借鉴。美国通过发展高技术产业和现代服务业,实现了经济的高质量发展。例如,硅谷的科技创新和金融服务业的发展,不仅推动了经济增长,还使美国在全球技术竞争中保持领先地位。德国则通过发展高端制造业,保持了强大的国际竞争力。其"工业 4.0"战略推动了制造业的智能化升级,使德国在汽车、机械制造等领域占据全球主导地位。日本通过技术创新和产业升级,实现了经济腾飞。例如,日本在电子、汽车和机器人等领域的技术突破,不仅提升了产业附加值,还使其成为全球技术创新的重要力量。这些成功经验表明,产业结构升级需要注重技术创新、人力资本积累和政策支持,以实现经济的可持续发展。

(2)教训与挑战

研究还揭示了其他国家在产业结构升级过程中的教训与面临的挑战,为中国的产业结构升级提供了重要警示。例如,部分拉丁美洲国家由于过度依赖资源出口,未能及时推动产业多元化升级,导致经济结构单一,最终陷入"中等收入陷阱"。这些国家在资源价格高企时实现了短期经济增长,但当资源价格下跌时,经济陷入停滞,产业结构升级的进程也被迫中断。此外,部分东南亚国家由于创新能力不足,产业结构升级进展缓慢。尽管这些国家通过承接劳动密集型产业实现了经济起飞,但由于缺乏核心技术和自主创新能力,难以向高附加值产业转型,经济增长的后劲不足。这些教训表明,产业结构升级不能依赖单一产业或外部条件,而应注重技术创新、人力资本积累和产业多元化,以实现经济的可持续发展。

(3)对中国的启示

通过国际比较,学者们为中国产业结构升级提出了重要启示。首先,应加大对高技术产业和现代服务业的支持力度,推动产业结构向高端化、智能化、绿色化方向发展。例如,通过政策扶持和资金投入,促进电子信息、新能源、生物医药等新兴产业的发展,同时推动传统制造业的智能化改造和绿色转型。其次,加强科技创新是产业结构升级的核心。应加大研发投入,完善创新体系,鼓励企业、高校和科研机构的协同创新,提高自主创新能力,减少对国外技术的依赖。最后,优化区域产业布局,促进区域协调发展。通过政策引导和资源倾斜,支持中西部地区发展特色产业和高技术产业,缩小区域间的发展差距。这些启示为中国实现产业结构升级和经济高质量发展提供了科学路径。

4. 国内研究的贡献与不足

国内学者对产业结构升级与经济增长关系的研究,为理解中国经济发展规律和制定相关政策提供了重要的理论支持和实践依据。这些研究不仅揭示了产业结构升级对经济增长的促进作用,还分析了不同产业、不同区域在升级过程中的差异和特点。例如,研究表明,高技术产业和现代服务业的发展对经济增长的拉动作用尤为显著,而区域间产业结构升级的差异也深刻影响了经济发展的均衡性。这些研究成果为政府制定产业政策、优化区域经济布局提供了科学参考,推动了中国经济的高质量发展。

然而,现有研究也存在一些不足之处。首先,部分研究侧重于宏观层面的分析,缺乏对微观机制的深入探讨。例如,虽然许多研究揭示了产业结构升级对经济增长的整体贡献,但对企业、行业在升级过程中的具体行为和技术创新路径的研究相对不足。这种宏观视角的局限性可能导致政策建议缺乏针对性和可操作性。其次,部分研究依赖于静态分析,未能充分反映产业结构升级与经济增长的动态关系。产业结构升级是一个长期、复杂的过程,其与经济增长的互动关系会随着时间、技术水平和市场环境的变化而演变。静态分析难以捕捉这种动态变化,可能影响研究结论的准确性和前瞻性。

此外,国内研究在国际比较方面也存在一定的局限性。现有研究多集中于发达国家,如美国、德国和日本等,而对发展中国家和新兴经济体的研究相对不足。发达国家的发展经验固然具有重要借鉴意义,但发展中国家和新兴经济体在资源禀赋、制度环境和发展阶段等方面与中国更为相似,其产业结构升级的经验和教训对中国更具参考价值。例如,拉美国家的"中等收入陷阱"和东南亚国家的产业升级挑战,对中国避免类似问题具有重要启示。

国内研究在深化对产业结构升级与经济增长关系的认识方面作出了重要贡献,但仍需在微观机制、动态分析和国际比较等方面进一步拓展和深化。未来的研究应更加注重理论与实践的结合,借鉴国际经验,同时结合中国实际,为产业结构升级和经济高质量发展提供更加科学、全面的理论支持和政策建议。

国内学者对产业结构升级与经济增长关系的研究,主要集中在产业结构升级的现状、问题及对策,产业结构升级与经济增长的关系,以及产业结构升级的国际比较。这些研究不仅丰富了对中国经济发展规律的认识,还为政策制定提供了重要的理论依据。未来,应进一步深化对微观机制和动态关系的研究,加强国际比较研究,为推进中国产业结构升级和实现经济高质量发展提供更多科学支持。

2.3.3 研究述评:产业结构升级与经济增长的关系

国内外学者对产业结构升级与经济增长的关系进行了广泛而深入的研究,取得了丰硕的成果。这些研究不仅深化了对产业结构升级与经济增长关系的理解,还为政策制定提供了重要的理论依据。然而,现有研究仍存在一些不足,未来需要在理论、实证和政策研究方面进一步深化和创新。

1. 理论研究方面的不足

现有理论对产业结构升级与经济增长的互动机制研究还不够深入,缺乏系统性的理论框架。

(1)互动机制的复杂性

产业结构升级与经济增长之间的关系是动态的、多维的,涉及资源配置、技术进步、制度创新等多个方面。然而,现有理论多侧重于单一因素的分析,未能全面揭示两者之间的复杂互动机制。例如,产业结构升级通过技术进步提高生产效率,推动经济增长;而经济增长又通过需求变化和资本积累,为产业升级提供物质基础和市场需求。这种双向互动关系不仅体现在宏观层面,还涉及企业、行业和区域的微观行为。此外,制度环境、政策支持和国际竞争等因素也会影响两者的互动效果。因此,未来的研究需要从多维度、多层次出发,深入探讨产业结构升级与经济增长之间的复杂机制,为政策制定提供更加全面和科学的依据。

(2)系统性理论框架的缺乏

现有研究对产业结构升级与经济增长关系的探讨多分散在不同学科和领域,缺乏一个系统性的理论框架来整合不同视角的研究成果。例如,经济学主要从资源配置、技术进步和资本积累的角度分析产业结构升级对经济增长的影响;管理学则关注企业创新、组织变革和产业链优化在产业升级中的作用;社会学则强调制度环境、社会网络和文化因素对产业升级的影响。这些学科的研究虽然提供了丰富的视角,但由于缺乏有效的整合和对话,难以形成一个全面、系统的理论框架。这种分散性限制了研究的深度和广度,也影响了政策建议的科学性和可操作性。因此,构建一个跨学科的系统性理论框架,整合不同领域的研究成果,是未来研究的重要方向。

(3)理论创新的需求

随着技术进步和全球化的深入发展,产业结构升级与经济增长的关系呈现出新的特点和趋势,对传统理论提出了新的挑战。例如,数字经济、绿色经济等新兴领域的崛起,正在重塑全球产业链和价值链,传统的产业结构升级理论难以完全解释这些新现象。数字经济通过大数据、人工智能和物联网等技术,推动了生产方式和商业模式的深刻变革;绿色经济则通过低碳技术和可持续发展理念,重新定义了经济增长的内涵。这些新趋势要求研究者加强理论创新,构建更加适应新时代背景的理论框架。未来的研究需要结合新兴领域的特点,探索产业结构升级与经济增长的新机制,为经济高质量发展提供更加科学的理论支持。

2. 实证研究方面的不足

现有实证研究多集中于国家层面,对区域和行业层面的研究相对不足,且研究方法有待进一步创新。

(1)区域和行业层面的研究不足

现有实证研究多集中于国家层面的分析,缺乏对区域和行业层面的深入研究。例如,不同区域由于资源禀赋、发展阶段和政策支持的差异,产业结构升级对经济增长的影响可能存在显著差异。东部地区凭借其技术优势和资本积累,产业升级效果显著;而中西部地区受限于基础设施和人力资本,产业升级进程相对缓慢。此外,不同行业由于技术特征和市场结构的差异,产业结构升级的路径和效果也可能不同。例如,高技术产业的升级主要依赖技术创新,而传统制造业的升级则更注重效率提升和绿色转型。这些区域和行业层面的差异对于制定差异化的产业政策具有重要意义,未来的研究应加强对这些问题的探讨,为政策制定提供更加精准的依据。

(2)研究方法的局限性

现有实证研究多采用传统的计量经济方法,如回归分析、面板数据分析等,这些方法虽然能够揭示变量之间的统计关系,但难以捕捉产业结构升级与经济增长之间的动态关系和复杂机制。例如,传统的回归分析通常假设变量之间的关系是线性和静态的,而实际上,产业结构升级与经济增长的互动是动态的、非线性的,涉及多重反馈和时滞效应。此外,结构方程模型、系统动力学模型等新方法在揭示复杂系统行为方面具有优势,能够更好地模拟变量之间的动态互动和长期效应,但在现有研究中应用较少。这些方法的局限性可能导致研究结论的片面性和静态化,难以全面反映产业结构升级与经济增长的真实关系。因此,未来的研究应更多地引入新方法,以更准确地揭示两者之间的复杂机制。

(3)数据质量的制约

实证研究的可靠性在很大程度上依赖于数据的质量,然而现有研究在数据获取和处理方面面临诸多挑战。例如,区域和行业层面的数据往往不够全面和及时,许多关键指标(如研发投入、技术创新水平等)的统计口径不一致或缺失,影响了研究的准确性和时效性。此外,微观企业数据的获取难度较大,尤其是中小企业的数据往往难以系统收集,限制了研究的深度和广度。数据质量问题不仅可能导致研究结论的偏差,还可能影响政策建议的科学性和可操作性。因此,未来的研究需要加强数据体系建设,推动数据共享和标准化,同时探索利用大数据和人工智能技术，提高数据的质量和可用性，为产业结构升级与经济增长的研究提供更加坚实的基础。

3. 政策研究方面的不足

现有政策研究多集中于宏观层面，对微观层面的政策研究相对不足，且政策建议的针对性和可操作性有待提高。

（1）宏观与微观的结合不足

现有政策研究多集中于宏观层面的分析，如国家产业政策、区域发展战略等，缺乏对微观层面的深入研究。例如，企业在产业结构升级中的具体行为，包括技术创新、投资决策和市场策略，往往未被充分纳入政策研究的视野。同时，地方政府在政策执行中的具体措施，如资源配置、项目落地和监管机制，也较少受到关注。这种宏观与微观研究的脱节，可能导致政策设计过于笼统，难以精准解决实际问题。微观层面的研究能够揭示政策实施中的具体障碍和动力机制，为政策优化提供重要依据。因此，未来的研究应加强宏观与微观的结合，深入探讨企业和地方政府在产业升级中的角色和行为，以提高政策的针对性和可操作性。

（2）政策建议的针对性和可操作性

现有政策研究提出的建议多较为宏观，缺乏具体的实施路径和操作指南。例如，虽然许多研究强调通过税收优惠和资金支持鼓励企业加大研发投入，但具体如何设计税收优惠政策、如何分配资金支持、如何评估政策效果等问题，往往未被深入探讨。同样，优化营商环境以促进中小企业发展的建议，也缺乏具体的操作细节，如如何简化行政审批流程、如何降低融资成本、如何提供技术支持等。这些具体问题的研究对于提高政策的针对性和可操作性至关重要。未来的研究应更加注重政策实施的细节，结合实际情况，提出切实可行的操作方案，确保政策能够真正落地并产生预期效果。

（3）政策效果的评估不足

现有研究多侧重于政策制定的分析，缺乏对政策效果的评估。例如，某项产业政策实施后，是否达到了预期效果，存在哪些问题和不足，这些问题需要通过系统的评估研究来回答。政策效果的评估不仅能够检验政策的有效性，还能为政策优化提供重要依据。然而，目前许多研究在政策实施后的跟踪评估方面存在明显不足，导致无法全面了解政策的实际影响。例如，税收优惠政策是否真正激励了企业加大研发投入，资金支持是否有效促进了产业升级，这些问题需要通过定量和定性相结合的方法进行系统评估。未来的研究应加强政策效果的评估，建立科学的评估体系，为政策制定和调整提供更加可靠的依据。

4. 未来研究方向

未来研究应进一步加强理论创新，拓展研究视角，丰富研究方法，为促进产业结构升级与经济增长的良性互动提供更有力的理论支撑和政策建议。

(1)加强理论创新

未来研究应构建更加系统性和综合性的理论框架,整合不同学科的研究成果,揭示产业结构升级与经济增长之间的复杂互动机制。现有研究多分散在经济学、管理学、社会学等领域,缺乏跨学科的整合,难以全面解释两者之间的动态关系。例如,经济学关注资源配置和技术进步,管理学强调企业创新和组织变革,社会学则重视制度环境和文化因素。通过整合这些视角,可以构建一个多维度的理论框架,更好地解释产业结构升级如何通过技术进步、制度创新和市场需求变化推动经济增长,以及经济增长又如何通过资本积累和需求升级反作用于产业升级。这种理论创新不仅能够深化对经济发展规律的认识,还能为政策制定提供更加科学的依据。

(2)拓展研究视角

未来研究应加强对区域和行业层面的分析,揭示不同区域和行业在产业结构升级与经济增长关系中的差异性,为制定差异化的产业政策提供依据。现有研究多集中于国家层面的宏观分析,忽视了区域和行业层面的多样性。例如,东部地区凭借技术优势和资本积累,产业升级效果显著,而中西部地区受限于基础设施和人力资本,升级进程相对缓慢。不同行业也存在显著差异,高技术产业依赖技术创新,传统制造业则更注重效率提升和绿色转型。通过深入分析这些差异,可以更好地理解产业结构升级的复杂性和多样性,从而为不同区域和行业制定更有针对性的政策,推动经济的协调发展和高质量增长。

(3)丰富研究方法

未来研究应引入更多新的研究方法,如结构方程模型、系统动力学模型等,以揭示产业结构升级与经济增长之间的动态关系和复杂机制。传统计量经济方法(如回归分析)虽然能够揭示变量之间的统计关系,但难以捕捉动态互动和非线性效应。例如,结构方程模型可以同时分析多个变量之间的因果关系,系统动力学模型则能够模拟变量之间的反馈循环和时滞效应,更适合研究复杂系统的长期行为。这些新方法能够更全面地反映产业结构升级与经济增长的动态互动,为政策制定提供更加科学的依据。通过丰富研究方法,可以深化对经济发展规律的认识,推动研究从静态分析向动态分析转变。

(4)提高政策研究的针对性和可操作性

未来研究应加强对微观层面的分析,提出更加具体和可操作的政策建议,并通过系统的评估研究,提高政策的实施效果。现有政策研究多集中于宏观层面,缺乏对企业和地方政府在产业升级中具体行为的深入探讨。例如,如何通过税收优惠、资金支持等具体措施激励企业加大研发投入,如何优化营商环境促进中小企业发展，这些问题需要更加细致的研究。同时，政策效果的评估研究也亟待加强，通过定量和定性相结合的方法，系统评估政策实施后的实际效果，识别问题和不足。这种微观层面的研究和评估能够为政策优化提供精准依据，确保政策建议更具针对性和可操作性，从而有效推动产业结构升级和经济高质量发展。

国内外学者对产业结构升级与经济增长关系的研究取得了丰硕的成果，但仍存在一些不足。未来研究应进一步加强理论创新，拓展研究视角，丰富研究方法，为促进产业结构升级与经济增长的良性互动提供更有力的理论支撑和政策建议。通过这些努力，可以为推动经济高质量发展和实现全面建设社会主义现代化国家的目标提供科学支持。。

第3章　产业结构升级与经济增长的作用机制

3.1　产业结构升级对经济增长的促进作用

产业结构升级是经济增长的重要动力，其促进作用主要体现在以下几个方面：

3.1.1　提高资源配置效率：产业结构升级的关键作用

产业结构升级是推动经济增长的重要途径，其核心作用之一在于优化资源配置，提高资源利用效率。通过引导资源流向高效率产业、促进资源集约利用以及优化产业布局，产业结构升级能够显著提升整体经济效率，从而为经济增长注入新的动力。以下将详细探讨产业结构升级如何通过提高资源配置效率促进经济增长。

1. 引导资源流向高效率产业

在产业结构升级过程中，资源会从低效率产业向高效率产业转移，从而提高整体资源配置效率。这一过程反映了市场机制和政策引导的双重作用。

（1）市场机制的作用

在市场经济条件下，市场机制通过价格信号和竞争机制，引导资源自动流向回报率更高的产业，从而推动产业结构升级。例如，随着技术进步和消费升级，高技术产业和现代服务业的回报率显著高于传统农业和低端制造业，资本、劳动力和技术等资源会逐渐向这些高效率产业集中。这种资源的重新配置不仅提高了资源的使用效率，还推动了产业结构的优化和升级。市场机制通过优胜劣汰的竞争过程，促使低效率企业退出市场，高效率企业获得更多资源，从而加速产业升级的进程。此外，市场机制还能够激发企业的创新活力，通过技术创新和管理优化，提高生产效率和产品附加值。因此，充分发挥市场机制的作用，是实现产业结构升级和经济高质量发展的重要途径。

(2)政策引导的作用

政府在产业结构升级中扮演着重要角色,通过制定产业政策、提供税收优惠和资金支持等方式,引导资源向高效率产业流动,从而加速产业升级的进程。例如,政府可以通过设立产业基金、提供研发补贴等措施,鼓励企业投资于高技术产业和绿色产业。这些政策不仅能够降低企业的创新成本和风险,还能吸引更多社会资本参与高附加值产业的发展。此外,政府还可以通过优化营商环境、加强知识产权保护等措施,为高效率产业的发展创造良好的外部条件。例如,简化行政审批流程、降低市场准入门槛,能够激发企业的创新活力;而完善的知识产权保护制度则能够保障创新者的合法权益,促进技术成果的转化和应用。通过政策引导,政府能够弥补市场机制的不足,推动产业结构向高端化、智能化、绿色化方向发展,为经济高质量发展提供有力支撑。

(3)资源配置效率的提升

资源从低效率产业向高效率产业的转移,是提高整体资源配置效率的关键途径。例如,将资源从产能过剩的传统制造业转移到高附加值的现代服务业,不仅能够提高资源的使用效率,还能够推动经济增长的质量和效益。传统制造业通常依赖大量资源和劳动力投入,生产效率较低,而现代服务业则通过技术创新和专业化分工,能够以更少的资源创造更高的附加值。这种资源的重新配置不仅优化了产业结构,还促进了技术进步和创新能力的提升。此外,高效率产业通常具有更强的市场竞争力和抗风险能力,能够为经济增长提供更加稳定的动力。因此,通过优化资源配置,推动资源向高效率产业集中,是实现产业结构升级和经济高质量发展的重要路径。

2. 促进资源集约利用

产业结构升级通过推动技术进步和管理创新,提高资源利用效率,降低资源消耗。这一过程反映了技术创新和制度创新的双重驱动。

(1)技术进步的驱动

技术进步是提高资源利用效率的关键驱动力。通过引入先进的生产技术和设备,可以大幅提高资源的使用效率,降低资源消耗,从而推动产业结构升级和经济增长。例如,在制造业中,智能制造和自动化生产技术的应用,不仅能够显著提高生产效率,还能够减少原材料和能源的浪费,降低生产成本。这些技术的普及使得传统制造业向高端制造业转型,提升了产业的附加值和竞争力。在农业中,精准农业技术的应用,如智能灌溉、无人机监测和数据分析,能够提高土地和水资源的利用效率,减少化肥和农药的使用,降低农业生产对环境的负面影响。此外,技术进步还能够催生新兴产业,如新能源、生物医药和信息技术,为经济增长注入新的动力。因此,技术进步不仅是提高资源利用效率的重要手段,也是实现产业结构升级和经济高质量发展的核心动力。

(2)管理创新的驱动

管理创新是提高资源利用效率的重要途径,通过优化生产流程、改进供应链管理和实施精益生产等方式,企业能够显著提升资源的使用效率,降低生产成本。例如,优化生产流程可以减少不必要的环节和浪费,提高生产效率;改进供应链管理则能够降低库存成本,提高物流效率,从而减少资源浪费。精益生产模式通过消除生产过程中的浪费,实现资源的最大化利用。此外,企业还可以通过实施绿色管理和循环经济模式,进一步提高资源的循环利用效率。例如,绿色管理强调在生产过程中减少环境污染和资源消耗,而循环经济则通过资源的再利用和再循环,减少对自然资源的依赖。这些管理创新不仅能够提高企业的经济效益,还能够减少对环境的负面影响,推动可持续发展。因此,管理创新在提高资源利用效率和促进产业结构升级中发挥着重要作用。

(3)资源集约利用的效果

资源集约利用是提高资源使用效率、降低生产成本并增强企业竞争力的重要手段。通过集约利用资源,企业能够以更少的投入获得更多的产出,从而提高经济效益和市场竞争力。例如,提高能源利用效率可以显著降低能源成本,减少对化石燃料的依赖,同时降低碳排放,这不仅能够提高企业的盈利能力,还能够增强其环境责任形象。在原材料利用方面,通过改进生产工艺和技术,企业可以减少原材料的浪费,降低采购成本,提高资源的使用效益。此外,资源集约利用还能够推动企业向绿色生产和可持续发展转型,例如通过循环经济模式,将废弃物转化为资源,实现资源的再利用和再循环。这种模式不仅能够减少对自然资源的消耗,还能够降低环境治理成本,为企业创造新的增长点。因此,资源集约利用在提高生产效率、降低成本和增强竞争力方面具有显著效果,是实现产业结构升级和经济高质量发展的重要途径。

3. 优化产业布局

产业结构升级通过促进产业集聚和区域协调发展,优化产业布局,提高资源配置效率。这一过程反映了产业集聚效应和区域协调发展的双重作用。

(1)产业集聚效应

产业集聚是指相关产业在特定区域内的集中分布,这种地理上的集中能够通过多种机制提高资源配置效率。首先,产业集聚使得企业能够共享基础设施,如交通、通信和能源设施,从而降低运营成本。其次,集聚区域内的企业可以通过降低交易成本,如物流成本和信息获取成本,提高经营效率。此外,产业集聚还能够促进知识溢出和技术扩散,企业之间的近距离接触和互动,加速了技术交流和合作,形成创新生态系统。例如,高新技术产业园区通过集聚大量高科技企业,不仅能够吸引高端人才和资本,还能够通过协同创新提高整体创新效率。同时,产业集聚还能够通过规模效应和范围效应,降低生产成本,提高生产效率。规模效应使得企业能够以更低的单位成本进行大规模生产,而范围效应则使得企业能够通过多元化生产提高资源利用效率。因此,产业集聚效应在提高资源配置效率、促进技术创新和推动经济增长方面具有重要作用。

(2)区域协调发展

产业结构升级在促进区域协调发展中发挥着重要作用。通过优化产业布局,可以实现资源的合理配置和区域经济的均衡发展。例如,推动东部地区向高技术产业和现代服务业转型,能够充分发挥其技术、资本和人才优势,提升经济质量和效益;同时,促进中西部地区承接产业转移,发展特色产业和劳动密集型产业,能够充分利用其资源禀赋和成本优势,缩小区域发展差距。这种区域间的产业分工与协作,不仅能够实现资源的优化配置,还能够推动全国经济的协调发展。此外,通过加强区域间的合作与联动,可以进一步提高整体经济效率。例如,京津冀协同发展战略通过优化产业布局和基础设施共建,促进了区域经济的深度融合;长三角一体化则通过产业链协同和创新资源共享,打造了具有全球竞争力的经济集群。这些区域发展战略不仅提升了区域经济的整体竞争力,还为全国经济的协调发展提供了重要支撑。因此,产业结构升级是实现区域协调发展、优化产业布局的重要途径。

(3)产业布局优化的效果

优化产业布局是提高资源配置效率和促进区域经济协调发展的重要手段。通过推动产业向中西部地区转移,可以有效缓解东部地区的资源环境压力,同时促进中西部地区的经济发展。例如,东部地区通过向高技术产业和现代服务业转型,能够提升经济质量和效益,而中西部地区通过承接劳动密集型产业和资源型产业,能够充分利用其资源禀赋和成本优势,缩小区域发展差距。这种产业布局的优化不仅实现了资源的合理配置,还推动了区域经济的均衡发展。此外,优化产业布局还能够提高整体经济的抗风险能力。通过分散产业分布,减少对单一区域或产业的依赖,可以增强经济的稳定性和可持续性。例如,在外部冲击或市场波动时,多元化的产业布局能够降低经济系统的脆弱性,确保经济的平稳运行。因此,优化产业布局在提高资源配置效率、促进区域协调发展和增强经济稳定性方面具有显著效果。

产业结构升级通过引导资源流向高效率产业、促进资源集约利用以及优化产业布局,能够显著提高资源配置效率,从而促进经济增长。这一过程不仅反映了市场机制和政策引导的双重作用,还体现了技术创新和制度创新的双重驱动。未来,应继续深化产业结构升级,推动资源向高效率产业流动,促进资源集约利用,优化产业布局,为实现经济高质量发展提供坚实支撑。通过这些努力,可以进一步提高资源配置效率,推动经济增长的质量和效益,实现经济的可持续发展。

3.1.2　促进技术进步与创新:产业结构升级的核心动力

产业结构升级与技术进步和创新之间存在着密切的互动关系,二者相互促进,共同推动经济增长。技术进步与创新不仅是产业结构升级的重要驱动力,也是提升经济竞争力和实现高质量发展的关键因素。通过推动技术密集型产业发展、创造新的市场需求以及促进产学研合作,产业结构升级能够为技术进步与创新提供强大的动力和支持。以下将详细探讨产业结构升级如何促进技术进步与创新。

1. 推动技术密集型产业发展

在产业结构升级过程中,技术密集型产业的比重逐渐上升,成为推动技术进步和创新的重要力量。技术密集型产业通常具有高研发投入、高技术含量和高附加值的特点,其发展不仅能够直接推动技术进步,还能通过知识溢出效应带动其他产业的创新。

(1)技术密集型产业的特征

技术密集型产业主要包括电子信息、生物医药、新能源、航空航天等领域,其核心竞争力在于技术创新和知识积累。这些产业的发展高度依赖于持续的研发投入和高素质的人才队伍。例如,电子信息产业通过不断推出新产品和新技术,如 5G 通信、人工智能和物联网,推动了全球信息技术的快速发展,改变了人们的生活方式和经济模式。生物医药产业则通过新药研发和医疗技术创新,如基因编辑和精准医疗,显著提高了人类健康水平,延长了寿命并改善了生活质量。此外,新能源产业通过太阳能、风能和储能技术的突破,推动了能源结构的转型,减少了化石能源的依赖,促进了绿色经济的发展。航空航天产业则通过卫星技术、航天器和航空发动机的研发,拓展了人类探索和利用空间的能力。技术密集型产业不仅具有高附加值和高成长性,还能够通过技术溢出效应带动其他产业的升级,为经济增长注入持续动力。因此,发展技术密集型产业是实现产业结构升级和经济高质量发展的重要途径。

(2)技术进步与产业升级的互动

技术密集型产业的发展与技术进步之间形成了良性互动,两者相互促进,共同推动经济增长和产业升级。一方面,技术进步为技术密集型产业提供了发展动力。例如,人工智能技术的突破推动了智能制造产业的崛起,使得生产过程更加自动化、智能化,显著提高了生产效率和产品质量。另一方面,技术密集型产业的发展又为技术进步提供了应用场景和市场空间。例如,智能制造产业的快速发展为人工智能技术的应用提供了广阔的市场,推动了技术的进一步优化和普及。此外,新能源技术的进步促进了新能源汽车和可再生能源产业的兴起，而这些产业的发展又为新能源技术的创新和推广创造了条件。这种良性互动不仅加速了技术密集型产业的升级，还推动了整个经济体系的技术进步和效率提升。因此，技术进步与产业升级的互动是实现经济高质量发展的重要机制。

(3)知识溢出效应

技术密集型产业的发展不仅能够推动自身领域的技术进步，还能够通过知识溢出效应带动其他产业的创新和升级。例如，电子信息产业的发展不仅推动了通信技术的进步，如5G和物联网技术的普及，还促进了传统制造业的智能化改造。智能制造技术的应用使得传统制造业能够实现自动化生产和精细化管理，显著提高了生产效率和产品质量。同样，新能源产业的发展不仅推动了能源技术的创新，如太阳能、风能和储能技术的突破，还带动了相关材料科学和工程技术的进步。例如，高性能电池材料的研发不仅促进了新能源汽车的发展，还推动了消费电子和储能领域的创新。此外，生物医药产业的发展通过基因编辑和精准医疗技术的突破，不仅提高了医疗水平，还带动了生物技术和健康管理领域的进步。这种知识溢出效应使得技术密集型产业成为经济增长的重要引擎，通过技术扩散和创新联动，推动整个经济体系的技术进步和产业升级。因此，发展技术密集型产业是实现经济高质量发展的重要途径。

2. 创造新的市场需求

产业结构升级通过催生新产业、新业态、新模式，创造了新的市场需求，从而激发了企业的创新活力。市场需求是技术创新的重要驱动力，新需求的产生能够为企业提供创新方向和动力。

(1)新产业的崛起

产业结构升级为新兴产业的崛起提供了重要契机，如数字经济、绿色经济和共享经济等。这些新兴产业不仅创造了新的市场需求，还为企业提供了广阔的创新机会。例如，数字经济的快速发展催生了大数据、云计算、区块链等新技术，推动了相关产业的创新和升级。大数据技术的应用使得企业能够更精准地分析市场需求，优化资源配置；云计算技术则为企业和个人提供了高效的计算和存储服务，推动了信息技术的普及和应用；区块链技术则通过去中心化和数据不可篡改的特性，为金融、物流和供应链管理等领域带来了革命性变革。此外，绿色经济的发展推动了清洁能源、节能环保等技术的进步。例如，太阳能、风能和储能技术的突破，不仅减少了化石能源的依赖，还推动了能源结构的转型；节能环保技术的应用则降低了资源消耗和环境污染，促进了可持续发展。共享经济通过优化资源配置，提高了资源利用效率，如共享出行、共享办公等模式，不仅改变了传统商业模式，还创造了新的经济增长点。因此，新兴产业的崛起为经济增长注入了新的动力，推动了经济的高质量发展。

(2)新业态和新模式的出现

产业结构升级催生了大量新的商业模式和业态,如电子商务、在线教育、远程医疗等。这些新业态和新模式不仅改变了传统的生产和消费方式,还为企业提供了广阔的创新空间。例如,电子商务的快速发展推动了物流技术和支付技术的创新。物流技术的进步使得商品能够更快速、更高效地配送到消费者手中,而移动支付技术的普及则简化了交易流程,提升了消费体验。在线教育的兴起推动了教育技术的进步,如智能教学平台和虚拟现实技术的应用,使得教育资源更加普及和个性化,打破了时间和空间的限制。远程医疗的发展则通过互联网和人工智能技术,实现了医疗资源的优化配置,提高了医疗服务的可及性和效率。此外,共享经济模式的出现,如共享出行和共享办公,不仅优化了资源配置,还创造了新的经济增长点。这些新业态和新模式不仅推动了相关技术的进步,还改变了人们的生活方式和经济运行模式,为经济增长注入了新的活力。因此,新业态和新模式的出现是产业结构升级的重要体现,也是经济高质量发展的重要推动力。

(3)市场需求对创新的拉动作用

市场需求的转变和升级为企业提供了强大的创新动力,推动产业结构升级和技术进步。例如,随着消费者对健康食品需求的增加,食品加工企业加大了在营养健康和食品安全领域的研发投入。企业通过开发低糖、低脂、高纤维等功能性食品,满足了消费者对健康饮食的需求,同时通过引入先进的生产技术和检测设备,提高了食品的安全性和品质。此外,随着环保意识的提高,制造业企业加大了对绿色制造技术的研发和应用。例如,通过采用清洁生产技术和循环经济模式,企业能够减少资源消耗和环境污染,生产出更加环保的产品。这种市场需求的变化不仅推动了企业的技术创新,还促进了相关产业链的升级。例如,绿色制造技术的应用带动了环保设备、节能材料等新兴产业的发展。因此,市场需求的变化是推动企业创新和产业升级的重要动力,为经济增长提供了新的方向和机遇。

3. 促进产学研合作

产业结构升级推动了企业、高校、科研机构之间的合作,促进了科技成果的转化和应用。产学研合作是技术创新的重要途径,通过整合各方资源,能够加速技术研发和产业化进程。

(1)产学研合作的意义

产学研合作是推动科技成果转化和技术创新的重要途径,通过将高校和科研机构的基础研究成果与企业的市场需求相结合,能够加速技术从实验室走向市场的进程。高校和科研机构在基础研究领域具有优势,能够提供前沿的科学理论和技术突破;而企业在市场应用和技术开发方面具有优势,能够将研究成果转化为实际产品和服务。通过产学研合作,可以实现优势互补,形成从基础研究到技术开发再到市场应用的完整创新链条。例如,高校的科研成果可以通过企业的资金支持和市场渠道快速实现商业化,而企业的技术需求也能够为高校的研究方向提供实践指导。这种合作模式不仅能够提高技术创新的效率,还能够推动产业升级和经济增长。因此,产学研合作在促进科技成果转化、推动技术创新和实现经济高质量发展方面具有重要意义。

(2)合作模式的多样化

产学研合作的形式多种多样,能够根据不同的需求和条件灵活选择,包括联合研发、技术转让、共建实验室、设立产业研究院等。例如,许多高科技企业与高校和科研机构建立了联合实验室,共同开展技术研发。这种模式不仅能够充分利用高校的科研资源和企业的市场经验,还能够加速技术从实验室到市场的转化过程。技术转让则是另一种常见的合作形式,高校和科研机构将研究成果通过专利许可或技术转让的方式提供给企业,帮助企业快速提升技术水平。此外,一些地方政府设立了产业研究院,推动科技成果的本地转化。例如,地方政府通过提供资金支持和政策优惠,吸引高校、科研机构和企业共同参与,形成区域创新生态系统。这些多样化的合作模式不仅能够满足不同主体的需求,还能够提高技术创新的效率和效果,为产业升级和经济增长提供重要支撑。因此,产学研合作的多样化模式是实现科技成果转化和技术创新的重要途径。

(3)政策支持的作用

政府在促进产学研合作中发挥了重要作用,通过政策支持和制度保障,为产学研合作创造了良好的外部环境。例如,政府通过设立产学研合作基金,为高校、科研机构和企业提供资金支持,降低了合作的风险和成本。税收优惠政策则能够激励企业加大研发投入,积极参与产学研合作。此外,加强知识产权保护是推动产学研合作的关键措施,通过完善知识产权法律法规,保障创新者的合法权益,能够增强各方参与合作的积极性。政府还可以通过搭建合作平台、组织对接活动等方式,促进企业、高校和科研机构之间的合作。例如,举办科技成果展览会、技术对接会和创新创业大赛等活动,能够为各方提供交流与合作的机会,加速科技成果的转化和应用。因此,政府的政策支持在推动产学研合作、促进技术创新和实现经济高质量发展方面具有重要作用。

产业结构升级通过推动技术密集型产业发展、创造新的市场需求以及促进产学研合作,能够显著促进技术进步与创新,从而为经济增长注入新的动力。技术进步与创新不仅是产业结构升级的重要驱动力,也是提升经济竞争力和实现高质量发展的关键因素。未来,应继续深化产业结构升级,加大对技术密集型产业的支持力度,激发市场需求对创新的拉动作用,推动产学研合作,为实现经济高质量发展提供坚实支撑。通过这些努力,可以进一步推动技术进步与创新,提升经济的竞争力和可持续性,实现经济的长期稳定增长。。

3.1.3　提升人力资本水平:产业结构升级的重要推动力

产业结构升级不仅是经济结构优化的过程,也是人力资本水平提升的重要契机。随着产业结构的升级,对人力资本的需求从数量转向质量,要求劳动者具备更高的技能水平和创新能力。同时,产业结构升级也为人力资本的积累和优化提供了有利条件。通过创造更多高质量就业岗位、促进人力资本投资以及优化人力资本结构,产业结构升级能够显著提升人力资本水平,从而为经济增长注入新的动力。以下将详细探讨产业结构升级如何提升人力资本水平。

1. 创造更多高质量就业岗位

在产业结构升级过程中,高技术含量、高附加值的产业比重逐渐上升,这些产业不仅对经济增长的贡献更大,还为劳动者创造了更多高质量的就业岗位。高质量就业岗位通常具有较高的收入水平、较好的工作环境以及更多的职业发展机会,能够显著提升劳动者的生活质量和社会地位。

(1)高技术产业的就业效应

高技术产业,如电子信息、生物医药、新能源等,因其技术密集和知识密集的特点,通常需要高素质的劳动力,其就业岗位具有较高的技术含量和附加值。例如,电子信息产业的发展不仅创造了大量的研发、设计、生产岗位,还带动了相关服务业的就业增长。这些岗位不仅要求劳动者具备较高的专业技能,还提供了较高的薪酬水平和职业发展空间。生物医药产业的发展则为医学研究、临床试验、药品生产等领域提供了大量高质量的就业机会,推动了医疗健康行业的人才需求。此外,新能源产业的发展通过太阳能、风能和储能技术的应用,创造了从技术研发到设备制造再到运营维护的全产业链就业机会。高技术产业的就业效应不仅体现在直接就业岗位的增加,还通过产业链的延伸和协同效应,带动了相关产业的就业增长。因此,发展高技术产业是实现高质量就业和经济增长的重要途径。

(2)现代服务业的就业效应

现代服务业,如金融、教育、医疗、文化创意等,因其高知识含量和服务水平,对劳动者的技能和素质提出了更高要求,同时也创造了大量高质量的就业机会。例如,金融业的发展为风险管理、投资分析、金融科技等领域提供了大量高薪岗位,这些岗位不仅要求从业者具备专业的金融知识和数据分析能力,还需要不断学习和适应市场变化。教育行业的发展则为教师、培训师、教育技术研发人员等提供了广阔的职业发展空间,尤其是在线教育的兴起,推动了教育技术的创新和普及,创造了更多新型就业岗位。医疗行业通过技术进步和服务升级,为医生、护士、医学研究人员以及健康管理师等提供了多样化的职业选择。此外,文化创意产业的快速发展,如影视制作、游戏设计、数字内容创作等,为创意人才提供了丰富的就业机会。现代服务业的就业效应不仅体现在岗位数量的增加,还通过提升服务质量和效率,推动了经济的可持续发展。因此,发展现代服务业是实现高质量就业和经济增长的重要途径。

(3)高质量就业岗位的社会效益

高质量就业岗位的增加不仅能够显著提高劳动者的收入水平,还能够促进社会公平与和谐,为社会的可持续发展注入动力。例如,通过提供更多的职业培训和教育机会,可以帮助低收入群体提升技能和素质,进入高技术产业和现代服务业等高附加值领域,从而缩小收入差距,促进社会流动。高质量就业岗位通常伴随着较高的薪酬水平、完善的福利保障和广阔的职业发展空间,这不仅能够改善劳动者的生活质量,还能够增强其社会归属感和幸福感。此外,高质量就业岗位的增加还能够推动社会结构的优化,减少贫困和不平等现象,促进社会稳定与和谐。例如,通过发展教育、医疗和金融等现代服务业,可以为更多劳动者提供体面的工作机会,同时提升社会整体的服务水平和生活质量。因此,高质量就业岗位的增加不仅是经济增长的重要体现,也是实现社会公平与和谐的重要途径。

2. 促进人力资本投资

产业结构升级推动了对教育、培训等人力资本投资的增加,从而提高了劳动者的技能水平和综合素质。人力资本投资是提升劳动者竞争力的重要途径,也是实现经济高质量发展的关键因素。

(1)教育投资的增加

随着产业结构升级,对高素质劳动力的需求不断增加,推动了教育投资的显著增长。例如,高等教育和职业教育的普及为劳动者提供了更多的学习机会,帮助他们掌握先进的知识和技能,以适应高技术产业和现代服务业的发展需求。政府通过增加教育经费、改善教育设施和优化课程设置,提高了教育的质量和覆盖面。同时,企业也积极参与教育投资,通过设立奖学金、助学金和培训项目,鼓励劳动者接受更高层次的教育和技能培训。例如,许多高科技企业与高校合作,设立专项奖学金和实习项目,培养符合企业需求的专业人才。此外,在线教育的兴起也为劳动者提供了灵活的学习方式,使得更多人能够利用碎片化时间提升自身能力。教育投资的增加不仅提高了劳动力的整体素质,还为产业结构升级和经济增长提供了重要的人力资本支持。因此,教育投资是实现高质量就业和经济可持续发展的重要途径。

(2)职业培训的发展

产业结构升级对劳动力技能提出了更高要求,推动了职业培训的快速发展。

企业通过多种方式帮助员工提升技能，以适应新的工作要求。例如，内部培训通过定制化的课程和实践项目，帮助员工掌握与企业需求直接相关的技能；外部培训则通过与专业机构合作，提供更广泛的知识和技术学习机会；在线学习平台则为员工提供了灵活的学习方式，使其能够随时随地提升自身能力。此外，政府也通过设立职业培训基金、提供培训补贴等方式，支持劳动者参加职业培训，提高就业能力。例如，一些地方政府推出了职业技能提升计划，为失业人员和在职员工提供免费或低成本的培训课程，帮助他们掌握新兴产业所需的技能。职业培训的发展不仅提高了劳动力的整体素质，还为企业提供了更多高素质人才，推动了产业结构升级和经济增长。因此，职业培训是实现高质量就业和经济可持续发展的重要途径。

(3)终身学习的重要性

在产业结构升级和技术快速更新的背景下，终身学习成为提升人力资本的重要途径。随着新兴产业和高技术产业的快速发展，劳动者需要不断学习新知识和新技能，以适应职业发展的需求。例如，人工智能、大数据和新能源等领域的快速变化，要求从业者持续更新知识储备和技术能力。政府和企业可以通过多种方式支持劳动者进行终身学习。例如，政府可以通过提供在线学习资源、设立终身学习基金和举办技能提升活动，为劳动者创造学习机会；企业则可以通过搭建内部学习平台、提供培训课程和鼓励员工参与外部学习项目，帮助员工提升职业能力。终身学习不仅能够提高劳动者的就业竞争力，还能够为企业提供更多高素质人才，推动产业升级和经济增长。因此，终身学习是实现高质量就业和经济可持续发展的重要途径。

3. 优化人力资本结构

产业结构升级促进了人才的流动和优化配置，从而提高了人力资本的利用效率。优化人力资本结构不仅能够提高劳动生产率，还能够增强经济的创新能力和竞争力。

(1)人才流动的促进作用

产业结构升级推动了人才的跨区域、跨行业流动，为经济增长和产业升级注入了新的活力。例如，随着高技术产业和现代服务业的发展，大量人才从传统产业流向新兴产业，从欠发达地区流向发达地区。这种流动不仅优化了人力资本的配置，还促进了知识和技术的传播与应用。人才流动使得先进的技术和管理经验能够迅速扩散到更多地区和行业，推动了整体经济效率的提升。例如，东部地区的高技术产业吸引了大量中西部地区的技术人才，这些人才在东部地区积累经验后，又可以将先进技术和管理模式带回中西部地区，促进区域经济的协调发展。此外，跨行业的人才流动也为传统产业的转型升级提供了新的思路和技术支持。因此，人才流动在优化资源配置、促进技术扩散和推动经济增长方面具有重要作用。

(2)人才结构的优化

产业结构升级推动了人才结构的优化,使其更加适应经济发展的新需求。随着技术密集型产业和服务业的快速发展,对高技能人才的需求显著增加,推动了人才结构向高端化、专业化方向发展。例如,高技术产业需要大量具备专业知识和创新能力的技术人才,而现代服务业则需要具备跨学科知识和实践能力的复合型人才。此外,产业结构升级还促进了人才的多元化发展。例如,创新型人才和复合型人才的需求不断增加,这些人才不仅具备专业技能,还拥有跨领域的知识储备和解决问题的能力,能够适应复杂多变的市场环境。人才结构的优化不仅提高了劳动力的整体素质,还为企业创新和产业升级提供了重要支持。因此,优化人才结构是实现经济高质量发展的重要途径。

(3)人力资本利用效率的提升

通过优化人力资本结构,可以显著提高人力资本的利用效率,为经济增长和产业升级提供重要支持。例如,将高素质人才配置到高效率产业和关键岗位,能够显著提高劳动生产率。高技术产业和现代服务业通常需要具备专业知识和创新能力的人才,这些人才的加入不仅能够提升企业的技术水平,还能够推动整个行业的创新和发展。此外,促进人才的跨领域合作也是提高人力资本利用效率的重要途径。例如,通过组建跨学科团队,能够激发创新活力,推动技术进步和产业升级。跨领域合作使得不同专业背景的人才能够相互借鉴和学习,形成协同效应,从而加速技术成果的转化和应用。因此,优化人力资本结构、促进人才合理流动和跨领域合作,是实现经济高质量发展的重要途径。

产业结构升级通过创造更多高质量就业岗位、促进人力资本投资以及优化人力资本结构,能够显著提升人力资本水平,从而为经济增长注入新的动力。人力资本水平的提升不仅是产业结构升级的重要结果,也是实现经济高质量发展的关键因素。未来,应继续深化产业结构升级,加大对教育和职业培训的投入,优化人才流动和配置机制,为实现经济高质量发展提供坚实的人力资本支撑。通过这些努力,可以进一步提高人力资本水平,增强经济的创新能力和竞争力,实现经济的长期稳定增长。

3.1.4 优化需求结构:产业结构升级的重要路径

产业结构升级不仅是供给侧的优化过程,也对需求结构产生深远影响。通过提高居民收入水平、扩大有效需求以及促进投资结构优化,产业结构升级能够显著优化需求结构,从而为经济增长注入新的动力。需求结构的优化不仅能够提高经济增长的质量和效益,还能够增强经济的稳定性和可持续性。以下将详细探讨产业结构升级如何通过优化需求结构促进经济增长。

1. 提高居民收入水平

产业结构升级通过推动经济发展，提高居民收入水平，从而促进消费升级。居民收入水平的提高是消费升级的基础，也是优化需求结构的重要前提。

(1) 经济增长与收入提升

产业结构升级通过推动高技术产业和现代服务业的发展，显著提高了经济的整体效率和质量，从而带动了居民收入的增长。高技术产业和现代服务业通常具有较高的附加值和利润率，能够为劳动者提供更高的工资水平和更多的职业发展机会。例如，电子信息、生物医药和金融科技等领域的快速发展，不仅创造了大量高薪岗位，还推动了相关产业链的就业增长。此外，现代服务业如教育、医疗和文化创意产业的兴起，也为劳动者提供了多样化的职业选择和高收入机会。随着居民收入的增加，消费能力和生活质量得到显著提升，进一步推动了经济的良性循环。因此，产业结构升级不仅是经济增长的重要驱动力，也是提高居民收入水平和促进社会公平的重要途径。

(2) 消费升级的推动力

随着居民收入水平的提高，消费需求从基本生活需求向高品质、多样化需求转变，推动了消费升级和产业结构的优化。例如，居民对健康食品、绿色产品、智能家居等高品质商品的需求不断增加，推动了食品加工、环保技术和智能制造业的发展。同时，对教育、医疗、旅游、文化娱乐等服务消费的需求显著提升，促进了现代服务业的快速发展。这种消费升级不仅为相关产业提供了广阔的市场空间，还推动了经济结构的优化和升级。例如，健康食品的需求推动了农业和食品加工业的技术创新；智能家居的需求促进了电子信息产业的进一步发展；教育和医疗服务的需求则推动了教育技术和医疗技术的进步。因此，消费升级不仅是经济增长的重要推动力，也是实现经济高质量发展的重要途径。

(3) 收入分配的影响

产业结构升级对收入分配的影响主要体现在两个方面：创造高质量就业和推动区域经济协调发展。

首先，产业结构升级能够创造更多高质量就业岗位，从而帮助低收入群体提高收入水平。随着传统产业的转型升级，新兴产业和高技术产业的快速发展，对高技能人才的需求不断增加。这些新兴产业往往提供更高的薪资水平和更好的职业发展前景，为劳动者，尤其是低收入群体，提供了更多向上流动的机会。例如，互联网、人工智能等新兴产业的崛起，创造了大量高薪岗位，吸引了大量人才涌入，有效提升了这部分人群的收入水平。收入水平的提高直接带动了消费能力的增强，进而促进了消费升级。

其次，产业结构升级能够推动区域经济协调发展，缩小区域收入差距。过去，我国区域经济发展不平衡,东部沿海地区经济发展水平远高于中西部地区,导致区域间收入差距较大。产业结构升级通过引导生产要素向中西部地区流动,促进中西部地区承接产业转移,发展特色优势产业,能够有效缩小区域间经济发展差距,进而缩小区域间收入差距。区域收入差距的缩小有利于提升整体消费水平,促进消费升级。例如,近年来,国家大力支持中西部地区发展数字经济、绿色经济等新兴产业,有效带动了当地经济发展和居民收入增长,促进了区域经济协调发展。

总而言之,产业结构升级通过创造高质量就业和推动区域经济协调发展,能够有效改善收入分配,促进消费升级,为经济高质量发展提供强劲动力。

2. 扩大有效需求

产业结构升级通过催生新产品、新服务,满足居民多样化、个性化的消费需求,从而扩大有效需求。有效需求的扩大是经济增长的重要驱动力,也是优化需求结构的关键途径。

(1)新产品的涌现

产业结构升级是推动新产品研发和生产的重要动力,它满足了居民日益增长的对高品质、个性化商品的需求。随着科技的进步和消费结构的升级,传统产业不断转型升级,新兴产业蓬勃发展,催生了大量创新产品,深刻改变了人们的生活方式。

以电子信息产业为例,其快速发展催生了智能手机、智能家居、可穿戴设备等一系列新产品。智能手机的出现,不仅改变了人们的通讯方式,更成为了集娱乐、办公、支付等功能于一体的智能终端设备。智能家居产品,如智能音箱、智能门锁、智能照明等,为人们提供了更加便捷、舒适、安全的居家环境。可穿戴设备,如智能手表、智能手环等,能够实时监测人体健康数据,帮助人们更好地管理自身健康。

生物医药产业的进步同样令人瞩目,新药和医疗设备的研发不断取得突破,为人类健康保驾护航。例如,靶向药物和免疫疗法的出现,为癌症患者带来了新的希望;基因编辑技术的应用,为遗传病的治疗提供了新的可能;人工智能辅助诊断系统的应用,提高了疾病诊断的准确性和效率。

(2)新服务的兴起

产业结构升级不仅带来了新产品的涌现,也推动了新服务的兴起,满足了居民对多样化、个性化服务的需求。随着科技的进步和消费结构的升级,传统服务业不断转型升级,现代服务业蓬勃发展,催生了大量创新服务模式,深刻改变了人们的生活方式。

现代服务业的快速发展催生了在线教育、远程医疗、共享经济等新服务模式。在线教育打破了时间和空间的限制,为人们提供了更加便捷、灵活的学习方式,满足了人们终身学习的需求。远程医疗利用互联网技术,实现了异地诊疗和咨询,为患者提供了更加便捷、高效的医疗服务，尤其方便了偏远地区和行动不便的患者。共享经济通过整合闲置资源，提高了资源利用效率，为人们提供了更加便捷、实惠的服务，例如共享单车、共享汽车、共享办公空间等。

文化创意产业的繁荣推动了影视、音乐、游戏等文化消费的蓬勃发展。影视产业不断推出高质量的作品，满足了人们日益增长的精神文化需求；音乐产业借助互联网平台，为音乐人提供了更广阔的展示空间，也为听众提供了更加丰富的音乐体验；游戏产业不断创新游戏玩法，为玩家带来了更加沉浸式的娱乐体验。

产业结构升级推动了新服务的不断兴起，满足了居民对多样化、个性化服务的需求，提升了人们的生活品质，也为经济发展注入了新的活力。

(3)消费需求的多样化

随着居民收入水平的不断提高和生活方式的日益多元化，消费需求呈现出多样化、个性化的显著特点。不同年龄、职业、地域的消费者，其消费偏好和需求差异日益明显，这为产业结构升级提供了新的方向和动力。

以年轻消费者为例，他们追求时尚、个性，对科技、环保等领域的产品和服务需求旺盛。例如，他们对智能手机、智能家居、可穿戴设备等科技产品情有独钟，同时也更加关注产品的环保性能和可持续性。为了满足年轻消费者的需求，企业不断加大研发投入，推出更具创新性、个性化的产品和服务，例如定制化手机壳、环保材料制作的服饰等。

老年消费者的消费需求则主要集中在健康、养老、休闲等领域。随着人口老龄化趋势的加剧，老年群体对健康管理、医疗保健、养老服务的需求显著提升。为了满足老年消费者的需求，企业纷纷推出针对老年人群体的产品和服务，例如健康监测设备、老年公寓、老年旅游等。

产业结构升级通过提供多样化的产品和服务，满足了不同群体的消费需求，从而扩大了有效需求，促进了消费升级。例如，现代服务业的发展为消费者提供了更加便捷、高效的服务体验；文化创意产业的繁荣为消费者提供了更加丰富、多元的精神文化产品。

消费需求的多样化是产业结构升级的重要推动力，而产业结构升级也为满足多样化、个性化的消费需求提供了有力支撑，两者相互促进，共同推动经济高质量发展。

3. 促进投资结构优化

产业结构升级通过引导投资流向高技术产业和新兴产业，优化了投资结构。投资结构的优化不仅能够提高投资效率，还能够推动经济结构的优化和升级。

(1)高技术产业的投资增长

产业结构升级是推动高技术产业投资增长的重要引擎。随着全球科技革命和产业变革的深入推进,以电子信息、生物医药、新能源等为代表的高技术产业,凭借其高附加值、高成长性和强带动性,成为各国竞相发展的战略重点,吸引了大量资本涌入。

以电子信息产业为例,其涵盖集成电路、人工智能、大数据、云计算等多个领域,是国民经济的基础性、先导性和战略性产业。近年来,全球电子信息产业投资规模持续扩大,中国更是将其作为重点发展方向,出台了一系列政策措施,鼓励企业加大研发投入,推动产业向高端化、智能化、绿色化方向发展。

生物医药产业是关系国计民生的重要产业,也是新一轮科技革命和产业变革中创新最为活跃、发展最为迅猛的领域之一。随着人口老龄化趋势的加剧和居民健康意识的提升,生物医药产业迎来了黄金发展期,吸引了大量社会资本和风险投资进入。

新能源产业是应对气候变化、推动能源革命的重要抓手,也是未来全球产业竞争的战略制高点。近年来,全球新能源产业投资规模持续攀升,中国在光伏、风电、新能源汽车等领域取得了显著成就,成为全球新能源产业发展的领跑者。

高技术产业投资的快速增长,不仅推动了相关产业的快速发展,也促进了技术进步和创新,为经济高质量发展注入了强劲动力。例如,电子信息产业的快速发展推动了人工智能、大数据等新兴技术的突破和应用;生物医药产业的蓬勃发展加速了新药研发和医疗技术的进步;新能源产业的快速崛起推动了能源结构的优化和绿色低碳发展。

总而言之,高技术产业的投资增长是产业结构升级的必然结果,也是推动经济高质量发展的重要力量。未来,随着新一轮科技革命和产业变革的深入推进,高技术产业将继续保持快速增长态势,为经济社会发展提供更加强劲的动力。

(2)新兴产业的投资机会

产业结构升级不仅推动了传统产业的转型升级,也催生了新兴产业的投资机会。以数字经济、绿色经济、共享经济等为代表的新兴产业,凭借其创新性、高成长性和强带动性,成为资本市场的宠儿,吸引了大量资本涌入,为经济增长提供了新的动力。

数字经济是继农业经济、工业经济之后的主要经济形态,其核心是以数据资源为关键要素,以现代信息网络为主要载体,以信息通信技术融合应用、全要素数字化转型为重要推动力。近年来,全球数字经济蓬勃发展,中国数字经济规模持续扩大,成为推动经济高质量发展的新引擎。数字经济的快速发展催生了人工智能、大数据、云计算、区块链等新兴领域,为投资者提供了丰富的投资机会。

绿色经济是以效率、和谐、持续为目标的经济形态,是应对气候变化、实现可持续发展的重要途径。随着全球环境问题日益突出,绿色经济成为全球经济发展的新趋势。中国积极推动绿色经济发展，在新能源、节能环保、生态治理等领域取得了显著成就，为投资者提供了广阔的投资空间。

共享经济是通过互联网平台将闲置资源进行共享，提高资源利用效率的新型经济形态。近年来，共享经济在全球范围内快速发展，中国共享经济市场规模持续扩大，在交通出行、房屋住宿、生活服务等领域涌现出一批优秀企业，为投资者提供了新的投资选择。

新兴产业的投资机会不仅体现在其自身快速发展带来的高回报，更体现在其对传统产业的赋能和升级作用。例如，数字经济与传统制造业的融合，推动了智能制造的发展；绿色经济与传统能源产业的融合，推动了能源结构的优化；共享经济与传统服务业的融合，推动了服务模式的创新。

总而言之，新兴产业的投资机会是产业结构升级的必然产物，也是推动经济高质量发展的重要力量。未来，随着新一轮科技革命和产业变革的深入推进，新兴产业将继续保持快速发展态势，为投资者提供更加丰富的投资机会，为经济增长提供更加强劲的动力。

(3)投资效率的提升

优化投资结构是提升投资效率的关键途径。通过将资本配置到高技术产业和新兴产业，可以有效提高资本的使用效率，推动经济结构的优化升级，从而实现更高质量、更有效率、更加公平、更可持续的发展。

高技术产业和新兴产业通常具有较高的技术含量、附加值和成长性，是推动经济高质量发展的关键力量。将资本配置到这些领域，可以促进技术创新和产业升级，提高全要素生产率，推动经济结构向高端化、智能化、绿色化方向发展。例如，加大对人工智能、大数据、云计算等领域的投资，可以推动数字经济的快速发展，为传统产业赋能，提升产业链现代化水平。

加强投资管理是提升投资效率的重要保障。通过建立健全投资决策机制、风险评估机制和项目管理机制，可以提高投资项目的科学性、规范性和有效性，降低投资风险，提高投资回报率。例如，在项目投资前进行充分的市场调研和可行性分析，可以有效避免盲目投资和重复建设；在项目实施过程中加强监督和管理，可以确保项目按期保质完成，提高投资效益。

优化投资结构和加强投资管理是提升投资效率的两个重要方面。通过将资本配置到高技术产业和新兴产业，并加强投资管理，可以有效提高资本的使用效率，推动经济结构的优化升级，实现经济高质量发展。未来，应继续深化投融资体制改革，完善投资政策体系，引导资本流向重点领域和关键环节，为经济高质量发展提供更加有力的支撑。

产业结构升级通过提高居民收入水平、扩大有效需求以及促进投资结构优化，能够显著优化需求结构,从而为经济增长注入新的动力。需求结构的优化不仅是产业结构升级的重要结果,也是实现经济高质量发展的关键因素。未来,应继续深化产业结构升级,推动居民收入水平的提升,扩大有效需求,优化投资结构,为实现经济高质量发展提供坚实的需求支撑。通过这些努力,可以进一步提高需求结构的质量和效益,增强经济的稳定性和可持续性,实现经济的长期稳定增长。

3.2 经济增长对产业结构升级的推动作用

经济增长为产业结构升级提供物质基础和市场需求,其推动作用主要体现在以下几个方面。

3.2.1 提供物质基础:经济增长对产业结构升级的支持

经济增长不仅是经济发展的核心目标,也是推动产业结构升级的重要前提。通过积累资本、完善基础设施以及提高居民收入,经济增长为产业结构升级提供了必要的物质基础。这些物质基础不仅是产业结构升级的重要支撑,也是实现经济高质量发展的关键因素。以下将详细探讨经济增长如何通过提供物质基础支持产业结构升级。

1. 积累资本

经济增长通过增加国民收入和提高储蓄率,为产业结构升级提供了必要的资金支持。资本积累是产业结构升级的重要前提,只有充足的资本支持,才能推动高技术产业和现代服务业的发展。

(1)资本积累的来源

经济增长是资本积累的重要源泉,它通过提高生产效率、扩大生产规模、增加企业利润等方式,为资本积累提供了源源不断的动力。

首先,经济增长能够提高生产效率,降低生产成本,从而增加企业利润。随着科技的进步和管理水平的提升,企业能够更有效地利用资源,提高劳动生产率,降低单位产品的生产成本。生产成本的降低意味着企业利润空间的扩大,企业可以将更多的利润用于再投资,扩大生产规模,从而进一步促进资本积累。

其次,经济增长能够扩大生产规模,增加企业收入,从而为资本积累提供更多的资金来源。随着市场需求的扩大,企业可以通过扩大生产规模来满足市场需求,从而增加销售收入。销售收入的增加为企业提供了更多的资金来源,企业可以将更多的资金用于购买设备、研发新技术、拓展新市场等,从而进一步促进资本积累。

最后,经济增长能够提高居民收入水平,增加居民储蓄和投资,从而为资本积累提供更广泛的社会基础。随着经济的增长,居民收入水平不断提高,居民可以将更多的收入用于储蓄和投资。居民储蓄的增加为金融机构提供了更多的资金来源,金融机构可以将这些资金贷给企业,用于扩大生产规模和技术创新。居民投资的增加则为资本市场提供了更多的资金支持,企业可以通过资本市场募集资金,用于扩大再生产和技术研发。

总而言之,经济增长通过提高生产效率、扩大生产规模、增加企业利润等方式,促进了资本的积累,为经济持续健康发展提供了坚实的物质基础。未来,应继续坚持发展是第一要务,推动经济高质量发展,为资本积累创造更加有利的条件。

(2)资本的作用

资本积累是产业结构升级的重要保障,它为高技术产业、现代服务业的发展以及传统产业的转型升级提供了不可或缺的资金支持。

首先,高技术产业和现代服务业的发展离不开大量的研发投入和设备投资。高技术产业,如人工智能、生物医药、新能源等,通常需要投入巨额资金进行技术研发、产品创新和人才培养。现代服务业,如金融科技、文化创意、医疗健康等,也需要大量的资金用于平台建设、服务升级和市场拓展。充足的资本支持能够为这些产业提供强大的发展动力,推动其快速发展,成为经济增长的新引擎。

其次,资本积累能够支持传统产业的转型升级,提升其生产效率和竞争力。传统产业,如制造业、农业等,面临着技术落后、产能过剩、资源环境压力大等挑战。通过技术改造、设备更新、工艺优化等方式,传统产业可以实现转型升级,提高生产效率和产品质量,增强市场竞争力。资本积累为传统产业的转型升级提供了资金保障,使其能够引进先进技术、更新生产设备、优化生产流程,从而实现高质量发展。

资本积累是产业结构升级的关键要素,它为高技术产业、现代服务业的发展以及传统产业的转型升级提供了强有力的资金支持。未来,应继续完善资本市场体系,拓宽融资渠道,引导资本流向重点领域和关键环节,为产业结构升级和经济高质量发展提供更加充足的资金保障。

(3)资本配置的优化

经济增长不仅能够促进资本积累,还能够通过优化资本配置,提高资本的使用效率,从而推动产业结构升级和经济高质量发展。

首先,发展资本市场和完善金融体系是优化资本配置的重要途径。资本市场能够为企业提供多元化的融资渠道,降低融资成本,提高融资效率。完善的金融体系能够为投资者提供丰富的金融产品和服务,满足不同风险偏好和投资需求的投资者。通过发展资本市场和完善金融体系,可以将资本配置到高效率产业和关键领域,例如高技术产业、现代服务业、绿色经济等,从而推动产业结构升级和经济高质量发展。

其次,政府可以通过设立产业基金、提供税收优惠等方式,引导资本流向高技术产业和新兴产业。产业基金能够为高技术产业和新兴产业提供长期稳定的资金支持,帮助企业突破技术瓶颈,实现快速发展。税收优惠政策能够降低企业的经营成本,提高企业的投资回报率,从而吸引更多的资本进入高技术产业和新兴产业。

优化资本配置是提高资本使用效率、推动产业结构升级的关键举措。通过发展资本市场、完善金融体系以及政府引导,可以将资本配置到高效率产业和关键领域,为经济高质量发展提供更加有力的支撑。未来,应继续深化金融体制改革,完善资本市场体系,优化政府引导机制,为资本配置优化创造更加有利的条件。

2. 完善基础设施

经济增长推动了基础设施的建设,为产业结构升级提供了硬件保障。基础设施是经济发展的重要支撑,也是产业结构升级的必要条件。

(1)基础设施的类型

基础设施是经济社会发展的基石,涵盖了交通、通信、能源、水利等多个领域,每个领域都对经济发展和产业升级起着至关重要的作用。

首先,交通基础设施的完善能够显著降低物流成本,提高生产效率。例如,高速公路、铁路、港口和机场的建设,能够缩短货物运输时间,降低运输成本,促进区域间的经济联系和资源流动。高效的交通网络不仅能够提升企业的竞争力,还能够带动沿线地区的经济发展,形成新的经济增长点。

其次,通信基础设施的完善是推动信息流通和技术创新的关键。例如,宽带网络、5G 通信和卫星通信的建设,能够加速信息的传递和共享,促进数字经济、人工智能、物联网等新兴产业的发展。通信基础设施的升级还能够提升企业的管理效率和服务水平,推动传统产业的数字化转型。

此外,能源基础设施的完善是保障能源供应、支持产业发展的基础。例如,电网、油气管道和新能源设施的建设,能够确保能源的稳定供应,满足工业生产和居民生活的需求。特别是在绿色经济转型的背景下,新能源基础设施的建设,如风能、太阳能和储能设施,能够推动能源结构的优化,促进可持续发展。

最后,水利基础设施的完善对农业、工业和生活用水具有重要意义。例如,水库、灌溉系统和供水管网的建设,能够提高水资源利用效率,保障农业灌溉和工业用水需求,同时改善居民的生活条件。

综上所述,交通、通信、能源、水利等基础设施的建设和完善,是推动经济发展、提高生产效率、促进产业升级的重要保障。未来,应继续加大对基础设施的投资力度,优化基础设施布局,为经济高质量发展提供坚实的支撑。

(2)基础设施的作用

基础设施的完善是产业结构升级的重要硬件保障,它为高技术产业、现代服务业的发展以及区域经济协调发展提供了不可或缺的支持。

首先,高技术产业和现代服务业对基础设施的要求较高,完善的基础设施是这些产业发展的前提条件。例如,高技术产业中的半导体、人工智能、生物医药等领域,需要稳定的电力供应、高速的网络通信和高效的物流体系。现代服务业中的金融科技、电子商务、文化创意等领域,同样依赖于先进的通信网络和便捷的交通系统。只有具备完善的基础设施,这些产业才能高效运转,实现快速发展。

其次,基础设施的完善能够促进区域经济的协调发展。例如,交通基础设施的建设,如高速公路、铁路和机场,能够缩短区域间的时空距离,促进资源、人才和技术的流动,推动区域间的经济合作和产业分工。通信基础设施的完善,如宽带网络和 5G 通信,能够打破信息壁垒,促进区域间的信息共享和协同创新。能源和水利基础设施的均衡发展,能够缩小区域间的发展差距,推动区域经济的协调发展。

此外,基础设施的完善还能够提升城市的综合竞争力,吸引更多的高素质人才和优质企业入驻,形成产业集聚效应。例如,智慧城市的建设能够提高城市的管理效率和服务水平,为高技术产业和现代服务业的发展提供良好的营商环境。

基础设施的完善为产业结构升级提供了硬件保障,是推动经济高质量发展的重要支撑。未来,应继续加大对基础设施的投资力度,优化基础设施布局,为产业结构升级和区域经济协调发展提供更加坚实的基础。

(3)基础设施的投资

经济增长是推动基础设施投资的重要动力,它为基础设施的建设提供了充足的资金支持,同时也为社会资本的参与创造了有利条件。

首先,随着经济的增长,政府财政收入和企业利润水平不断提高,能够投入更多的资金用于基础设施建设。例如,政府可以通过财政拨款、发行债券等方式筹集资金,用于交通、通信、能源、水利等领域的基础设施建设。企业也可以通过利润留存、资本市场融资等方式筹集资金,参与基础设施的投资和运营。经济增长带来的资金充裕,为基础设施的建设和升级提供了坚实的物质基础。

其次,经济增长能够吸引社会资本参与基础设施建设,例如通过 PPP 模式(公私合作伙伴关系)。PPP 模式通过政府和社会资本合作,共同投资、建设和运营基础设施项目,能够有效缓解政府的财政压力,提高基础设施建设的效率和质量。例如,在交通、能源、环保等领域,PPP 模式已经得到了广泛应用,吸引了大量社会资本参与,推动了基础设施的快速发展。

此外,经济增长还能够为基础设施投资创造良好的投资环境。例如,经济增长带来的市场需求扩大,能够提高基础设施项目的投资回报率,吸引更多的社会资本参与。经济增长带来的技术进步和管理创新,能够提高基础设施建设和运营的效率,降低投资风险。

经济增长推动了基础设施的投资,为基础设施的建设和升级提供了充足的资金支持和良好的投资环境。未来,应继续完善基础设施投融资机制,创新投融资模式,吸引更多的社会资本参与基础设施建设,为经济高质量发展提供更加坚实的基础。

3. 提高居民收入

经济增长通过提高居民收入水平,为产业结构升级提供了市场需求。居民收入水平的提高是消费升级的基础,也是产业结构升级的重要推动力。

(1)收入水平的提高

经济增长是提高居民收入水平的重要途径,它通过增加就业机会、提高工资水平、改善收入分配等方式,为居民创造了更多的财富和福利。

首先,经济增长能够增加就业机会,为居民提供更多的收入来源。随着经济的增长,企业规模不断扩大,新兴产业不断涌现,创造了大量的就业岗位。例如,高技术产业和现代服务业的快速发展,为劳动者提供了更多高质量的就业机会,帮助他们获得更高的收入。

其次,经济增长能够提高工资水平,直接增加居民的收入。随着企业盈利能力的增强,企业能够为员工提供更高的工资和福利待遇。例如,在经济繁荣时期,企业往往会提高员工的工资水平,以吸引和留住优秀人才。此外,经济增长还能够推动劳动力市场的供需关系改善,提高劳动者的议价能力,从而推动工资水平的上涨。

最后,经济增长能够改善收入分配,提高低收入群体的收入水平。随着政府财政收入的增加,政府可以通过社会保障、公共服务和转移支付等方式,缩小收入差距,提高低收入群体的收入水平。例如,政府可以通过提高最低工资标准、完善社会保障体系、加大教育医疗投入等方式,改善低收入群体的生活条件,提高他们的收入水平。

总而言之,经济增长通过增加就业机会、提高工资水平、改善收入分配等方式,提高了居民的收入水平,为居民创造了更多的财富和福利。未来,应继续坚持发展是第一要务,推动经济高质量发展,为居民收入水平的持续提高创造更加有利的条件。

(2)消费升级的推动力

随着居民收入水平的不断提高,消费需求从满足基本生活需求向追求高品质、多样化需求转变,消费升级成为推动经济增长和产业结构优化的重要力量。

首先,居民对高品质商品的需求不断增加,推动了相关产业的快速发展。例如,随着健康意识的提升,居民对健康食品、绿色产品的需求显著增长,推动了食品加工、农业科技等产业的转型升级;随着生活品质的提高,居民对智能家居、可穿戴设备等高科技产品的需求不断上升,推动了电子信息、智能制造等产业的快速发展。

其次,居民对服务消费的需求显著提升,促进了现代服务业的蓬勃发展。例如,随着教育观念的转变,居民对优质教育资源的需求不断增加,推动了在线教育、职业培训等教育服务业的快速发展;随着人口老龄化趋势的加剧,居民对医疗健康服务的需求持续增长,推动了医疗健康产业的快速发展;随着生活水平的提高,居民对旅游、文化娱乐等精神文化消费的需求不断提升,推动了旅游、文化创意等产业的繁荣发展。

消费升级不仅推动了相关产业的发展,还促进了经济结构的优化。例如,高品质商品需求的增加推动了制造业向高端化、智能化、绿色化方向发展;服务消费需求的提升推动了现代服务业向专业化、精细化、个性化方向发展。消费升级为经济高质量发展注入了新的动力,推动了经济结构的优化升级。

消费升级是经济增长和产业结构优化的重要推动力。未来,应继续提高居民收入水平,完善社会保障体系,优化消费环境,为消费升级创造更加有利的条件,推动经济高质量发展。

(3)市场需求的扩大

居民收入水平的提高是扩大市场需求的关键因素,它为产业结构升级提供了广阔的市场空间,同时也为相关产业的发展注入了强劲动力。

首先,居民收入水平的提高直接带动了消费能力的增强,扩大了市场对高品质商品和服务的需求。例如,高技术产业中的智能家居、新能源汽车、高端电子产品等,能够满足居民对高品质生活的追求;现代服务业中的教育、医疗、旅游、文化娱乐等服务,能够满足居民对精神文化生活的需求。这些高附加值、高利润率的产业,不仅能够满足居民日益增长的消费需求,还能够推动产业结构向高端化、服务化方向升级。

其次,市场需求的扩大能够吸引更多的投资,推动相关产业的快速发展。例如,随着居民对健康食品、绿色产品需求的增加,吸引了大量资本进入食品加工、农业科技等领域;随着居民对教育、医疗、旅游等服务需求的提升,吸引了大量资本进入教育、医疗、旅游等服务行业。市场需求的扩大为相关产业提供了广阔的发展空间,吸引了更多的资本和技术进入,推动了产业的快速发展。

此外,市场需求的扩大还能够促进技术创新和产品升级。例如,为了满足居民对高品质商品和服务的需求,企业不断加大研发投入,推出更具创新性、个性化的产品和服务,从而推动了技术进步和产业升级。

居民收入水平的提高扩大了市场需求,为产业结构升级提供了市场空间,同时也为相关产业的发展注入了强劲动力。未来,应继续提高居民收入水平,优化消费环境,为市场需求的扩大创造更加有利的条件,推动经济高质量发展。

经济增长通过积累资本、完善基础设施以及提高居民收入,为产业结构升级提供了必要的物质基础。这些物质基础不仅是产业结构升级的重要支撑,也是实现经济高质量发展的关键因素。未来,应继续推动经济增长,加大对资本积累、基础设施建设和居民收入提升的支持力度,为实现产业结构升级和经济高质量发展提供坚实的物质基础。通过这些努力,可以进一步提高经济增长的质量和效益,增强经济的稳定性和可持续性,实现经济的长期稳定增长。

3.2.2 创造市场需求:经济增长推动产业结构升级的重要动力

经济增长不仅是经济总量的扩张,更是市场需求不断扩大的过程。通过消费升级、投资需求增加以及出口需求扩大,经济增长为产业结构升级创造了新的市场需求。这些市场需求不仅是产业结构升级的重要推动力,也是实现经济高质量发展的关键因素。以下将详细探讨经济增长如何通过创造市场需求推动产业结构升级。

1. 消费升级

经济增长通过提高居民收入水平,推动了消费升级,从而促进了产业结构向高端化、服务化方向发展。消费升级是经济增长的重要结果,也是产业结构升级的重要推动力。

(1)收入水平提高与消费升级

随着经济增长,居民收入水平不断提高,消费需求从满足基本生活需求向追求高品质、多样化需求转变,消费升级成为推动经济增长和产业结构优化的重要力量。

首先,居民对高品质商品的需求不断增加,推动了相关产业的快速发展。例如,随着健康意识的提升,居民对健康食品、绿色产品的需求显著增长,推动了食品加工、农业科技等产业的转型升级;随着生活品质的提高,居民对智能家居、可穿戴设备等高科技产品的需求不断上升,推动了电子信息、智能制造等产业的快速发展。

其次,居民对服务消费的需求显著提升,促进了现代服务业的蓬勃发展。例如,随着教育观念的转变,居民对优质教育资源的需求不断增加,推动了在线教育、职业培训等教育服务业的快速发展;随着人口老龄化趋势的加剧,居民对医疗健康服务的需求持续增长,推动了医疗健康产业的快速发展;随着生活水平的提高,居民对旅游、文化娱乐等精神文化消费的需求不断提升,推动了旅游、文化创意等产业的繁荣发展。

消费升级不仅推动了相关产业的发展,还促进了经济结构的优化。例如,高品质商品需求的增加推动了制造业向高端化、智能化、绿色化方向发展;服务消费需求的提升推动了现代服务业向专业化、精细化、个性化方向发展。消费升级为经济高质量发展注入了新的动力,推动了经济结构的优化升级。

消费升级是经济增长和产业结构优化的重要推动力。未来,应继续提高居民收入水平,完善社会保障体系,优化消费环境,为消费升级创造更加有利的条件,推动经济高质量发展。

(2)高端化与服务化:消费升级驱动产业转型

消费升级浪潮下,产业结构正朝着高端化、服务化方向加速转型。居民对高品质生活的追求,催生了市场对高技术产业和现代服务业的旺盛需求,推动相关产业蓬勃发展。

高技术产业方面,电子信息、生物医药、新能源等领域成为发展引擎。智能手机、可穿戴设备等电子产品不断更新迭代,满足消费者对科技感和便捷性的追求;创新药物和高端医疗器械的研发应用,为居民健康保驾护航;新能源技术的突破和普及,则顺应了绿色消费理念,推动可持续发展。这些高技术产业通过提供高品质商品,不仅满足了居民消费升级的需求,也提升了产业附加值,增强了国际竞争力。

现代服务业方面,金融、教育、医疗、文化创意等领域蓬勃发展。个性化理财、在线教育、高端医疗等新兴服务模式不断涌现,满足了居民多元化、个性化的服务需求。文化创意产业的繁荣,则为居民提供了丰富的精神文化产品,提升了生活品质。现代服务业通过提供高质量服务,不仅满足了居民对美好生活的向往,也促进了产业结构优化升级,推动了经济高质量发展。

总而言之,消费升级是推动产业结构向高端化、服务化方向发展的核心动力。未来,随着居民收入水平持续提高和消费观念不断升级,高技术产业和现代服务业将继续保持快速发展态势,为经济高质量发展注入强劲动力。

(3)消费升级的连锁效应:产业链的延伸与升级

消费升级如同一块投入湖面的石子,激起的涟漪不断扩散,推动着产业链的延伸和升级。居民消费需求从“有”到“优”、从“物质”到“服务”的转变,不仅催生了新兴产业,也带动了传统产业的转型升级,形成了环环相扣、相互促进的产业链生态。

以智能家居产业为例,消费者对智能化、便捷化生活方式的追求,推动了物联网、人工智能等电子信息技术的快速发展。而这些技术的进步,又反过来促进了智能家电、智能安防等产品的更新迭代,并带动了与之配套的建材、装修等相关产业的发展,形成了完整的智能家居产业链。

健康食品产业的发展同样印证了消费升级的连锁效应。消费者对健康、安全食品的需求日益增长，推动了绿色农业、有机农业的快速发展。同时，为了满足消费者对食品新鲜度、便捷性的要求，冷链物流、食品加工等技术也得到了不断提升，形成了从田间地头到餐桌的健康食品产业链。

消费升级的连锁效应，不仅体现在单一产业链的延伸上，更体现在不同产业链之间的融合与协同上。例如，智能家居与健康食品产业的结合，催生了智能厨房、智能冰箱等新兴产品，为消费者提供了更加便捷、健康的饮食解决方案。

总而言之，消费升级是推动产业链延伸和升级的重要力量。未来，随着消费升级的持续深入，产业链之间的融合与协同将更加紧密，为经济高质量发展注入新的活力。

2. 投资需求

经济增长带来了投资需求的增加，推动了产业结构向资本密集型、技术密集型方向发展。投资需求是经济增长的重要驱动力，也是产业结构升级的重要推动力。

(1)投资需求的来源：经济增长的引擎

投资是推动经济增长的重要引擎，而经济增长本身又会反过来促进投资需求的增加，形成良性循环。经济增长通过多种渠道为投资提供动力，主要体现在以下几个方面：

首先，经济增长提升企业盈利能力，激发企业投资意愿。随着经济规模的扩大和市场需求的增加，企业销售收入和利润水平随之提升。丰厚的利润为企业扩大再生产提供了资金保障，也增强了企业对未来市场前景的信心，从而激发企业加大研发投入、扩大生产规模、开拓新市场的投资意愿。

其次，经济增长增加政府财政收入，为公共投资提供资金支持。经济发展带来税收收入的增加，使政府拥有更多财力用于基础设施建设、公共服务供给以及科技研发等领域。这些公共投资不仅能够直接拉动经济增长，还能改善投资环境，吸引更多社会资本参与投资，形成投资合力。

最后，经济增长增强国家吸引力，促进外资流入。良好的经济发展态势、稳定的政治环境以及不断优化的营商环境，能够增强一个国家对外资的吸引力。外资的流入不仅为东道国带来资金、技术和管理经验，还能创造就业机会，促进产业升级，进一步推动经济增长。

总而言之，经济增长是投资需求的重要来源。通过提升企业盈利能力、增加政府财政收入以及吸引外资流入，经济增长为投资提供了持续的动力，推动经济实现高质量发展。

(2)资本密集型与技术密集型产业：投资驱动下的蓬勃发展

投资需求的增加为产业发展注入强劲动力，尤其推动了资本密集型和技术密集型产业的快速发展。这两类产业依托雄厚的资金支持和持续的创新投入,不断提升生产效率和竞争力,成为经济增长的重要引擎。

资本密集型产业,如钢铁、化工、汽车制造等,以其庞大的生产规模和高效的生产流程著称。投资需求的增加为这些产业提供了充足的资金保障,使其能够引进先进设备、扩大生产规模、优化生产工艺,从而大幅提升生产效率和产品质量,增强市场竞争力。例如,钢铁企业通过投资建设现代化高炉和连铸连轧生产线,实现了生产过程的自动化和智能化,显著提高了生产效率和产品附加值。

技术密集型产业,如电子信息、生物医药、新能源等,则以其高度的技术创新性和知识密集性为特征。投资需求的增加为这些产业提供了持续的研发资金支持,使其能够吸引高端人才、开展技术攻关、突破关键核心技术,从而推动产业技术进步和产品创新。例如,电子信息企业通过加大研发投入,不断突破芯片设计、人工智能等关键技术,推动了智能手机、物联网等新兴产业的快速发展。

总而言之,投资需求的增加为资本密集型和技术密集型产业的发展提供了强劲动力。这两类产业通过大规模投资和持续创新,不断提升自身竞争力,推动产业结构优化升级,为经济高质量发展奠定坚实基础。

(3)投资需求的连锁效应:产业链的延伸与升级

投资需求的增加如同一块投入湖面的石子,激起的涟漪不断扩散,推动着产业链的延伸和升级。投资不仅直接拉动相关产业发展,还通过产业链的传导机制,带动上下游产业协同发展,形成相互促进、共同繁荣的产业生态。

以基础设施建设投资为例,其对经济的拉动效应十分显著。基础设施建设的投资直接带动了建筑、建材、工程机械等行业的快速发展。同时,基础设施建设也需要大量的机械设备、交通运输等服务支持,从而间接拉动了相关产业的发展。例如,高铁建设不仅带动了钢铁、水泥等建材行业的发展,也促进了轨道交通装备制造、物流运输等相关产业的繁荣。

高技术产业投资的连锁效应同样不容忽视。高技术产业的发展离不开强大的研发投入和技术创新,而技术进步又会催生新的产品和服务,带动相关服务业的快速发展。例如,电子信息产业的发展推动了软件开发、信息技术服务等行业的兴起;生物医药产业的发展带动了医疗健康服务、医药研发外包等行业的繁荣。

总而言之,投资需求的增加是推动产业链延伸和升级的重要力量。投资不仅直接拉动相关产业发展,还通过产业链的传导机制,带动上下游产业协同发展,形成相互促进、共同繁荣的产业生态,为经济高质量发展注入强劲动力。

3. 出口需求

经济增长带来了出口需求的增加,推动了产业结构向国际化、高端化方向发展。出口需求是经济增长的重要驱动力,也是产业结构升级的重要推动力。

(1)出口需求的来源:经济增长的引擎

出口是拉动经济增长的重要引擎,而经济增长本身又会反过来促进出口需求的增加,形成良性循环。经济增长通过多种渠道为出口提供动力,主要体现在以下几个方面:

首先,经济增长提升生产效率,增强出口产品价格竞争力。随着经济规模的扩大和技术水平的提升,企业生产效率不断提高,单位产品成本随之下降。这使得出口产品在国际市场上更具价格优势,能够吸引更多海外消费者,从而扩大出口规模。

其次,经济增长推动技术进步,提升出口产品附加值。经济发展为技术创新提供了良好的环境和充足的资金支持。企业通过加大研发投入,不断突破关键技术,开发出更具科技含量和附加值的产品,从而增强出口产品的国际竞争力,拓展海外市场份额。

最后,经济增长促进国际合作,拓展出口市场空间。良好的经济发展态势和稳定的政治环境,能够增强一个国家在国际舞台上的影响力和吸引力。通过积极参与国际经贸合作,签署自由贸易协定,可以为企业开拓更广阔的出口市场,创造更多贸易机会。

总而言之,经济增长是出口需求的重要来源。通过提升生产效率、推动技术进步以及促进国际合作,经济增长为出口提供了持续的动力,推动经济实现高质量发展。

(2)国际化与高端化:出口需求驱动下的产业升级

出口需求的增加为产业结构调整注入强劲动力,推动产业向国际化、高端化方向加速转型。企业为满足国际市场需求,不断提升产品质量和技术含量,推动产业结构优化升级,增强国际竞争力。

高技术产业和现代服务业凭借其技术优势和创新能力,在国际市场上占据重要地位。例如,电子信息产业通过出口智能手机、通信设备等高技术产品,满足了全球消费者对科技产品的需求;生物医药产业通过出口创新药物和高端医疗器械,为全球患者提供优质医疗服务;金融、教育、文化创意等现代服务业则通过输出高质量服务,提升了中国服务业的国际影响力。

传统产业也通过技术改造和产品升级,不断提升自身竞争力,积极开拓国际市场。例如,纺织服装产业通过引进先进设备、加强品牌建设,实现了从“中国制造”向“中国创造”的转变;机械制造产业通过加大研发投入、提升产品质量,成功打入欧美高端市场。

总而言之,出口需求的增加是推动产业结构向国际化、高端化方向发展的重要力量。企业通过不断提升产品质量和技术含量,积极开拓国际市场,不仅实现了自身发展壮大,也推动了产业结构优化升级,为经济高质量发展注入新的活力。

(3)出口需求的连锁效应:产业链的延伸与升级

出口需求的增加如同一块投入湖面的石子,激起的涟漪不断扩散,推动着产业链的延伸和升级。出口不仅直接拉动相关产业发展,还通过产业链的传导机制,带动上下游产业协同发展,形成相互促进、共同繁荣的产业生态。

以电子信息产品出口为例,其对产业链的拉动效应十分显著。电子信息产品的出口直接带动了芯片、显示屏、电子元器件等上游零部件产业的发展。同时,电子信息产品的生产和出口也需要大量的物流运输、信息技术服务等支持,从而间接拉动了相关服务业的发展。例如,智能手机的出口不仅带动了芯片设计、软件开发等产业的发展,也促进了物流运输、电子商务等相关行业的繁荣。

文化创意产品出口的连锁效应同样不容忽视。文化创意产品的出口不仅能够提升国家文化软实力,还能带动相关产业发展。例如,影视作品的出口能够带动旅游、教育、出版等相关产业的发展;动漫游戏的出口能够带动衍生品开发、主题乐园建设等相关产业的繁荣。

总而言之,出口需求的增加是推动产业链延伸和升级的重要力量。出口不仅直接拉动相关产业发展,还通过产业链的传导机制,带动上下游产业协同发展,形成相互促进、共同繁荣的产业生态,为经济高质量发展注入强劲动力。

经济增长通过消费升级、投资需求增加以及出口需求扩大,为产业结构升级创造了新的市场需求。这些市场需求不仅是产业结构升级的重要推动力,也是实现经济高质量发展的关键因素。未来,应继续推动经济增长,加大对消费升级、投资需求和出口需求的支持力度,为实现产业结构升级和经济高质量发展提供坚实的市场需求支撑。通过这些努力,可以进一步提高经济增长的质量和效益,增强经济的稳定性和可持续性,实现经济的长期稳定增长。

3.2.3　促进要素流动:经济增长为产业结构升级创造条件

经济增长不仅是经济总量的扩张,更是生产要素不断流动和优化的过程。通过促进劳动力流动、资本流动以及技术扩散,经济增长为产业结构升级创造了重要条件。要素流动的优化不仅能够提高资源配置效率,还能够推动技术进步和创新,从而为产业结构升级提供强有力的支持。以下将详细探讨经济增长如何通过促进要素流动为产业结构升级创造条件。

1. 劳动力流动

经济增长通过增加就业机会,促进了劳动力的流动,从而优化了人力资源配置。劳动力流动是产业结构升级的重要前提,只有劳动力的自由流动,才能实现人力资源的高效配置。

(1)就业机会的增加:经济增长的成果

经济增长不仅带来了物质财富的积累,也为社会创造了更多的就业机会,尤其是在高技术产业和现代服务业领域。随着产业结构的优化升级,劳动力市场对高素质人才的需求不断增加,推动了就业结构的转型升级。

高技术产业的快速发展为高素质劳动力提供了广阔的就业空间。例如,电子信息产业的蓬勃发展催生了大量软件工程师、数据分析师等新兴职业;生物医药产业的崛起带动了对生物技术研发人员、医药代表的旺盛需求;新能源产业的兴起则创造了大量新能源工程师、技术工人的就业岗位。这些高技术产业对人才的旺盛需求,吸引了大量劳动力从传统制造业向新兴产业流动,推动了就业结构的优化升级。

现代服务业的繁荣则为服务型人才提供了更多就业选择。例如,金融业的创新发展催生了金融科技人才、理财规划师等新兴职业;教育产业的多元化发展带动了对教师、教育咨询师等专业人才的需求;医疗健康产业的快速发展则创造了大量医生、护士、健康管理师等就业岗位。这些现代服务业对服务型人才的旺盛需求,为劳动力市场注入了新的活力,促进了就业结构的多元化发展。

总而言之,经济增长是就业机会增加的重要源泉。高技术产业和现代服务业的蓬勃发展,为劳动力市场提供了更多高质量的就业机会,推动了就业结构的优化升级,为实现更加充分、更高质量的就业奠定了坚实基础。

(2)劳动力流动的优化效应:提升经济效率的引擎

劳动力流动是优化人力资源配置、提高劳动生产率的重要途径。通过劳动力的自由流动,可以实现人才与岗位的精准匹配,释放经济增长潜力,推动经济高质量发展。

首先,劳动力流动能够促进产业结构优化,提高整体经济效率。随着经济结构的转型升级,传统产业的就业岗位逐渐减少,而新兴产业对劳动力的需求不断增加。劳动力从低效率产业向高效率产业流动,不仅能够满足新兴产业对人才的需求,也能够提高劳动力资源的配置效率,从而提升整体经济效率。例如,近年来大量劳动力从传统制造业流向服务业和高技术产业,推动了产业结构优化升级,促进了经济高质量发展。

其次,劳动力流动能够促进区域经济协调发展,缩小地区发展差距。我国区域经济发展不平衡,东部沿海地区经济发达,就业机会多,而中西部地区经济发展相对滞后。劳动力从欠发达地区向发达地区流动,不仅能够缓解发达地区劳动力短缺的问题,也能够促进欠发达地区劳动力资源的合理配置,从而推动区域经济协调发展。例如,近年来大量农民工从农村流向城市,既满足了城市经济发展对劳动力的需求,也促进了农村剩余劳动力的转移就业,推动了城乡融合发展。

最后,劳动力流动能够促进知识和技能的传播,推动技术进步和创新。劳动力在不同地区、不同行业之间的流动,能够促进知识和技能的交流与传播,推动新技术、新工艺的推广应用,从而促进技术进步和创新。例如,海外留学人员回国创业,将国外先进的技术和管理经验带回国内,推动了国内相关产业的技术进步和产业升级。

劳动力流动是优化人力资源配置、提高劳动生产率的重要途径。通过促进产业结构优化、区域经济协调发展以及知识和技能的传播,劳动力流动为经济高质量发展注入了强劲动力。

(3)政策支持的作用:为劳动力流动保驾护航

劳动力流动是优化人力资源配置、促进经济高质量发展的重要途径。政府在促进劳动力流动中扮演着至关重要的角色,通过一系列政策措施,为劳动力流动创造良好的外部环境,扫除体制机制障碍,释放劳动力流动的活力。

首先,政府通过完善劳动力市场,为劳动力流动提供平台和保障。建立健全劳动力市场服务体系,提供就业信息、职业介绍、就业指导等服务,促进劳动力供需双方的有效对接。同时,加强劳动权益保护,完善劳动合同制度,保障劳动者合法权益,为劳动力流动创造公平公正的市场环境。

其次,政府通过提供职业培训,提升劳动力技能水平,增强其流动能力。针对不同群体的就业需求,开展职业技能培训、创业培训等,帮助劳动者掌握新技能、提升就业竞争力,使其能够更好地适应产业结构调整和区域经济发展的需要。

最后,政府通过加强社会保障,为劳动力流动解除后顾之忧。完善社会保障体系,扩大社会保障覆盖面,实现社会保障关系的顺畅转移接续,解决劳动力流动过程中面临的养老、医疗等后顾之忧,促进劳动力自由流动。

此外,政府还可以通过优化户籍制度、提供住房保障等方式,促进劳动力的跨区域流动。深化户籍制度改革,放宽城市落户限制,为劳动力在城市安居乐业创造条件。加大保障性住房建设力度,为流动人口提供住房保障,解决其住房困难问题,促进劳动力在城市稳定就业。

政府在促进劳动力流动中发挥着不可替代的作用。通过完善劳动力市场、提供职业培训、加强社会保障、优化户籍制度等措施,政府为劳动力流动创造了良好的外部环境,扫除了体制机制障碍,释放了劳动力流动的活力,为经济高质量发展提供了强有力的人力资源支撑。

2. 资本流动

经济增长通过增加投资机会,促进了资本的流动,从而优化了资本配置。资本流动是产业结构升级的重要支撑,只有资本的自由流动,才能实现资本的高效配置。

(1)投资机会的增加:经济增长的引擎

经济增长不仅带来了物质财富的积累,也为资本创造了更多的投资机会,尤其是在高技术产业和新兴产业领域。随着产业结构的优化升级和新兴产业的蓬勃发展,资本市场对高效率、高成长性项目的需求不断增加,推动了投资结构的转型升级。

新兴产业的快速崛起为资本提供了广阔的投资空间。例如,数字经济、绿色经济、共享经济等新兴产业的蓬勃发展,催生了大量创新型企业和高成长性项目,吸引了大量风险投资、私募股权等资本的关注和投入。这些新兴产业对资本的旺盛需求,为资本市场注入了新的活力,推动了投资结构的优化升级。

传统产业的转型升级也为资本提供了新的投资机遇。例如,制造业的智能化改造、服务业的数字化转型等,都需要大量的资金投入用于技术研发、设备更新和人才培养。这些传统产业对技术改造和设备更新的旺盛需求,吸引了大量资本从低效率产业向高效率产业流动,推动了投资结构的优化升级。

经济增长是投资机会增加的重要源泉。新兴产业和传统产业的蓬勃发展,为资本市场提供了更多高质量的投资机会,推动了投资结构的优化升级,为实现更高质量、更有效率的投资奠定了坚实基础。

(2)资本流动的优化效应:提升经济效率的引擎

资本流动是优化资本配置、提高资本使用效率的重要途径。通过资本的自由流动,可以实现资本与项目的精准匹配,释放经济增长潜力,推动经济高质量发展。

首先,资本流动能够促进产业结构优化,提高资本使用效率。随着经济结构的转型升级,传统产业的资本回报率逐渐下降,而新兴产业对资本的需求不断增加。资本从低效率产业向高效率产业流动,不仅能够满足新兴产业对资本的需求,也能够提高资本的使用效率,从而推动经济结构的优化升级。例如,近年来大量资本从传统制造业流向高技术产业和新兴产业,推动了产业结构优化升级,促进了经济高质量发展。

其次,资本流动能够提高整体经济的抗风险能力,促进经济平稳健康发展。资本流动能够将资本配置到关键领域和薄弱环节,例如基础设施建设、科技创新、民生保障等领域,从而弥补市场失灵,提高整体经济的抗风险能力,促进经济平稳健康发展。例如,政府引导基金通过引导社会资本投向战略性新兴产业和薄弱环节,有效弥补了市场失灵,提高了整体经济的抗风险能力。

最后,资本流动能够促进技术的传播和应用,推动技术进步和创新。资本在不同地区、不同行业之间的流动,能够促进技术的交流与传播,推动新技术、新工艺的推广应用,从而促进技术进步和创新。例如,风险投资通过投资于创新型初创企业,推动了新技术、新产品的研发和应用,促进了技术进步和产业升级。

总而言之,资本流动是优化资本配置、提高资本使用效率的重要途径。通过促进产业结构优化、提高经济抗风险能力以及促进技术进步和创新,资本流动为经济高质量发展注入了强劲动力。

(3)政策支持的作用:为资本流动保驾护航

资本流动是优化资本配置、促进经济高质量发展的重要途径。政府在促进资本流动中扮演着至关重要的角色,通过一系列政策措施,为资本流动创造良好的外部环境,引导资本流向关键领域和薄弱环节,释放资本流动的活力。

首先,政府通过完善资本市场,为资本流动提供平台和保障。建立健全多层次资本市场体系,发展股票市场、债券市场、期货市场等,为资本流动提供多元化的渠道和工具。同时,加强金融基础设施建设,完善支付清算体系、征信体系等,提高资本流动的效率和安全性。

其次,政府通过提供税收优惠,降低资本流动成本,激发市场活力。对投资于高技术产业、新兴产业、绿色产业等领域的资本给予税收减免、税收返还等优惠政策,降低资本流动成本,引导资本流向国家鼓励发展的产业和领域。

最后,政府通过加强金融监管,维护资本市场秩序,保障资本流动的规范有序。建立健全金融监管体系,加强对金融机构、金融产品和金融市场的监管,防范和化解金融风险,维护资本市场秩序,保障资本流动的规范有序。

此外,政府还可以通过设立产业基金、提供投资补贴等方式,引导资本流向高技术产业和新兴产业。设立政府引导基金,吸引社会资本参与,共同投资于战略性新兴产业和薄弱环节。对投资于高技术产业、新兴产业的企业给予投资补贴、贷款贴息等政策支持,降低企业融资成本,引导资本流向国家鼓励发展的产业和领域。

总而言之,政府在促进资本流动中发挥着不可替代的作用。通过完善资本市场、提供税收优惠、加强金融监管、设立产业基金等措施,政府为资本流动创造了良好的外部环境,引导资本流向关键领域和薄弱环节,释放了资本流动的活力,为经济高质量发展提供了强有力的资本支撑。

3. 技术扩散

经济增长通过促进技术扩散,推动了技术进步和创新,从而为产业结构升级提供了技术支撑。技术扩散是产业结构升级的重要驱动力,只有技术的广泛传播和应用,才能实现产业结构的优化和升级。

(1)技术扩散的途径:推动技术进步的桥梁

技术扩散是推动技术进步和产业升级的重要途径,通过多种方式实现技术在不同主体之间的传播和应用,最终提升整体经济的技术水平。

技术引进是快速提升技术水平的重要途径。通过引进国外先进技术、设备和管理经验,可以弥补国内技术短板,缩短与发达国家的技术差距。例如,改革开放初期,我国通过引进国外先进技术和管理经验,快速提升了制造业的技术水平,为经济腾飞奠定了坚实基础。

技术合作是促进技术共享和应用的有效方式。企业之间通过建立技术联盟、开展联合研发等方式,可以实现技术优势互补,共同攻克技术难题,推动技术进步。例如,国内汽车企业与国外知名汽车厂商建立合资公司,通过技术合作,快速提升了国内汽车产业的技术水平和国际竞争力。

技术转让是促进科研成果转化的重要途径。高校和科研机构拥有丰富的科研成果,通过技术转让可以将这些成果转化为实际生产力,推动产业发展。例如,国内一些高校和科研机构通过技术转让,将先进的生物医药技术、新能源技术等转化为实际产品,推动了相关产业的快速发展。

总而言之,技术扩散是推动技术进步和产业升级的重要途径。通过技术引进、技术合作、技术转让等多种方式,可以促进技术在不同主体之间的传播和应用,提升整体经济的技术水平,为经济高质量发展提供强有力的技术支撑。

(2)技术扩散的优化效应:提升经济效率的引擎

技术扩散是推动技术进步、提高生产效率的重要途径。通过技术的传播和应用,可以促进传统产业转型升级,推动新兴产业快速发展,最终提升整体经济的技术水平和生产效率。

首先,技术扩散能够推动传统产业转型升级,提高生产效率和竞争力。传统产业通过引进、吸收和消化先进技术,可以改造提升生产工艺,优化生产流程,提高产品质量,从而提升生产效率和市场竞争力。例如,钢铁行业通过引进先进的冶炼技术和设备,实现了生产过程的自动化和智能化,大幅提高了生产效率和产品质量。

其次,技术扩散能够推动新兴产业快速发展,培育新的经济增长点。新兴产业往往具有技术密集、知识密集的特点,技术扩散能够为新兴产业提供技术支撑,推动其快速发展。例如,人工智能、大数据等新兴技术的快速扩散,推动了智能制造、数字经济等新兴产业的蓬勃发展,成为经济增长的新引擎。

最后,技术扩散能够促进知识的传播和应用,推动技术进步和创新。技术扩散的过程也是知识传播的过程,通过技术交流与合作,可以促进不同主体之间的知识共享,激发创新活力,推动技术进步。例如,产学研合作模式通过促进高校、科研机构与企业之间的技术交流与合作,加速了科技成果转化,推动了技术创新。

技术扩散是推动技术进步、提高生产效率的重要途径。通过促进传统产业转型升级、推动新兴产业快速发展以及促进知识传播和应用,技术扩散为经济高质量发展注入了强劲动力。

(3)政策支持的作用:为技术扩散保驾护航

技术扩散是推动技术进步和产业升级的重要途径。政府在促进技术扩散中扮演着至关重要的角色，通过一系列政策措施，为技术扩散创造良好的外部环境，促进技术的传播和应用，释放技术扩散的活力。

首先，政府通过加强知识产权保护，为技术扩散提供制度保障。建立健全知识产权保护体系，加大对侵权行为的打击力度，保护技术创新者的合法权益，为技术扩散营造公平公正的市场环境。

其次，政府通过提供技术引进补贴，降低技术引进成本，鼓励企业引进先进技术。对引进国外先进技术、设备的企业给予税收减免、贷款贴息等政策支持，降低企业技术引进成本，鼓励企业引进消化吸收再创新。

最后，政府通过支持技术合作，促进技术交流与共享，推动技术进步。鼓励企业、高校、科研机构之间开展技术合作，建立产学研合作平台，促进技术交流与共享，共同攻克技术难题，推动技术进步。

此外，政府还可以通过设立技术转移中心、搭建技术交易平台等方式，促进技术的传播和应用。设立技术转移中心，为技术供需双方提供信息咨询、技术评估、交易撮合等服务，促进科技成果转化。搭建技术交易平台，为技术供需双方提供线上交易平台，降低技术交易成本，提高技术交易效率。

政府在促进技术扩散中发挥着不可替代的作用。通过加强知识产权保护、提供技术引进补贴、支持技术合作、设立技术转移中心等措施，政府为技术扩散创造了良好的外部环境，促进了技术的传播和应用，释放了技术扩散的活力，为经济高质量发展提供了强有力的技术支撑。

经济增长通过促进劳动力流动、资本流动以及技术扩散，为产业结构升级创造了重要条件。要素流动的优化不仅能够提高资源配置效率，还能够推动技术进步和创新，从而为产业结构升级提供强有力的支持。未来，应继续推动经济增长，加大对劳动力流动、资本流动和技术扩散的支持力度，为实现产业结构升级和经济高质量发展提供坚实的要素支撑。通过这些努力，可以进一步提高资源配置效率，增强经济的创新能力和竞争力，实现经济的长期稳定增长。

3.3　产业结构升级与经济增长的协同发展机制

产业结构升级与经济增长之间存在着密切的互动关系，二者相互促进、相互制约，形成了一个复杂的协同发展机制。这一机制不仅推动了经济的高质量发展，还为经济的长期稳定增长提供了重要保障。协同发展机制主要包括良性循环机制、动态调整机制和风险防范机制。以下将详细探讨这些机制的内涵及其在经济发展中的作用。

3.3.1 良性循环机制

良性循环机制是产业结构升级与经济增长协同发展的核心机制。在这一机制中,产业结构升级促进经济增长,而经济增长又为产业结构升级提供物质基础和市场需求,从而形成一个相互促进的良性循环。

1. 产业结构升级促进经济增长

产业结构升级是推动经济高质量发展的重要途径,通过优化资源配置、推动技术进步和创新、提升人力资本水平等方式,显著促进了经济增长。

(1)产业结构升级优化了资源配置,提高了经济效率

随着产业结构向高技术产业和现代服务业转型升级,资源从低效率部门流向高效率部门,提高了资源利用效率,促进了经济增长。例如,高技术产业通过技术创新和规模效应,大幅提高了生产效率,创造了更高的经济附加值。现代服务业则通过优化资源配置和提升服务质量,增强了经济的整体竞争力。这种资源的高效配置不仅能够推动经济总量的增长,还能够提升经济的质量和效益。例如,通过发展新能源、生物技术和数字经济等新兴产业,能够减少对传统资源的依赖,推动绿色发展和可持续发展。因此,产业结构升级不仅是提高资源利用效率的重要途径,也是实现经济高质量发展的重要动力。未来,应继续深化产业结构调整,推动资源向高效领域流动,为经济可持续发展提供坚实支撑。

(2)产业结构升级推动了技术进步和创新,增强了经济增长动力

高技术产业和现代服务业的发展离不开技术创新,产业结构升级倒逼企业加大研发投入,推动技术进步和创新,为经济增长注入新的动力。例如,电子信息产业的快速发展推动了人工智能、大数据等新兴技术的突破和应用,为经济增长提供了新的引擎。这些技术的应用不仅提高了生产效率,还催生了新的商业模式和市场需求,例如智能制造、智慧城市和数字经济的兴起。同时,现代服务业通过技术创新优化了服务流程和客户体验,例如金融科技和电子商务的普及,显著提升了服务效率和质量。因此,技术创新不仅是产业结构升级的核心驱动力,也是经济增长的重要源泉。未来,应继续加大对技术创新的投入,推动产学研合作,为经济高质量发展提供坚实的技术支撑。

(3)产业结构升级提升了人力资本水平,为经济增长提供了人才支撑

高技术产业和现代服务业的发展需要大量高素质人才,产业结构升级促进了教育体系和人才培养模式的改革,提升了人力资本水平,为经济增长提供了强有力的人才支撑。例如,现代服务业的发展带动了对金融、教育、医疗等领域专业人才的需求,促进了相关人才培养体系的完善。此外,产业结构升级还能够通过优化需求结构,扩大有效需求,为经济增长注入新的动力。随着居民收入水平的提高和消

费观念的转变,对高品质商品和服务的需求不断增加,产业结构升级能够满足居民日益增长的消费需求,扩大有效需求,为经济增长提供持续动力。例如,绿色消费、智能产品和个性化服务的兴起,推动了相关产业的快速发展。因此,产业结构升级不仅是提升人力资本的重要途径,也是优化需求结构、扩大有效需求的重要手段,为经济高质量发展提供了坚实支撑。

总而言之,产业结构升级是推动经济高质量发展的重要途径。通过优化资源配置、推动技术进步和创新、提升人力资本水平以及优化需求结构,产业结构升级为经济增长注入了强劲动力,为实现经济高质量发展奠定了坚实基础。

2. 经济增长:产业结构升级的物质基础

产业结构升级是经济高质量发展的必然要求,而经济增长则为产业结构升级提供了必要的物质基础。通过资本积累、基础设施完善和居民收入水平提高等方式,经济增长为产业结构升级创造了有利条件,推动了经济结构的优化升级。

(1)经济增长带来的资本积累为高技术产业和新兴产业的发展提供了资金支持

高技术产业和新兴产业往往具有技术密集、资本密集的特点,其发展需要大量的资金投入。经济增长带来的资本积累为这些产业的发展提供了充足的资金保障,使其能够进行技术研发、设备更新和人才培养,从而推动产业结构向高端化、智能化方向升级。例如,近年来我国经济持续快速增长,为人工智能、大数据等新兴产业的发展提供了充足的资金支持,推动了这些产业的快速发展。这些资金不仅用于技术研发和设备更新,还用于吸引和培养高素质人才,提升产业的创新能力和竞争力。因此,经济增长不仅是高技术产业和新兴产业发展的重要基础,也是推动产业结构升级的重要动力。未来,应继续加大对高技术产业和新兴产业的资金支持,推动经济向更高层次发展,为经济高质量发展提供坚实支撑。

(2)经济增长带来的基础设施完善为产业升级提供了硬件保障

完善的交通、通信、能源等基础设施是产业升级的重要支撑。经济增长带来的财政收入增加为基础设施建设提供了资金保障,使其能够不断完善,为产业升级提供硬件支撑。例如,高铁网络的建设和完善为物流、旅游等产业的发展提供了便利条件,推动了相关产业的转型升级。通信基础设施的升级则为数字经济和高技术产业的发展提供了重要支持,例如5G网络的普及推动了物联网、人工智能等新兴技术的应用。此外,能源基础设施的优化能够提高能源利用效率,降低生产成本,为绿色产业发展提供保障。因此,基础设施建设不仅是经济增长的重要成果,也是推动产业升级的重要动力。未来,应继续加大对基础设施的投入,为经济高质量发展提供坚实的硬件支撑。

(3)经济增长带来的居民收入水平提高为消费升级和市场需求扩大提供了基础

居民收入水平的提高带动了消费结构的升级,对高品质商品和服务的需求不断增加,为产业结构升级提供了市场动力。例如,随着居民收入水平的提高,对健康、教育、文化等服务的需求不断增加,推动了现代服务业的快速发展。同时,消费升级还促进了高技术产业和新兴产业的成长,例如智能家居、新能源汽车和绿色食品等高品质产品的需求增长,推动了相关产业的创新和升级。此外,消费结构的升级还能够引导资源向高附加值产业流动,优化资源配置,提高经济效率。因此,消费升级不仅是经济增长的重要体现,也是推动产业结构升级的重要动力。未来,应继续提升居民收入水平,优化消费环境,为经济高质量发展提供持续的市场动力。

总而言之,经济增长是产业结构升级的物质基础。通过资本积累、基础设施完善和居民收入水平提高等方式,经济增长为产业结构升级创造了有利条件,推动了经济结构的优化升级,为实现经济高质量发展奠定了坚实基础。

3. 良性循环的形成:产业结构升级与经济增长的互动

产业结构升级与经济增长之间并非单向的因果关系,而是相互促进、相互依存的良性循环关系。这种良性循环机制不仅推动了经济的高质量发展,还为经济的长期稳定增长提供了重要保障。

(1)产业结构升级是经济增长的重要引擎

随着产业结构向高技术产业和现代服务业转型升级,资源利用效率不断提高,技术进步和创新活力持续增强,人力资本水平显著提升,为经济增长注入了强劲动力。例如,高技术产业通过技术创新和规模效应,大幅提高了生产效率,创造了更高的经济附加值,成为经济增长的重要引擎。现代服务业则通过优化资源配置和提升服务质量,增强了经济的整体竞争力。同时,产业升级还推动了教育和培训体系的改革,提升了人力资本水平,为经济增长提供了强有力的人才支撑。此外,产业升级还能够优化需求结构,扩大有效需求,为经济增长提供持续动力。因此,产业结构升级不仅是提高资源利用效率的重要途径,也是实现经济高质量发展的重要动力。未来,应继续深化产业结构调整,推动经济向更高层次发展。

(2)经济增长为产业结构升级提供了必要的物质基础

经济增长带来的资本积累为高技术产业和新兴产业的发展提供了资金支持;基础设施的完善为产业升级提供了硬件保障;居民收入水平的提高为消费升级和市场需求扩大提供了基础。例如,近年来我国经济持续快速增长,为人工智能、大数据等新兴产业的发展提供了充足的资金支持和市场需求,推动了这些产业的快速发展。这些资金不仅用于技术研发和设备更新,还用于吸引和培养高素质人才,提升产业的创新能力和竞争力。同时,基础设施的完善,如高铁网络和5G通信的普及,为新兴产业的发展提供了重要支撑。此外,居民收入水平的提高带动了消费升级,对高品质商品和服务的需求不断增加,为产业升级提供了市场动力。因此,经济增长不仅是高技术产业和新兴产业发展的重要基础,也是推动产业结构升级的重要动力。未来,应继续加大对新兴产业的支持,推动经济向更高层次发展。

(3)产业结构升级与经济增长之间形成了良性循环

产业结构升级通过推动经济增长,提高了居民收入水平和消费能力,从而为产业升级提供了市场需求;经济增长通过提供物质基础,支持了产业结构的优化和升级,从而进一步推动了经济增长。例如,现代服务业的发展带动了居民收入水平的提高,居民收入水平的提高又扩大了对现代服务业的需求,推动了现代服务业的进一步发展。这种良性循环不仅能够促进经济的持续增长,还能够推动产业结构的不断优化。例如,高技术产业和新兴产业的发展不仅提高了生产效率,还创造了更多的就业机会和收入来源,进一步扩大了市场需求。因此,产业结构升级与经济增长之间形成了相互促进、相互支撑的互动关系,为经济高质量发展提供了持续动力。未来,应继续深化产业结构调整,推动经济向更高层次发展。

产业结构升级与经济增长之间的良性循环机制,是推动经济高质量发展的重要动力。通过相互促进、相互依存,产业结构升级与经济增长共同推动了经济的长期稳定增长,为实现经济高质量发展提供了重要保障。

3.3.2　动态调整机制

动态调整机制是产业结构升级与经济增长协同发展的重要机制。在这一机制中,当产业结构不适应经济增长时,会通过市场机制和政府调控进行调整,从而保持经济的稳定和可持续发展。

1. 市场机制的调节作用:产业结构调整的“无形之手”

在产业结构调整过程中,市场机制如同“无形之手”,通过价格信号、竞争机制和优胜劣汰等方式,引导资源流向高效率领域,推动企业创新升级,最终实现产业结构的优化和升级。

(1)市场机制通过价格信号引导资源流动,实现产业结构优化

当某一产业出现产能过剩或需求不足时,产品价格下跌,企业利润下降,资源便会从该产业流出,流向利润率更高的产业。例如,近年来传统制造业面临产能过剩问题,部分企业通过转型升级,将资源投向高技术产业和现代服务业,实现了产业结构的优化升级。

(2)市场机制通过竞争机制推动企业创新,提高经济效率

市场竞争迫使企业不断进行技术创新和管理创新,以提高生产效率、降低生产成本,从而在竞争中占据有利地位。例如,国内家电行业通过激烈的市场竞争,推

动了产品技术的不断升级和成本的持续下降,最终实现了从“中国制造”向“中国创造”的转变。

(3)市场机制通过优胜劣汰,淘汰落后产能,优化产业结构

市场竞争中,效率低下的企业将被淘汰,资源将向效率更高的企业集中,从而实现产业结构的优化升级。例如,近年来国家通过环保、安全等标准,淘汰了一批落后产能,推动了钢铁、煤炭等传统产业的转型升级。

总而言之,市场机制在产业结构调整中发挥着不可替代的作用。通过价格信号、竞争机制和优胜劣汰等方式,市场机制引导资源流向高效率领域,推动企业创新升级,最终实现产业结构的优化和升级,为经济高质量发展提供强劲动力。

2. 政府调控的引导作用:产业结构调整的“有形之手”

在产业结构调整过程中,政府调控如同“有形之手”,通过制定产业政策、提供政策支持和优化发展环境等方式,引导资源流向重点领域,弥补市场失灵,推动产业结构优化升级。

(1)政府通过制定产业政策,明确产业发展方向,引导资源流向重点领域

政府根据国家发展战略和市场需求,制定产业发展规划,明确重点支持的高技术产业和新兴产业,引导资源向这些领域流动。例如,国家出台《“十四五”规划和2035年远景目标纲要》,明确将人工智能、量子信息、集成电路等作为重点发展领域,引导资源向这些领域集聚。

(2)政府通过提供税收优惠和资金支持,降低企业成本,激发市场活力

政府对高技术产业和新兴产业给予税收减免、贷款贴息等政策支持,降低企业研发和生产成本,鼓励企业加大研发投入,推动产业升级。例如,国家对集成电路企业给予税收优惠和研发补贴,支持企业突破关键技术,推动集成电路产业快速发展。

(3)政府通过完善法律法规、加强知识产权保护、优化营商环境等方式,为产业结构调整创造良好的外部环境

政府建立健全法律法规体系,加强知识产权保护,维护市场秩序,为企业发展营造公平竞争的环境。例如,国家出台《优化营商环境条例》,简化行政审批流程,降低企业制度性交易成本,激发市场活力。

政府在产业结构调整中发挥着重要的引导作用。通过制定产业政策、提供政策支持和优化发展环境等方式,政府引导资源流向重点领域,弥补市场失灵,推动产业结构优化升级,为经济高质量发展提供有力支撑。

3. 动态调整的实现:市场与政府的协同作用

产业结构的优化升级并非一蹴而就,而是一个动态调整的过程。在这一过程中,市场机制和政府调控相互配合、协同作用,共同推动资源向高效率领域流动,实

现产业结构的持续优化和升级。

(1)市场机制通过价格信号和竞争机制,引导资源从低效率产业向高效率产业流动

当传统产业出现产能过剩或需求不足时,产品价格下跌,企业利润下降,资源便会从该产业流出,流向利润率更高的新兴产业。例如,近年来传统制造业面临产能过剩问题,部分企业通过转型升级,将资源投向高技术产业和现代服务业,实现了产业结构的优化升级。

(2)政府调控通过制定产业政策、提供政策支持和优化发展环境等方式,弥补市场失灵,引导资源流向重点领域

政府根据国家发展战略和市场需求,制定产业发展规划,明确重点支持的高技术产业和新兴产业,并通过税收优惠、资金支持等措施,引导资源向这些领域流动。例如,国家出台一系列政策支持人工智能、大数据等新兴产业发展,推动这些产业成为经济增长的新引擎。

(3)市场机制和政府调控的协同作用,能够提高经济的抗风险能力,保持经济的稳定和可持续发展

市场机制能够及时反映市场供需变化,引导资源快速流动;政府调控能够弥补市场失灵,引导资源流向重点领域,两者协同作用,能够有效应对经济波动,保持经济的稳定和可持续发展。例如,面对全球经济下行压力,我国通过市场机制和政府调控的协同作用,有效应对了各种风险挑战,保持了经济平稳健康发展。

动态调整机制通过市场机制和政府调控的双重作用,实现了产业结构的优化和升级。这种动态调整机制不仅能够保持经济的稳定和可持续发展,还能够提高经济的抗风险能力,为经济高质量发展提供重要保障。

3.3.3　风险防范机制

风险防范机制是产业结构升级与经济增长协同发展的重要保障。在这一机制中,通过识别和防范各种风险,确保经济的平稳健康发展。

1. 风险的识别与评估:产业结构升级与经济增长的挑战

在产业结构升级与经济增长过程中,不可避免地会面临各种风险,这些风险可能来自经济环境、技术发展、市场竞争以及政策变化等多个方面,对产业结构优化和经济增长构成挑战。

(1)经济波动风险可能导致市场需求下降,影响产业结构的优化和升级

经济周期的波动会影响居民收入和消费能力,进而影响市场需求。例如,经济下行时期,居民消费意愿下降,可能导致高技术产业和现代服务业的市场需求萎缩,影响其发展速度,从而延缓产业结构升级的进程。

(2)技术风险可能导致技术创新失败,影响产业升级的进程

技术创新是产业结构升级的重要驱动力,但技术创新本身具有不确定性和高风险性。例如,在人工智能、生物医药等领域,技术研发投入大、周期长,存在研发失败的风险,可能导致企业亏损甚至破产,影响相关产业的升级进程。

(3)市场风险可能导致企业竞争加剧,影响产业的稳定发展

随着市场开放程度的提高和全球化进程的加快,企业面临的竞争日益激烈。例如,国内企业不仅要面对本土企业的竞争,还要面对跨国公司的挑战,市场竞争的加剧可能导致部分企业被淘汰,影响产业的稳定发展。

(4)政策风险可能导致政策环境变化,影响产业结构的调整

政府政策对产业结构调整具有重要影响,但政策环境的变化可能带来不确定性。例如,环保政策的收紧可能导致高污染、高耗能企业的生产成本上升,甚至面临关停风险,影响相关产业的转型升级。

在产业结构升级与经济增长过程中,经济波动风险、技术风险、市场风险和政策风险等都可能对产业结构优化和经济增长构成挑战。因此,需要加强对风险的识别与评估,制定相应的风险防范和应对措施,为产业结构升级和经济增长保驾护航。

2. 风险防范的措施:为产业结构升级与经济增长保驾护航

在产业结构升级与经济增长过程中,面对经济波动、技术创新、市场竞争和政策变化等多方面的风险,需要采取多种措施加以防范,以保障经济平稳健康发展和产业结构顺利升级。

(1)通过加强宏观经济调控,保持经济的稳定和可持续发展

政府应灵活运用财政政策和货币政策,加强逆周期调节,稳定经济增长,避免经济大起大落。例如,在经济下行时期,可以通过加大基础设施投资、减税降费等措施,刺激经济增长,稳定市场需求,为产业结构升级创造良好的经济环境。

(2)通过加大研发投入,提高技术创新的成功率

技术创新是产业结构升级的重要驱动力,但同时也伴随着高风险。政府和企业应加大对技术研发的投入,建立完善的技术创新体系,提高技术创新的成功率。例如,政府可以通过设立科技创新基金、提供研发补贴等方式,支持企业开展技术研发;企业可以通过与高校、科研机构合作,建立产学研合作机制,降低技术创新的风险。

(3)通过完善市场机制,提高企业的竞争力和抗风险能力

完善的市场机制能够促进公平竞争,激发企业活力,提高企业的竞争力和抗风险能力。例如,政府应加强市场监管,维护市场秩序,打击不正当竞争行为,为企业创造公平竞争的市场环境;企业应加强内部管理,提高生产效率,降低生产成本,增

强自身的竞争力和抗风险能力。

(4)通过优化政策环境,提高政策的稳定性和可预见性

稳定的政策环境是企业发展的重要保障。政府应加强政策的科学性和稳定性,避免政策频繁变动,提高政策的可预见性。例如,政府在制定产业政策时,应充分听取企业和专家的意见,确保政策的科学性和合理性;在政策执行过程中,应保持政策的连续性和稳定性,避免朝令夕改,为企业发展提供稳定的政策环境。

防范产业结构升级与经济增长过程中的风险,需要政府、企业和社会各界的共同努力。通过加强宏观经济调控、加大研发投入、完善市场机制和优化政策环境等措施,可以有效防范各种风险,为产业结构升级与经济增长保驾护航。

3. 风险防范的实现:为经济平稳健康发展保驾护航

在产业结构升级与经济增长过程中,风险防范机制通过识别和防范各种潜在风险,为经济的平稳健康发展提供了重要保障。这一机制通过多方面的措施,有效应对经济波动、技术创新、市场竞争和政策变化等带来的挑战,确保经济在复杂多变的环境中实现稳定增长和结构优化。

(1)通过加强宏观经济调控,防范经济波动风险

经济波动可能对市场需求和产业发展造成冲击,因此政府需要灵活运用财政政策和货币政策,实施逆周期调节,稳定经济增长。例如,在经济下行时期,政府可以通过增加公共投资、减税降费等措施,刺激消费和投资,稳定市场需求,避免经济大幅波动对产业结构升级的负面影响。

(2)通过加大研发投入,防范技术风险

技术创新是推动产业结构升级的核心动力,但技术研发具有高风险性。政府和企业应加大对技术创新的投入,建立完善的技术创新体系,降低技术失败的可能性。例如,政府可以通过设立科技创新基金、提供研发补贴等方式,支持企业开展技术攻关;企业则可以通过与高校、科研机构合作,形成产学研协同创新机制,分散技术研发风险。

(3)通过完善市场机制,防范市场风险

市场竞争的加剧可能对企业的生存和发展构成威胁。完善的市场机制能够促进公平竞争,提高企业的竞争力和抗风险能力。例如,政府应加强市场监管,打击垄断和不正当竞争行为,为企业创造公平的市场环境;企业则应通过优化管理、提升效率、加强品牌建设等方式,增强自身竞争力,应对市场风险。

(4)通过优化政策环境,防范政策风险

政策环境的变化可能对产业发展产生重大影响。政府应提高政策的稳定性和可预见性,避免政策频繁变动对企业造成不确定性。例如,政府在制定产业政策时,应充分调研和论证,确保政策的科学性和合理性;在政策执行过程中,应保持政

策的连续性和稳定性，为企业提供清晰的政策导向。

风险防范机制通过识别和防范经济波动风险、技术风险、市场风险和政策风险，为经济的平稳健康发展提供了重要保障。这种机制不仅能够提高经济的抗风险能力，还能够为产业结构升级和经济增长创造稳定的环境，是实现经济高质量发展的重要支撑。产业结构升级与经济增长的协同发展机制，不仅为理解经济发展规律提供了重要视角，还为政策制定提供了科学依据。例如，良性循环机制强调了产业结构升级与经济增长之间的相互促进作用，为制定产业政策和经济增长政策提供了重要参考；动态调整机制强调了市场机制和政府调控的双重作用，为优化产业结构和保持经济稳定提供了重要依据；风险防范机制强调了风险识别和防范的重要性，为提高经济抗风险能力和实现经济平稳健康发展提供了重要保障。这些机制共同构成了产业结构升级与经济增长协同发展的理论框架，为经济高质量发展提供了坚实的理论基础和实践指导。

第4章 中国产业结构升级与经济增长的现状分析

4.1 中国产业结构演变历程

4.1.1 改革开放前的产业结构

改革开放前,中国的经济体制以计划经济为主导,产业结构呈现出明显的重工业优先发展特征,而农业基础薄弱,服务业发展滞后。这一时期的产业结构不仅反映了当时的经济政策导向,也揭示了经济发展中的深层次问题。以下将详细探讨改革开放前中国产业结构的主要特点及其影响。

1. 重工业优先发展

在改革开放前的计划经济体制下,中国借鉴苏联模式,优先发展重工业。这一政策选择在当时的历史背景下具有一定的合理性,但也导致了农业和轻工业的发展不足,产业结构严重失衡。

(1)苏联模式的影响与重工业优先发展的反思

新中国成立初期,面对百废待兴的局面和复杂的国际环境,如何迅速实现工业化、增强国家经济实力和国防能力,成为当时经济发展的首要任务。在这一背景下,中国借鉴了苏联的经济发展模式,将重工业作为经济发展的核心,开启了以重工业优先发展为特征的工业化道路。这一战略在短期内取得了一定成就,但也带来了产业结构失衡、资源浪费和效率低下等一系列问题,对后续经济发展产生了深远影响。

(2)苏联模式的影响

苏联模式的核心在于优先发展重工业,通过集中资源和资金,快速建立完整的工业体系,尤其是钢铁、煤炭、机械制造等基础工业部门。这一模式被认为是实现经济独立和国防安全的重要途径。新中国成立初期,工业基础薄弱,农业占据国民经济的主导地位,轻工业发展滞后,难以满足人民基本生活需求和国防建设的需要。因此,借鉴苏联模式,集中力量发展重工业,成为当时中国实现工业化的必然选择。

在这一政策导向下,中国将大量的资源和资金投入到重工业领域。通过实施"五年计划",国家集中力量建设了一批重点工业项目,如鞍山钢铁厂、长春第一汽车制造厂等。这些项目的建成投产,使中国在短时间内建立了较为完整的重工业体系,钢铁、煤炭、机械制造等行业的产能大幅提升,为国家的工业化奠定了基础。

(3)重工业发展的成就与问题

优先发展重工业的政策在短期内取得了一定的成就。例如,到20世纪50年代末,中国的钢铁产量从新中国成立初期的不足百万吨增长到数百万吨,煤炭产量也大幅提升,基本满足了国内工业生产和国防建设的需求。这些成就为中国经济的独立自主和国防安全提供了重要保障,也为后续的工业化进程奠定了基础。

然而,重工业优先发展的政策也带来了严重的问题。首先,重工业的过度发展导致农业和轻工业的资源投入不足,产业结构严重失衡。为了支持重工业的发展,国家将大量的资金、原材料和劳动力投入到重工业领域,而农业和轻工业则长期处于资源匮乏的状态。农业发展的滞后导致粮食供应紧张,轻工业的不足则使消费品供应短缺,人民生活水平难以提高。

其次,重工业的高投入、高能耗特征对资源和环境造成了巨大压力。重工业的发展需要消耗大量的能源和原材料,而当时中国的资源开发技术和环境保护意识较为薄弱,导致资源浪费和环境污染问题日益突出。例如,煤炭的大量开采和使用不仅造成了资源的过度消耗,还导致了严重的空气污染和水土流失。

(4)产业结构失衡的影响

重工业优先发展导致的产业结构失衡,不仅影响了经济的协调发展,还带来了资源浪费和效率低下的问题。首先,农业和轻工业的发展滞后,制约了经济的全面发展。农业是国民经济的基础,其发展滞后不仅影响了粮食供应,还限制了农村市场的扩大和农民收入的提高。轻工业的不足则使消费品供应短缺,难以满足人民日益增长的物质文化需求,影响了人民生活水平的提高。

其次,重工业的高能耗和高污染特征,对环境和资源造成了巨大压力。重工业的发展需要消耗大量的能源和原材料,而当时中国的资源开发技术和环境保护意识较为薄弱,导致资源浪费和环境污染问题日益突出。例如,钢铁、煤炭等行业的高能耗和高污染特征,不仅加剧了资源的过度消耗,还导致了严重的生态环境问题。

此外,产业结构失衡还导致了经济效率的低下。重工业的过度发展使得资源配置不合理,大量资源被投入到效率较低的部门,而农业和轻工业等效率较高的部门却长期处于资源匮乏的状态。这种资源配置的不合理,不仅降低了整体经济效率,还制约了经济的长期可持续发展。

(5)总结与反思

新中国成立初期借鉴苏联模式,优先发展重工业的政策,在短期内取得了一定的成就,为中国工业化的起步奠定了基础。然而,这一政策也带来了产业结构失衡、资源浪费和效率低下等一系列问题,对后续经济发展产生了深远影响。这一历史经验表明,经济发展必须注重产业结构的协调与平衡,不能片面追求某一部门的发展,而忽视其他部门的重要性。只有在产业结构合理、资源配置优化的基础上,才能实现经济的全面、协调和可持续发展。

这一历史教训也为当前中国经济的高质量发展提供了重要启示。在新时代背景下,中国需要进一步优化产业结构,推动科技创新,实现绿色发展和可持续发展,为经济的长期稳定增长奠定坚实基础。

2. 农业生产方式落后与农业基础薄弱的影响

新中国成立初期,农业作为国民经济的基础,其发展水平直接关系到国家的粮食安全、人民生活水平以及整个国民经济的协调发展。然而,在计划经济体制下,农业生产方式落后、生产效率低下以及农业基础薄弱等问题,严重制约了农业的发展,并对农村经济和整个国民经济产生了深远影响。

(1)农业生产方式落后

在计划经济体制下,农业生产以集体化为主,农民缺乏生产积极性。集体化生产方式虽然在一定程度上实现了资源的集中管理和分配,但也导致了农民个体积极性的下降。农民在集体劳动中缺乏自主权,劳动成果与个人收益脱节,导致生产效率低下。此外,农业生产方式落后,主要依靠人力和畜力,机械化水平极低。新中国成立初期,农业机械化几乎是一片空白,农业生产主要依赖传统的耕作方式,劳动强度大,生产效率低。

农业科技推广不足也是制约农业发展的重要因素。由于科技水平低,农业科研成果难以有效转化为实际生产力,农业生产长期处于低水平循环状态。例如,良种推广、化肥使用、病虫害防治等现代农业技术的应用范围有限,导致农业生产效率难以提升。此外,农业基础设施薄弱,灌溉系统不完善,抗灾能力差,进一步加剧了农业生产的脆弱性。

(2)生产效率低下

由于农业生产方式落后和科技水平低,农业生产效率长期处于较低水平。粮食产量增长缓慢,难以满足人口增长的需求。例如,在20世纪50年代至70年代,中国粮食产量虽然有所增长,但增速远远落后于人口增长速度,导致粮食供应紧张,部分地区甚至出现粮食短缺问题。粮食生产的低效率不仅影响了人民的基本生活需求,还制约了国民经济其他部门的发展。

经济作物和畜牧业的产量也较低,难以满足人民多样化的生活需求。经济作物如棉花、油料等是轻工业的重要原料,其产量不足直接影响了轻工业的发展。畜牧业的落后则导致肉类、蛋类等副食品供应不足,影响了人民的饮食结构和生活水平。农业生产效率的低下,使得农业难以发挥其作为国民经济基础的作用,制约了整个经济的协调发展。

(3)农业基础薄弱的影响

农业基础的薄弱不仅影响了农村经济的发展,还制约了整个国民经济的协调发展。首先,农业生产的低效率导致粮食供应不足,影响了人民的生活水平。粮食是人民生活的根本,粮食供应的紧张直接影响了社会的稳定和人民的生活质量。在粮食短缺的情况下,国家不得不通过进口粮食来满足需求,这不仅增加了外汇压力,还影响了国家的经济安全。

其次,农村经济的落后导致城乡差距扩大,影响了社会的公平与和谐。农业生产的低效率和农村经济的落后,使得农民收入水平长期处于较低水平,城乡收入差距不断扩大。这种差距不仅影响了农民的生活水平,还导致了农村劳动力的大量外流,进一步加剧了农村经济的衰退。城乡差距的扩大不仅是一个经济问题,更是一个社会问题,影响了社会的公平与和谐。

此外,农业基础的薄弱还制约了工业化和城市化进程。农业是工业化和城市化的基础,农业生产的低效率使得农业难以为工业化和城市化提供足够的粮食和原材料支持。例如,轻工业的发展需要大量的农业原料,而农业生产的不足直接制约了轻工业的发展。同时,农村经济的落后也限制了农村市场的扩大,影响了国内需求的增长,制约了经济的全面发展。

(4)总结与反思

新中国成立初期,农业生产方式落后、生产效率低下以及农业基础薄弱等问题,严重制约了农业的发展,并对农村经济和整个国民经济产生了深远影响。这一历史经验表明,农业作为国民经济的基础,其发展水平直接关系到国家的粮食安全、人民生活水平以及整个经济的协调发展。只有在农业生产方式现代化、生产效率提高以及农业基础稳固的基础上,才能实现农业的可持续发展,为国民经济的全面协调发展提供坚实保障。

这一历史教训也为当前中国农业现代化提供了重要启示。在新时代背景下,中国需要进一步推动农业科技创新,提高农业生产效率,完善农业基础设施,实现农业的绿色发展和可持续发展。同时,还需要通过政策支持,缩小城乡差距,促进农村经济的繁荣,为实现乡村振兴和共同富裕奠定坚实基础。

3. 服务业发展滞后的影响与反思

在改革开放前的计划经济体制下,中国的服务业被视为非生产性部门,其发展受到严重限制。这种政策导向不仅影响了人民的生活质量,还制约了经济的全面发展。服务业的滞后在金融、教育、医疗、文化娱乐等多个领域表现得尤为明显,对经济社会的长期发展产生了深远影响。

(1)服务业的地位

在计划经济体制下,服务业被视为非生产性部门,其发展受到政策的严格限制。这种观念源于对“生产性劳动”和“非生产性劳动”的划分,认为只有直接从事物质生产的部门才能创造价值,而服务业则被视为不创造价值的辅助性部门。因此,服务业的发展长期处于被忽视的状态。

例如,金融业作为资源配置的重要部门,其发展受到严格管制。银行体系高度集中,金融市场几乎不存在,资金配置主要依靠行政计划,难以满足经济发展的多样化需求。教育和医疗作为公共服务部门,其资源配置也受到计划经济的严格控制,市场化程度极低,难以满足人民日益增长的需求。文化娱乐产业则被视为“非必需品”,其发展受到政策和意识形态的双重限制,市场化程度几乎为零。

(2)服务业发展滞后的表现

服务业的发展滞后在多个领域表现得尤为明显。首先,金融业的发展受到严格管制,难以满足经济发展的资金需求。在计划经济体制下,银行体系高度集中,金融市场几乎不存在,资金配置主要依靠行政计划。这种高度集中的金融体制虽然在一定程度上保证了资金的集中使用,但也导致了资金配置效率的低下,难以满足经济发展的多样化需求。例如,中小企业难以获得贷款支持,创新型企业缺乏风险投资,制约了经济的活力和创新能力。

其次,教育和医疗资源的分配不均,难以满足人民的基本需求。在计划经济体制下,教育和医疗资源的配置主要依靠行政计划,市场化程度极低。这种资源配置方式导致了资源分配的不均衡,城乡之间、地区之间的差距日益扩大。例如,农村地区的教育和医疗资源严重不足,难以满足农民的基本需求;城市地区的优质资源则集中在少数单位,普通市民难以享受到高质量的服务。

最后,文化娱乐产业的发展受到限制,难以满足人民多样化的精神需求。在计划经济体制下,文化娱乐产业被视为“非必需品”,其发展受到政策和意识形态的双重限制。例如,电影、戏剧、音乐等文化产品的生产和发行受到严格审查,市场化程度极低,难以满足人民日益增长的精神文化需求。文化娱乐产业的滞后不仅影响了人民的精神生活,还制约了文化产业的经济潜力。

(3)服务业发展滞后的影响

服务业的滞后不仅影响了人民的生活质量,还制约了经济的全面发展。首先,金融业的发展滞后导致资金配置效率低下,影响了经济的发展。在计划经济体制下,资金配置主要依靠行政计划,难以满足经济发展的多样化需求。例如,中小企业难以获得贷款支持,创新型企业缺乏风险投资,制约了经济的活力和创新能力。金融业的滞后还导致了金融风险的积累,影响了经济的稳定运行。

其次,教育和医疗资源的不足影响了人力资本的积累,制约了经济的长期发展。教育和医疗是人力资本积累的重要途径,其资源的不足直接影响了人力资本的质量和数量。例如,农村地区的教育资源不足导致农民子女受教育程度低,难以适应现代经济发展的需求;医疗资源的不足则影响了人民的健康水平,制约了劳动力的生产效率。人力资本的不足不仅影响了经济的短期增长,还制约了经济的长期发展潜力。

最后,文化娱乐产业的滞后影响了人民的精神生活,制约了社会的全面发展。文化娱乐产业不仅是经济的重要组成部分,也是社会文化发展的重要载体。其发展的滞后不仅影响了人民的精神生活质量,还制约了文化产业的经济潜力。例如,文化娱乐产业的滞后导致文化产品的供给不足,难以满足人民日益增长的精神文化需求;文化产业的经济潜力未能得到充分发挥,制约了经济的多元化发展。

(4)总结与反思

改革开放前,服务业的发展滞后对经济社会产生了深远影响。这一历史经验表明,服务业不仅是经济的重要组成部分,也是提高人民生活质量和促进社会全面发展的重要途径。只有在服务业得到充分发展的基础上,才能实现经济的全面协调和可持续发展。

这一历史教训也为当前中国服务业的发展提供了重要启示。在新时代背景下,中国需要进一步推动服务业的改革开放,提高服务业的市场化程度和国际竞争力。特别是在金融、教育、医疗、文化娱乐等领域,需要通过政策支持和技术创新,提高服务质量和效率,满足人民日益增长的美好生活需求。同时,还需要通过优化资源配置,缩小城乡和地区之间的差距,促进服务业的均衡发展,为实现经济高质量发展和社会全面进步奠定坚实基础。

改革开放前,中国的产业结构以重工业为主,农业基础薄弱,服务业发展滞后。这一产业结构不仅反映了当时的经济政策导向,也揭示了经济发展中的深层次问题。重工业的优先发展虽然在短期内取得了一定的成就,但也导致了产业结构的严重失衡;农业基础的薄弱制约了农村经济的发展,影响了人民的生活水平;服务业的滞后不仅影响了人民的生活质量,还制约了经济的全面发展。改革开放后,中国通过调整产业结构,推动了经济的协调发展,实现了经济的快速增长和人民生活水平的显著提高。未来,应继续优化产业结构,推动经济的高质量发展,为实现全面建设社会主义现代化国家的目标提供坚实的经济基础。

4.1.2　改革开放后的产业结构调整

改革开放以来，中国逐步建立了社会主义市场经济体制，产业结构调整取得了显著成效。通过巩固农业基础地位、推动轻工业快速发展以及提升第三产业比重，中国的产业结构实现了从以重工业为主向多元化、现代化方向的转变。这一转变不仅推动了经济的快速增长，还显著提高了人民的生活水平。以下将详细探讨改革开放后中国产业结构调整的主要成就及其影响。

1. 农业基础地位的巩固与农业生产效率的提升

改革开放以来，中国通过一系列农业改革措施，显著提高了农业生产效率，巩固了农业的基础地位，为国民经济的稳定发展奠定了坚实基础。其中，家庭联产承包责任制的实施是农业改革的核心举措，它不仅调动了农民的生产积极性，还推动了农业科技的推广和机械化水平的提高，使农业生产效率实现了质的飞跃。

(1)家庭联产承包责任制的实施

家庭联产承包责任制是改革开放初期最重要的农业改革措施之一。这一制度的核心是将土地承包给农户，明确农民对土地的使用权和收益权，极大地调动了农民的生产积极性。在计划经济时期，集体化生产方式导致农民缺乏劳动积极性，生产效率低下。而家庭联产承包责任制的实施，使农民在完成国家规定的粮食生产任务后，可以自由支配剩余产品，从而激发了农业生产的活力。

这一改革措施迅速在全国范围内推广，并取得了显著成效。农民的生产积极性被充分调动，农业生产效率大幅提高。例如，1978年至1984年间，中国粮食产量年均增长率达到4.8%，远高于改革开放前的水平。家庭联产承包责任制的成功实施，不仅解决了粮食供应紧张的问题，还为后续的农业改革和农村经济发展奠定了基础。

(2)农业生产效率的提高

家庭联产承包责任制的实施，加上农业科技的推广和农业机械化水平的提高，显著提高了农业生产效率。首先，粮食产量大幅增加，不仅满足了国内需求，还实现了粮食的自给自足。例如，到20世纪90年代，中国粮食产量已突破5亿吨，成为世界上最大的粮食生产国之一。粮食生产的增长不仅保障了国家的粮食安全，还为国民经济的稳定发展提供了重要支撑。

其次，经济作物和畜牧业的产量也显著提高，满足了人民多样化的生活需求。例如，棉花、油料等经济作物的产量大幅增加，为轻工业的发展提供了充足的原料；畜牧业的发展则使肉类、蛋类等副食品的供应更加丰富，改善了人民的饮食结构。农业生产效率的提高，不仅提升了农民的收入水平，还推动了农村经济的繁荣。

(3)农业基础地位的巩固

农业基础的巩固不仅保障了国家的粮食安全,还为农村经济的发展提供了重要支撑。首先,农业生产的增长带动了农村经济的繁荣,提高了农民的收入水平。例如,家庭联产承包责任制的实施使农民收入显著增加,农村消费市场逐步扩大,为国民经济的全面发展提供了重要动力。

其次,农业科技的推广和农业机械化水平的提高,推动了农业现代化进程。例如,良种推广、化肥使用、病虫害防治等现代农业技术的广泛应用,显著提高了农业生产效率;农业机械化水平的提高则减轻了农民的劳动强度,进一步提升了农业生产效率。农业现代化进程的推进,不仅巩固了农业的基础地位,还为农村经济的可持续发展提供了重要保障。

(4)总结与展望

改革开放以来,中国通过家庭联产承包责任制等一系列农业改革措施,显著提高了农业生产效率,巩固了农业的基础地位,为国民经济的稳定发展奠定了坚实基础。这一历史经验表明,农业作为国民经济的基础,其发展水平直接关系到国家的粮食安全、人民生活水平以及整个经济的协调发展。

在新时代背景下,中国需要进一步推动农业科技创新,提高农业生产效率,完善农业基础设施,实现农业的绿色发展和可持续发展。同时,还需要通过政策支持,缩小城乡差距,促进农村经济的繁荣,为实现乡村振兴和共同富裕奠定坚实基础。只有在农业基础稳固、农村经济繁荣的基础上,才能实现国民经济的全面协调和可持续发展。

2. 轻工业的快速发展与经济社会的全面进步

改革开放以来,中国的轻工业得到了快速发展,消费品工业的繁荣不仅满足了人民群众日益增长的物质文化需求,还推动了经济的快速增长和产业结构的优化。轻工业的崛起,标志着中国经济从以重工业为主导向多元化发展的转变,为国民经济的全面进步奠定了重要基础。

(1)消费品工业的崛起

改革开放后,中国逐步放开了消费品市场,鼓励轻工业的发展。在计划经济时期,轻工业长期处于被忽视的状态,消费品供应严重不足,难以满足人民的基本生活需求。改革开放后,国家通过政策支持和技术引进,大力发展纺织、服装、食品、家电等消费品工业,迅速填补了市场空白。

例如,纺织和服装行业通过引进先进设备和技术,迅速提高了生产效率和产品质量,不仅满足了国内市场的需求,还大量出口到国际市场,成为中国对外贸易的重要支柱。家电行业则通过技术引进和自主创新,迅速崛起,电视机、冰箱、洗衣机等家用电器逐渐进入普通家庭,极大地改善了人民的生活条件。

(2)轻工业发展的成就

轻工业的快速发展不仅提高了人民的生活水平,还推动了经济的快速增长。首先,消费品工业的繁荣使人民的生活条件得到了显著改善。例如,家电产业的崛起使电视机、冰箱、洗衣机等家用电器进入普通家庭,极大地提高了人民的生活质量;纺织和服装产业的发展使人民穿上了更加时尚和舒适的衣物,提升了生活品质。

其次,轻工业的发展推动了经济的快速增长。消费品工业的繁荣不仅满足了国内市场的需求,还大量出口到国际市场,为国家赚取了大量外汇。例如,纺织和服装行业成为中国出口创汇的重要来源,家电行业则通过技术引进和自主创新,迅速占领了国际市场,推动了中国经济的快速增长。

(3)轻工业发展的影响

轻工业的快速发展不仅推动了经济的快速增长,还促进了产业结构的优化。首先,轻工业的发展带动了相关产业链的延伸和升级,推动了经济的多元化发展。例如,家电产业的发展带动了电子元器件、塑料、金属材料等相关产业的发展,形成了完整的产业链;纺织和服装产业的发展则带动了化纤、印染、设计等相关产业的繁荣。

其次,轻工业的出口增长为国家赚取了大量外汇,支持了经济的进一步发展。例如,纺织和服装行业成为中国出口创汇的重要来源,家电行业则通过技术引进和自主创新,迅速占领了国际市场,推动了中国经济的快速增长。轻工业的出口增长不仅为国家赚取了大量外汇,还推动了国内产业的技术进步和升级。

(4)总结与展望

改革开放以来,中国轻工业的快速发展不仅满足了人民群众日益增长的物质文化需求,还推动了经济的快速增长和产业结构的优化。这一历史经验表明,轻工业作为国民经济的重要组成部分,其发展水平直接关系到人民的生活质量和经济的全面发展。

在新时代背景下,中国需要进一步推动轻工业的转型升级,提高产品质量和技术含量,增强国际竞争力。同时,还需要通过政策支持和技术创新,推动轻工业的绿色发展和可持续发展,为实现经济高质量发展和人民美好生活奠定坚实基础。只有在轻工业繁荣发展的基础上,才能实现国民经济的全面协调和可持续发展。

3. 第三产业比重上升与产业结构的优化升级

随着经济发展和人民生活水平的提高,中国的第三产业(服务业)比重持续上升,成为经济增长的重要引擎。改革开放以来,服务业在国民经济中的地位不断提升,不仅满足了人民多样化的生活需求,还推动了经济的结构优化和产业升级。服务业的快速发展,标志着中国经济从以工业为主导向服务型经济的转变,为经济高质量发展奠定了重要基础。

(1)服务业的发展

改革开放后,中国的服务业得到了快速发展。在计划经济时期,服务业被视为非生产性部门,其发展受到严重限制。改革开放后,国家逐步放开了服务业市场,鼓励金融、教育、医疗、文化娱乐等服务行业的发展,迅速填补了市场空白,满足了人民日益增长的生活需求。

例如,金融业通过改革和开放,逐步建立了多元化的金融市场体系,为经济发展提供了资金支持。教育行业通过扩大招生规模和优化资源配置,显著提高了人民的教育水平。医疗行业通过增加医疗资源和提高服务质量,改善了人民的健康状况。文化娱乐产业则通过市场化和产业化发展,丰富了人民的精神生活。

(2)服务业发展的成就

服务业的快速发展不仅提高了人民的生活质量,还推动了经济的结构优化。首先,金融业的发展为经济发展提供了资金支持,推动了资本市场的繁荣。例如,股票市场、债券市场等金融市场的建立和完善,为企业融资提供了多元化渠道,促进了资本的有效配置。金融业的繁荣不仅推动了实体经济的发展,还为国家赚取了大量外汇,支持了经济的进一步发展。

其次,教育和医疗资源的增加提高了人民的教育水平和健康水平,促进了人力资本的积累。例如,高等教育的普及使更多人获得了接受高等教育的机会,提高了劳动力的整体素质;医疗资源的增加则改善了人民的健康状况,提高了劳动力的生产效率。人力资本的积累不仅推动了经济的短期增长,还为经济的长期发展奠定了坚实基础。

最后,文化娱乐产业的发展丰富了人民的精神生活,推动了社会的全面发展。例如,电影、音乐、旅游等文化娱乐产业的繁荣,不仅满足了人民日益增长的精神文化需求,还创造了大量就业机会,推动了经济的多元化发展。文化娱乐产业的发展不仅提升了人民的生活质量,还增强了国家的文化软实力。

(3)服务业发展的影响

服务业比重的上升不仅推动了经济的快速增长,还促进了产业结构的优化。首先,服务业的发展带动了相关产业链的延伸和升级,推动了经济的多元化发展。例如,金融业的发展带动了保险、证券、基金等相关产业的繁荣;文化娱乐产业的发展则带动了影视制作、演艺经纪、旅游服务等相关产业的繁荣。服务业的产业链延伸和升级,不仅提高了经济的附加值,还增强了经济的抗风险能力。

其次,服务业的出口增长为国家赚取了大量外汇,支持了经济的进一步发展。例如,旅游、教育、文化等服务业通过吸引外国游客、留学生和文化产品出口,为国家赚取了大量外汇。服务业的出口增长不仅提高了国家的国际竞争力,还推动了国内服务业的技术进步和升级。

(4)总结与展望

改革开放以来,中国第三产业比重的持续上升,标志着中国经济从以工业为主导向服务型经济的转变。服务业的快速发展不仅满足了人民多样化的生活需求,还推动了经济的结构优化和产业升级。这一历史经验表明,服务业作为国民经济的重要组成部分,其发展水平直接关系到人民的生活质量和经济的全面发展。

在新时代背景下,中国需要进一步推动服务业的改革开放,提高服务业的市场化程度和国际竞争力。特别是在金融、教育、医疗、文化娱乐等领域,需要通过政策支持和技术创新,提高服务质量和效率,满足人民日益增长的美好生活需求。同时,还需要通过优化资源配置,缩小城乡和地区之间的差距,促进服务业的均衡发展,为实现经济高质量发展和社会全面进步奠定坚实基础。

未来,中国应继续优化产业结构,推动经济的高质量发展,为实现全面建设社会主义现代化国家的目标提供坚实的经济基础。通过这些努力,可以进一步提高经济的竞争力和可持续性,实现经济的长期稳定增长。只有在服务业繁荣发展的基础上,才能实现国民经济的全面协调和可持续发展,为人民创造更加美好的生活。

4.1.3 新时代产业结构优化升级

进入新时代,中国经济发展进入新常态,产业结构优化升级的步伐显著加快。通过深入推进供给侧结构性改革、实施创新驱动发展战略以及贯彻绿色发展理念,中国的产业结构不断优化,经济高质量发展的基础更加坚实。以下将详细探讨新时代中国产业结构优化升级的主要成就及其影响。

1.供给侧结构性改革的深入推进与经济发展质量的提升

供给侧结构性改革是新时代中国经济发展的重要战略,旨在通过去产能、去库存、去杠杆、降成本、补短板等措施,优化产业结构,提高经济效率,推动经济高质量发展。这一改革战略的实施,不仅有效化解了经济发展中的结构性矛盾,还为经济的长期稳定增长奠定了坚实基础。

(1)去产能:化解过剩产能,优化产业结构

针对钢铁、煤炭等传统行业的产能过剩问题,中国政府通过淘汰落后产能、兼并重组等方式,有效化解了过剩产能。例如,钢铁行业的去产能任务超额完成,煤炭行业的产能利用率显著提高,行业效益明显改善。

在钢铁行业,国家通过严格执行环保、安全等标准,淘汰了一批落后产能,推动了行业的兼并重组。例如,宝钢与武钢的合并,不仅提高了行业的集中度,还增强了企业的竞争力。在煤炭行业,国家通过关闭小煤矿、推动大型煤矿的现代化改

造，显著提高了行业的产能利用率。去产能政策的实施，不仅优化了产业结构，还提高了资源利用效率，推动了行业的可持续发展。

(2)去库存：稳定房地产市场，促进经济平稳发展

在房地产领域，通过优化土地供应、调整住房政策等措施，有效降低了房地产库存。例如，三四线城市的房地产库存显著减少，房地产市场趋于稳定。

国家通过调整住房政策，鼓励居民购房，有效消化了房地产库存。例如，降低首付比例、放宽贷款条件等政策，刺激了房地产市场的需求。同时，优化土地供应结构，减少三四线城市的土地供应，避免了房地产市场的过度开发。去库存政策的实施，不仅稳定了房地产市场，还促进了房地产行业的健康发展，为经济的平稳发展提供了重要支撑。

(3)去杠杆：降低金融风险，增强经济稳定性

通过加强金融监管、规范地方政府债务管理等措施，有效降低了企业和政府的杠杆率。例如，企业的资产负债率逐步下降，金融风险得到有效控制。

在金融领域，国家通过加强金融监管，规范金融机构的行为，有效降低了金融风险。例如，加强对影子银行、互联网金融等领域的监管，防止金融风险的积累。在地方政府债务管理方面，国家通过规范地方政府融资行为，控制地方政府债务规模，降低了地方政府的杠杆率。去杠杆政策的实施，不仅增强了经济的稳定性，还为经济的长期发展创造了良好的金融环境。

(4)降成本：减轻企业负担，提高盈利能力

通过减税降费、降低企业用电成本等措施，有效降低了企业的运营成本。例如，制造业企业的税负显著减轻，盈利能力有所提升。

国家通过实施大规模的减税降费政策，减轻了企业的税负。例如，降低增值税税率、减免企业所得税等政策，显著降低了企业的税收负担。同时，通过降低企业用电成本、物流成本等措施，进一步减轻了企业的运营成本。降成本政策的实施，不仅提高了企业的盈利能力，还增强了企业的竞争力，为经济的稳定增长提供了重要支持。

(5)补短板：加强基础设施建设，提升科技创新能力

通过加大基础设施投资、支持科技创新等措施，有效弥补了经济发展的短板。例如，高铁、5G 网络等基础设施的建设显著加快，科技创新能力显著提升。

在基础设施领域，国家通过加大投资力度，推动了高铁、5G 网络等基础设施的建设。例如，高铁网络的扩展不仅提高了交通运输效率，还促进了区域经济的协调发展；5G 网络的建设则为数字经济的发展提供了重要支撑。在科技创新领域，国家通过加大研发投入、支持科技成果转化等措施，显著提升了科技创新能力。例如，人工智能、大数据等新兴技术的突破，推动了相关产业的快速发展。补短板政

策的实施，不仅弥补了经济发展的短板，还为经济的长期发展奠定了坚实基础。

(6) 总结与展望

供给侧结构性改革的深入推进，有效化解了经济发展中的结构性矛盾，优化了产业结构，提高了经济效率，推动了经济高质量发展。这一改革战略的实施，不仅为经济的稳定增长提供了重要支撑，还为经济的长期发展奠定了坚实基础。

在新时代背景下，中国需要进一步深化供给侧结构性改革，推动经济的高质量发展。特别是在去产能、去库存、去杠杆、降成本、补短板等领域，需要通过政策支持和技术创新，进一步提高经济效率，增强经济的竞争力和可持续性。同时，还需要通过优化资源配置，推动产业结构的优化升级，为实现全面建设社会主义现代化国家的目标提供坚实的经济基础。只有在供给侧结构性改革深入推进的基础上，才能实现经济的长期稳定增长，为人民创造更加美好的生活。

供给侧结构性改革的深入推进，不仅优化了产业结构，还提高了经济效率，为经济高质量发展奠定了坚实基础。

2. 创新驱动发展战略深入实施

创新驱动发展战略是新时代中国经济发展的重要战略，旨在通过提升科技创新能力，推动战略性新兴产业的快速发展。

(1) 科技创新能力的显著提升

近年来，中国在科技创新领域取得了显著成就，成为全球科技创新的重要力量。在人工智能、量子通信、5G 技术等前沿领域，中国已经处于世界领先水平。例如，中国的人工智能技术在图像识别、自然语言处理等方面取得了突破性进展，广泛应用于金融、医疗、交通等领域；量子通信技术的突破使中国成为全球量子通信领域的领跑者；5G 技术的商用化则推动了中国数字经济的快速发展。

在航天、深海探测等领域，中国也取得了重大突破。例如，嫦娥探月工程、天问火星探测任务的成功实施，标志着中国航天技术进入了世界先进行列；深海探测技术的突破则使中国在深海资源开发和海洋科学研究方面取得了重要进展。这些科技创新成果不仅提升了国家的科技实力，还推动了相关产业的发展，为经济高质量发展提供了重要支撑。

科技创新的显著提升，不仅增强了中国的国际竞争力，还为全球科技进步贡献了中国智慧和中国方案。未来，中国将继续加大科技创新投入，推动科技成果转化，为实现科技强国目标奠定坚实基础。

(2) 战略性新兴产业的快速发展

在创新驱动发展战略的推动下，中国的战略性新兴产业得到了快速发展，成为经济增长的新引擎。新一代信息技术、生物医药、新能源、新材料等产业迅速崛起，展现出强大的发展潜力和市场前景。

新一代信息技术产业,如人工智能、大数据、云计算等,不仅推动了数字经济的蓬勃发展,还广泛应用于制造业、服务业等领域,提升了传统产业的效率和竞争力。生物医药产业通过技术创新和研发投入,在基因治疗、疫苗研发等方面取得了重要突破,为人类健康事业作出了贡献。新能源产业,如太阳能、风能等,不仅推动了能源结构的优化,还为全球应对气候变化提供了中国方案。新材料产业则在航空航天、电子信息等领域发挥了重要作用,推动了相关产业的技术进步。

这些战略性新兴产业不仅具有高附加值和高技术含量,还具有广阔的市场前景。它们的快速发展,不仅为中国经济注入了新的活力,还为全球科技进步和经济发展贡献了中国力量。未来,中国将继续加大对战略性新兴产业的支持力度,推动其成为经济高质量发展的核心动力。

(3)创新生态系统的完善

中国通过建设国家实验室、设立科技创新基金、优化创新环境等措施,不断完善创新生态系统,为科技创新提供了有力支撑。例如,北京、上海、深圳等城市已经成为全球重要的科技创新中心,吸引了大量高科技企业和创新人才。这些城市通过建设科技园区、孵化器和创新平台,形成了完整的创新产业链,推动了科技成果的转化和应用。

国家实验室的建设为重大科技攻关提供了重要平台,科技创新基金的设立则为初创企业和高科技项目提供了资金支持。此外,政府通过优化政策环境、加强知识产权保护等措施,激发了企业和科研机构的创新活力。创新生态系统的完善,不仅推动了战略性新兴产业的快速发展,还提升了国家的科技实力和国际竞争力。

创新驱动发展战略的深入实施,为中国经济高质量发展注入了强劲动力。未来,中国将继续完善创新生态系统,推动科技创新与产业发展的深度融合,为实现科技强国目标奠定坚实基础。

3. 绿色发展理念深入人心

绿色发展理念是新时代中国经济发展的重要理念,旨在通过发展绿色产业,推动生态文明建设,实现经济与环境的协调发展。

(1)绿色产业的蓬勃发展

在绿色发展理念的指导下,中国的绿色产业得到了蓬勃发展,成为经济增长的新亮点。清洁能源、节能环保、新能源汽车等产业迅速崛起,展现出强大的发展潜力和环境效益。例如,中国在太阳能、风能等清洁能源领域已成为全球领先者,推动了能源结构的优化和低碳经济的发展。节能环保产业通过技术创新,在污染治理、资源循环利用等方面取得了显著成效。新能源汽车产业的快速发展,不仅降低了交通领域的碳排放,还推动了汽车产业的转型升级。

这些绿色产业不仅具有高附加值和高技术含量,还为环境保护和可持续发展作出了重要贡献。绿色产业的蓬勃发展，不仅为中国经济注入了新的活力，还为全球绿色转型提供了中国经验。未来，中国将继续推动绿色产业的发展，为实现碳达峰、碳中和目标奠定坚实基础。

(2)生态文明建设的显著成效

中国在生态文明建设方面取得了显著成效，环境质量显著改善，生态环境得到有效保护。通过实施大气污染防治、水污染防治、土壤污染防治等措施，重点区域的环境问题得到有效治理。例如，京津冀及周边地区的空气质量明显改善，PM2.5浓度显著下降；长江、黄河等重点流域的水质持续提升，水生态系统逐步恢复。

同时，中国大力推进生态修复和生物多样性保护。例如，通过退耕还林、湿地修复等工程，森林覆盖率和湿地面积显著增加；通过建立自然保护区、实施濒危物种保护计划，生物多样性得到有效保护。这些举措不仅改善了生态环境，还为全球生态治理贡献了中国智慧和中国方案。未来，中国将继续深化生态文明建设，推动绿色发展，为实现人与自然和谐共生奠定坚实基础。

(3)绿色发展的社会共识

绿色发展理念已深入人心，成为全社会的共识。企业和公众的环保意识显著提高，绿色消费、绿色出行等绿色生活方式逐渐普及。例如，越来越多的企业采用清洁生产技术，减少碳排放；公众则通过选择节能家电、参与垃圾分类等方式践行绿色生活。

政府通过制定环保政策、加强环境监管等措施，推动了绿色发展的落实。例如，实施碳达峰、碳中和目标，强化环境执法力度，确保绿色发展理念落地生根。绿色发展理念的深入贯彻，不仅推动了绿色产业的蓬勃发展，还促进了生态文明建设，为实现经济与环境的协调发展提供了重要保障。未来，中国将继续推动绿色发展，为实现可持续发展目标贡献力量。

进入新时代，中国的产业结构优化升级步伐显著加快。通过深入推进供给侧结构性改革、实施创新驱动发展战略以及贯彻绿色发展理念，中国的产业结构不断优化，经济高质量发展的基础更加坚实。未来，应继续深化供给侧结构性改革，推动创新驱动发展战略，贯彻绿色发展理念，为实现全面建设社会主义现代化国家的目标提供坚实的经济基础。通过这些努力，可以进一步提高经济的竞争力和可持续性，实现经济的长期稳定增长。

4.2 中国经济增长现状及特征

4.2.1 经济增长速度:中国经济的中高速增长

改革开放以来,中国经济保持了中高速增长,成为世界经济增长的主要动力源。这一成就不仅体现在经济总量的持续扩大上,还反映在人均收入水平的不断提高上。中国经济的快速增长不仅推动了国内人民生活水平的显著改善,还对全球经济增长做出了重要贡献。以下将详细探讨中国经济增长速度的主要表现及其影响。

1. 经济总量持续扩大

中国经济的快速增长使其成为世界第二大经济体,对世界经济增长的贡献率超过30%。这一成就不仅彰显了中国经济的强大活力,还体现了中国在全球经济中的重要地位。

(1)世界第二大经济体

自2010年超越日本成为世界第二大经济体以来,中国的经济总量持续扩大,展现了强劲的发展动力。根据世界银行的数据,中国的国内生产总值(GDP)从1978年的3679亿元增长到2020年的101.6万亿元,年均增长率超过9%。这一增长速度在全球范围内都是罕见的,创造了举世瞩目的"中国经济奇迹"。

改革开放以来,中国通过市场化改革、对外开放和创新驱动,实现了经济的跨越式发展。从农业国到工业国,再到服务型经济体的转变,中国经济结构不断优化,国际竞争力显著提升。作为世界第二大经济体,中国不仅为全球经济增长贡献了重要力量,还通过"一带一路"倡议等国际合作,推动了全球经济的共同发展。未来,中国将继续推动高质量发展,为实现全面建设社会主义现代化国家的目标奠定坚实基础。

(2)对世界经济增长的贡献

中国经济的快速增长对世界经济增长的贡献率超过30%,成为全球经济稳定与发展的重要力量。例如,在2008年全球金融危机期间,中国经济保持了相对稳定的增长,通过大规模基础设施投资和扩大内需,有效缓解了全球经济下行压力,成为全球经济复苏的重要引擎。

此外,中国通过"一带一路"倡议等国际合作项目,推动了全球经济的互联互通和共同发展。"一带一路"倡议覆盖亚洲、欧洲、非洲等多个地区,通过基础设施建设、贸易投资和人文交流,促进了沿线国家的经济发展和区域合作。中国还积极参与全球治理,推动多边贸易体系改革,为全球经济注入了新的活力。

中国经济的持续增长不仅为全球提供了巨大的市场空间,还通过技术合作、产业转移等方式,带动了其他国家的经济发展。未来,中国将继续深化改革开放,推动高质量发展,为全球经济增长贡献更多中国力量。

(3)经济结构的优化

在经济总量持续扩大的同时,中国的经济结构也在不断优化,展现出高质量发展的新格局。高技术产业和现代服务业的比重显著提高,成为经济增长的新引擎。例如,人工智能、5G 通信、新能源等战略性新兴产业快速发展,推动了产业升级和技术创新;金融、教育、医疗等现代服务业的繁荣,则满足了人民日益增长的美好生活需求。

传统产业的转型升级也取得显著成效。通过技术改造、绿色生产和智能化升级,钢铁、煤炭等传统行业实现了从粗放型向集约型的转变,不仅提高了生产效率,还降低了资源消耗和环境污染。这种经济结构的优化,不仅提高了经济增长的质量和效益,还增强了经济的抗风险能力,为应对外部冲击和内部挑战提供了坚实保障。

未来,中国将继续推动经济结构优化,加快创新驱动和绿色发展,为实现经济高质量发展和全面建设社会主义现代化国家的目标奠定坚实基础。

2. 人均收入水平不断提高

随着经济总量的持续扩大,中国的人均收入水平不断提高,已进入中等偏上收入国家行列。人民生活水平的显著改善不仅体现在收入水平的提高上,还反映在消费结构的升级和生活质量的提升上。

(1)中等偏上收入国家

根据世界银行的标准,中国已进入中等偏上收入国家行列。例如,中国的人均 GDP 从 1978 年的 156 美元增长到 2020 年的超过 1 万美元,年均增长率超过 8%。这一增长速度在全球范围内都是罕见的。

(2)人民生活水平的显著改善

人均收入水平的提高显著改善了人民的生活水平。例如,居民消费结构从以基本生活需求为主向高品质、多样化需求转变。居民对健康食品、绿色产品、智能家居等高品质商品的需求不断增加;对教育、医疗、旅游、文化娱乐等服务消费的需求显著提升。

(3)消费升级的推动力

人均收入水平的提高推动了消费升级,为经济增长注入了新的动力。例如,消费升级不仅推动了相关产业的发展,还促进了经济结构的优化。高技术产业和现代服务业通过提供高品质商品和服务,满足了居民的消费需求;传统产业通过技术改造和产品升级,提高了产品的市场竞争力。

3. 经济增长速度的影响

中国经济的快速增长不仅推动了国内人民生活水平的显著改善,还对全球经济增长做出了重要贡献。

(1)国内影响

中国经济的快速增长显著提高了人民的生活水平,带来了广泛的社会福祉。居民收入水平的持续提高使数亿人摆脱了贫困,过上了小康生活。例如,中国在2020年实现了全面脱贫,创造了人类减贫史上的奇迹。消费升级则使人民享受到了更高品质的商品和服务,从智能家电到健康医疗,生活质量显著提升。

此外,基础设施的完善极大便利了人民生活。高铁网络的扩展、城市地铁的建设以及互联网的普及,使交通和通信更加便捷。这些成就不仅改善了人民的物质生活条件,还增强了社会的幸福感和获得感。未来,中国将继续推动高质量发展,为实现共同富裕和全面建设社会主义现代化国家的目标奠定坚实基础。

(2)国际影响

中国经济的快速增长对全球经济增长做出了重要贡献,成为世界经济发展的重要引擎。通过"一带一路"倡议等国际合作项目,中国推动了全球经济的互联互通和共同发展。例如,基础设施建设、贸易投资和人文交流促进了沿线国家的经济增长和区域合作,为全球经济注入了新的活力。

此外,中国通过扩大进口和对外投资,为其他国家提供了广阔的市场和资金支持。中国是全球第二大进口国,大量进口商品和服务为其他国家创造了就业机会和经济收益。同时,中国的对外投资帮助发展中国家改善了基础设施,推动了产业升级。中国经济的持续增长不仅为全球提供了巨大的市场空间,还通过技术合作和产业转移,带动了其他国家的经济发展,为全球经济的稳定与繁荣贡献了中国力量。

中国经济的快速增长使其成为世界经济增长的主要动力源。经济总量的持续扩大和人均收入水平的不断提高,不仅推动了国内人民生活水平的显著改善,还对全球经济增长做出了重要贡献。未来,应继续推动经济高质量发展,优化经济结构,提高经济增长的质量和效益,为实现全面建设社会主义现代化国家的目标提供坚实的经济基础。通过这些努力,可以进一步提高经济的竞争力和可持续性,实现经济的长期稳定增长。

4.2.2 经济增长质量:中国经济发展方式的转变

随着中国经济的快速发展,经济增长质量也在不断提高,发展方式加快转变。通过优化经济结构、增强创新能力以及推进绿色发展,中国经济不仅实现了量的增长，更实现了质的提升。这种高质量的增长模式不仅增强了经济的可持续性，还为全球经济发展提供了新的范例。以下将详细探讨中国经济增长质量提升的主要表现及其影响。

1. 经济结构不断优化

中国经济结构的优化是经济增长质量提升的重要标志。第三产业比重的持续上升和消费对经济增长贡献率的不断提高，反映了中国经济从投资驱动向消费驱动、从工业主导向服务业主导的转变。

（1）第三产业比重持续上升

近年来，第三产业（服务业）在中国经济中的比重持续上升，已成为经济增长的主要动力。2020 年，第三产业增加值占 GDP 的比重超过 54%，比 2010 年提高了近 10 个百分点，标志着中国经济从工业主导向服务型经济的转变。金融、教育、医疗、文化娱乐等现代服务业的快速发展，不仅满足了人民多样化的生活需求，还推动了经济结构的优化和升级。

金融业的创新为实体经济提供了资金支持，教育和医疗的进步提升了人力资本质量，文化娱乐产业的繁荣丰富了人民的精神生活。服务业的崛起不仅提高了经济增长的质量，还增强了经济的抗风险能力。未来，中国将继续推动服务业的高质量发展，为实现经济结构优化和全面建设社会主义现代化国家的目标奠定坚实基础。

（2）消费对经济增长的贡献率提高

随着居民收入水平的提高和消费升级的推进，消费对经济增长的贡献率显著提高。例如，2020 年最终消费支出对 GDP 增长的贡献率超过 54%，成为经济增长的主要拉动力。消费升级不仅推动了相关产业的发展，还促进了经济结构的优化。例如，高技术产业和现代服务业通过提供高品质商品和服务，满足了居民的消费需求；传统产业通过技术改造和产品升级，提高了产品的市场竞争力。

（3）经济结构优化的影响

经济结构的优化显著提升了中国经济增长的质量和抗风险能力。第三产业（服务业）的快速发展降低了经济对传统工业的依赖，提高了经济的稳定性。例如，金融、教育、医疗等现代服务业的繁荣，不仅创造了大量就业机会，还增强了经济的韧性和多样性。

同时，消费对经济增长贡献率的提高，降低了经济对投资和出口的依赖，增强了经济的可持续性。随着居民收入水平的提高和消费升级，内需成为经济增长的主要动力，减少了外部经济波动的冲击。这种经济结构的优化，不仅推动了中国经济的高质量发展，还为应对外部风险和内部挑战提供了坚实保障。未来，中国将继续深化经济结构优化，为实现长期稳定增长奠定坚实基础。

2. 创新能力显著增强

创新是经济增长质量提升的核心驱动力。中国通过持续增加研发投入和推动科技创新,显著增强了创新能力,为经济高质量发展提供了强大支撑。

(1)研发投入持续增加

中国在研发领域的投入持续增加,已成为全球研发投入最多的国家之一。2020 年,中国的研发经费投入超过 2.4 万亿元,占 GDP 的比重超过 2.4%,显示出国家对科技创新的高度重视。这种高强度的研发投入为科技创新提供了坚实的资金支持,推动了人工智能、量子通信、5G 技术等前沿领域的突破性进展。

研发投入的增加不仅提升了中国的科技实力,还促进了产业升级和经济高质量发展。例如,高技术产业和战略性新兴产业的快速发展,离不开持续的研发支持。未来,中国将继续加大研发投入,优化创新环境,为实现科技强国目标和全面建设社会主义现代化国家奠定坚实基础。

(2)科技创新成果不断涌现

在研发投入的推动下,中国的科技创新成果不断涌现,成为全球科技创新的重要力量。在人工智能、量子通信、5G 技术等前沿领域,中国已处于世界领先水平。例如,人工智能技术在图像识别、自然语言处理等方面取得突破,广泛应用于医疗、金融等领域;量子通信技术的突破使中国成为全球领跑者;5G 技术的商用化则推动了数字经济的快速发展。

在航天、深海探测等领域,中国也取得了重大突破。嫦娥探月工程、天问火星探测任务的成功实施,标志着中国航天技术进入世界先进行列;深海探测技术的突破则为海洋资源开发和科学研究提供了重要支撑。这些科技创新成果不仅提升了国家的科技实力,还推动了相关产业的发展,为经济高质量发展注入了强劲动力。未来,中国将继续加大科技创新力度,为实现科技强国目标奠定坚实基础。

(3)创新生态系统的完善

中国通过建设国家实验室、设立科技创新基金、优化创新环境等措施,不断完善创新生态系统,为科技创新提供了有力支撑。例如,北京、上海、深圳等城市已成为全球重要的科技创新中心,吸引了大量高科技企业和创新人才。这些城市通过建设科技园区、孵化器和创新平台,形成了完整的创新产业链,推动了科技成果的转化和应用。

国家实验室的建设为重大科技攻关提供了重要平台,科技创新基金的设立则为初创企业和高科技项目提供了资金支持。此外,政府通过优化政策环境、加强知识产权保护等措施,激发了企业和科研机构的创新活力。创新生态系统的完善,不仅推动了战略性新兴产业的快速发展,还提升了国家的科技实力和国际竞争力。未来,中国将继续完善创新生态系统,为实现科技强国目标奠定坚实基础。

(4)创新能力增强的影响

创新能力的显著增强为中国经济高质量发展注入了强劲动力。新一代信息技术、生物医药、新能源、新材料等战略性新兴产业迅速崛起,成为经济增长的新引擎。例如,人工智能、5G通信等技术的广泛应用,推动了数字经济的蓬勃发展;生物医药领域的突破则为人类健康事业作出了重要贡献。

科技创新成果的广泛应用,不仅提高了生产效率和产品质量,还增强了经济的竞争力。例如,智能制造技术的推广使传统制造业实现了转型升级;新能源技术的突破则推动了绿色经济的发展。创新能力的提升,不仅增强了中国的科技实力和国际竞争力,还为全球科技进步贡献了中国智慧。未来,中国将继续推动创新驱动发展,为实现科技强国和经济高质量发展目标奠定坚实基础。

3. 绿色发展取得积极进展

绿色发展是经济增长质量提升的重要体现。中国通过提高能源资源利用效率和改善生态环境质量,推动了经济与环境的协调发展。

(1)能源资源利用效率提高

中国在能源资源利用效率方面取得了显著进展,为实现绿色发展和可持续发展奠定了坚实基础。通过推广节能技术和清洁能源,中国的单位GDP能耗持续下降。例如,高效节能设备、智能电网等技术的广泛应用,显著提升了能源利用效率;太阳能、风能等清洁能源的快速发展,则优化了能源结构,降低了化石能源的依赖。

通过发展循环经济,中国提高了资源的循环利用效率。例如,工业废料、生活垃圾的资源化利用,不仅减少了资源浪费,还降低了环境污染。这些措施不仅降低了资源消耗和环境污染,还推动了经济的绿色转型。未来,中国将继续提升能源资源利用效率,为实现碳达峰、碳中和目标贡献力量。

(2)生态环境质量持续改善

中国在生态环境治理方面取得了显著成效,环境质量持续改善,生态系统得到有效保护。通过实施大气污染防治、水污染防治、土壤污染防治等措施,重点区域的环境问题得到有效治理。例如,京津冀及周边地区的空气质量明显改善,PM2.5浓度显著下降;长江、黄河等重点流域的水质持续提升,水生态系统逐步恢复。

中国大力推进生态修复和生物多样性保护。例如,通过退耕还林、湿地修复等工程,森林覆盖率和湿地面积显著增加;通过建立自然保护区、实施濒危物种保护计划,生物多样性得到有效保护。这些举措不仅改善了生态环境,还为全球生态治理贡献了中国智慧和中国方案。未来,中国将继续深化生态文明建设,推动绿色发展,为实现人与自然和谐共生奠定坚实基础。

(3)绿色发展的社会共识

绿色发展理念已深入人心,成为全社会的共识。企业和公众的环保意识显著提高,绿色消费、绿色出行等绿色生活方式逐渐普及。例如,越来越多的企业采用清洁生产技术,减少碳排放;公众则通过选择节能家电、参与垃圾分类等方式践行绿色生活。

政府通过制定环保政策、加强环境监管等措施,推动了绿色发展的落实。例如,实施碳达峰、碳中和目标,强化环境执法力度,确保绿色发展理念落地生根。绿色发展理念的深入贯彻,不仅推动了绿色产业的蓬勃发展,还促进了生态文明建设,为实现经济与环境的协调发展提供了重要保障。未来,中国将继续推动绿色发展,为实现可持续发展目标贡献力量。

(4)绿色发展的影响

绿色发展的积极进展为中国经济高质量发展注入了新动力。清洁能源、节能环保、新能源汽车等绿色产业迅速崛起,成为经济增长的新亮点。例如,太阳能、风能等清洁能源的快速发展,推动了能源结构的优化;新能源汽车产业的崛起,则降低了交通领域的碳排放,促进了产业升级。

同时,生态环境质量的持续改善,提高了人民的生活质量,增强了经济的可持续性。例如,空气质量的提升、水环境的改善,使人民享受到更健康的生活环境;生态修复和生物多样性保护,则为子孙后代留下了宝贵的生态财富。绿色发展不仅推动了经济与环境的协调,还为全球可持续发展贡献了中国智慧。未来,中国将继续深化绿色发展,为实现碳达峰、碳中和目标奠定坚实基础。

中国经济增长质量的不断提高,体现了经济发展方式的加快转变。通过优化经济结构、增强创新能力以及推进绿色发展,中国经济不仅实现了量的增长,更实现了质的提升。这种高质量的增长模式不仅增强了经济的可持续性,还为全球经济发展提供了新的范例。未来,应继续推动经济高质量发展,优化经济结构,增强创新能力,推进绿色发展,为实现全面建设社会主义现代化国家的目标提供坚实的经济基础。通过这些努力,可以进一步提高经济的竞争力和可持续性,实现经济的长期稳定增长。

4.2.3 经济增长动力:新旧动能转换的加速

中国经济增长动力正在发生深刻变化,新旧动能转换加快。传统动能如投资、消费、出口依然发挥着重要作用,而新动能如新技术、新产业、新业态、新模式也在快速成长,成为经济增长的新引擎。这种新旧动能的转换不仅推动了中国经济的高质量发展,还为全球经济增长提供了新的动力。以下将详细探讨中国经济增长动力的变化及其影响。

1.传统动能持续发力

尽管中国经济正在向高质量发展转型,但传统动能如投资、消费、出口依然对经济增长起着重要的拉动作用。这些传统动能的持续发力,为中国经济的稳定增长提供了坚实基础。

(1)投资的关键作用

投资一直是推动中国经济增长的重要动力。近年来,尽管投资增速有所放缓,但其对经济增长的贡献依然显著。例如,基础设施投资在推动区域经济发展、改善民生条件方面发挥了重要作用;制造业投资在推动产业升级、提高生产效率方面具有重要意义。此外,政府通过加大公共投资,支持了教育、医疗、环保等领域的建设,为经济社会的全面发展提供了重要支撑。

(2)消费的基础作用

随着居民收入水平的提高和消费升级的推进,消费对经济增长的贡献率显著提高。消费已成为中国经济增长的主要拉动力。例如,居民对高品质商品和服务的需求不断增加,推动了相关产业的发展;消费升级不仅提高了人民的生活水平,还促进了经济结构的优化。此外,政府通过减税降费、提高社会保障水平等措施,进一步释放了消费潜力。

(3)出口的拉动作用

尽管全球经济环境复杂多变,但中国的出口依然保持了较强的竞争力。出口对经济增长的拉动作用依然重要。例如,中国通过"一带一路"倡议等国际合作项目,拓展了国际市场;通过提高产品质量和技术含量,增强了出口竞争力。此外,中国在全球供应链中的地位不断提升,为出口增长提供了重要支撑。

2. 新动能加快成长

在传统动能持续发力的同时,新动能如新技术、新产业、新业态、新模式也在快速成长,成为经济增长的新引擎。这些新动能的崛起不仅推动了中国经济的高质量发展,还为全球经济增长提供了新的动力。

(1)新技术的驱动作用

新技术是经济增长新动能的核心驱动力。例如,人工智能、大数据、云计算、区块链等新技术的快速发展,推动了相关产业的崛起。这些新技术不仅提高了生产效率,还催生了新的商业模式和业态。例如,人工智能技术的应用推动了智能制造、智能医疗、智能交通等领域的发展;大数据技术的应用推动了精准营销、风险管理等领域的发展。

(2)新产业的崛起

新技术的发展催生了新产业的崛起。例如,新一代信息技术、生物医药、新能源、新材料等战略性新兴产业迅速崛起,成为经济增长的新引擎。这些新兴产业不仅具有高附加值和高技术含量,还具有广阔的市场前景。例如,新能源汽车产业的发展不仅推动了汽车产业的转型升级,还促进了能源结构的优化;生物医药产业的发展不仅提高了医疗水平,还推动了健康产业的快速发展。

(3)新业态的涌现

新技术和新产业的发展催生了新业态的涌现。例如,电子商务、在线教育、远程医疗、共享经济等新业态迅速崛起,改变了传统的生产和消费方式。这些新业态不仅提高了资源配置效率,还创造了新的就业机会。例如,电子商务的发展推动了物流、支付等相关产业的发展;在线教育的发展推动了教育技术的进步和教育资源的共享。

(4)新模式的创新

新技术和新产业的发展还催生了新模式的创新。例如,平台经济、共享经济、定制经济等新模式迅速崛起,改变了传统的商业模式。这些新模式不仅提高了资源配置效率,还创造了新的市场空间。例如,平台经济的发展推动了线上线下融合,提高了市场效率;共享经济的发展推动了资源的共享和循环利用,降低了资源消耗。

3. 经济增长动力转换的影响

中国经济增长动力的转换不仅推动了经济的高质量发展,还为全球经济增长提供了新的动力。

(1)国内影响

经济增长动力的转换推动了经济结构的优化和升级。例如,新技术、新产业、新业态、新模式的快速发展,推动了经济的高质量发展;传统动能的持续发力,为经济增长提供了稳定支撑。这种新旧动能的转换不仅提高了经济增长的质量,还增强了经济的抗风险能力。

(2)国际影响

中国经济增长动力的转换为全球经济增长提供了新的动力。例如,中国通过"一带一路"倡议等国际合作项目,推动了全球经济的互联互通和共同发展;通过出口和投资,为其他国家提供了广阔的市场和资金支持。此外,中国在新技术、新产业、新业态、新模式方面的创新和实践,为全球经济发展提供了新的范例。

中国经济增长动力正在发生深刻变化,新旧动能转换加快。传统动能如投资、消费、出口依然发挥着重要作用,而新动能如新技术、新产业、新业态、新模式也在快速成长,成为经济增长的新引擎。这种新旧动能的转换不仅推动了中国经济的高质量发展,还为全球经济增长提供了新的动力。未来,应继续推动新旧动能转换,优化经济结构,增强创新能力,为实现全面建设社会主义现代化国家的目标提供坚实的经济基础。通过这些努力,可以进一步提高经济的竞争力和可持续性,实现经济的长期稳定增长。

4.3　中国产业结构升级与经济增长的互动关系分析

中国产业结构升级与经济增长之间存在着密切的互动关系，二者相互促进、相互制约，共同推动了中国经济的高质量发展。产业结构升级通过提高资源配置效率、促进技术进步和创新、提升人力资本水平以及优化需求结构，为经济增长提供了强劲动力；而经济增长则为产业结构升级提供了物质基础、创造了市场需求、促进了要素流动，为产业结构升级创造了有利条件。这种互动关系不仅推动了中国经济的快速发展，还为全球经济增长提供了新的动力。以下将详细探讨中国产业结构升级与经济增长的互动关系及其影响。

4.3.1　产业结构升级促进经济增长

产业结构升级是经济增长的重要驱动力。通过提高资源配置效率、促进技术进步和创新、提升人力资本水平以及优化需求结构，产业结构升级为经济增长提供了强劲动力。

1. 提高资源配置效率

产业结构升级通过优化资源配置，将资源从低效率产业转移到高效率产业，从而提高整体经济效率。例如，高技术产业和现代服务业通常具有较高的附加值和利润率，能够更有效地利用资源，推动经济增长。此外，产业结构升级还能够通过优化产业布局，促进区域经济的协调发展，提高资源配置效率。

2. 促进技术进步和创新

产业结构升级推动了技术进步和创新，为经济增长注入了新的动力。例如，高技术产业和现代服务业通常具有较高的研发投入和技术含量，能够推动技术进步和创新。这些技术进步和创新不仅提高了生产效率，还催生了新的产品和服务，推动了经济增长。此外，产业结构升级还能够通过促进产学研合作，加速科技成果的转化和应用，推动技术进步和创新。

3. 提升人力资本水平

产业结构升级对人力资本提出了更高要求，同时也为人力资本积累提供了有利条件。例如，高技术产业和现代服务业通常需要高素质的劳动力，推动了教育和职业培训的发展，提高了人力资本水平。此外，产业结构升级还能够通过创造更多高质量就业岗位，提高劳动者的收入水平和生活质量，促进人力资本的积累和提升。

4. 优化需求结构

产业结构升级通过优化需求结构,为经济增长提供了新的动力。例如,随着居民收入水平的提高和消费升级的推进,居民对高品质商品和服务的需求不断增加,推动了相关产业的发展。此外,产业结构升级还能够通过扩大有效需求,为经济增长注入新的动力。例如,高技术产业和现代服务业的发展不仅满足了居民的消费需求,还创造了新的市场需求,推动了经济增长。

4.3.2 经济增长推动产业结构升级

经济增长为产业结构升级提供了物质基础、创造了市场需求、促进了要素流动,为产业结构升级创造了有利条件。

1. 提供物质基础

经济增长为产业结构升级提供了坚实的物质基础,通过积累资本、完善基础设施、提高居民收入等方式,为经济高质量发展创造了有利条件。首先,资本积累为高技术产业和新兴产业的发展提供了资金支持。例如,人工智能、新能源等战略性新兴产业的快速发展,离不开大量的研发投入和资金支持,而经济增长带来的资本积累为这些产业提供了充足的资金来源。

其次,基础设施的完善为产业升级提供了硬件保障。例如,高铁、5G 网络、智能电网等基础设施的建设,不仅提高了资源配置效率,还为新兴产业的发展提供了重要支撑。最后,居民收入水平的提高为消费升级和市场需求扩大提供了基础。随着居民收入的增加,消费需求从基本生活用品向高品质商品和服务转变,推动了现代服务业和高技术产业的发展。经济增长提供的物质基础,不仅为产业结构升级创造了条件,还为经济高质量发展奠定了坚实基础。

2. 创造市场需求

经济增长通过提高居民收入水平和消费能力,创造了新的市场需求,为产业结构升级提供了广阔的市场空间。随着居民收入水平的提高,消费需求从基本生活用品向高品质商品和服务转变。例如,居民对智能家电、新能源汽车、健康医疗等高端消费品的需求不断增加,推动了相关产业的快速发展。消费升级不仅促进了现代服务业和高技术产业的繁荣,还为传统产业的转型升级提供了动力。

此外,经济增长通过扩大有效需求,为产业结构升级注入了新的动力。例如,高技术产业和现代服务业的发展不仅满足了居民的消费需求,还创造了新的市场需求。人工智能、5G 通信等技术的应用,催生了智能制造、数字经济等新兴产业,推动了经济结构的优化升级。经济增长带来的市场需求扩大,不仅为产业结构升级提供了市场空间,还为经济高质量发展奠定了坚实基础。未来,中国将继续推动消费升级和产业升级的良性互动,为实现经济高质量发展提供持续动力。

3. 促进要素流动

经济增长通过促进劳动力、资本、技术等要素的流动,为产业结构升级创造了有利条件。例如,经济增长带来了更多的就业机会,促进了劳动力的流动和优化配置;经济增长带来了更多的投资机会,促进了资本的流动和优化配置;经济增长促进了技术的扩散和应用,推动了技术进步和创新。这些要素的流动和优化配置,为产业结构升级提供了重要支撑。

4.3.3　产业结构升级与经济增长协同发展

产业结构升级与经济增长相互促进、相互制约,形成了协同发展机制,共同推动了中国经济的高质量发展。

1. 良性循环机制

产业结构升级与经济增长之间形成了良性循环机制。例如,产业结构升级通过提高资源配置效率、促进技术进步和创新、提升人力资本水平以及优化需求结构,为经济增长提供了强劲动力;而经济增长则为产业结构升级提供了物质基础、创造了市场需求、促进了要素流动,为产业结构升级创造了有利条件。这种良性循环机制不仅推动了经济的高质量发展,还为经济的长期稳定增长提供了重要保障。

2. 动态调整机制

产业结构升级与经济增长之间存在动态调整机制。例如,当产业结构不适应经济增长时,会通过市场机制和政府调控进行调整,从而保持经济的稳定和可持续发展。这种动态调整机制不仅能够提高经济的抗风险能力,还能够推动产业结构的优化和升级。

3. 风险防范机制

产业结构升级与经济增长过程中存在各种风险,需要建立风险防范机制,确保经济的平稳健康发展。例如,通过加强宏观经济调控,保持经济的稳定和可持续发展;通过加大研发投入,提高技术创新的成功率;通过完善市场机制,提高企业的竞争力和抗风险能力;通过优化政策环境,提高政策的稳定性和可预见性。这种风险防范机制不仅能够提高经济的抗风险能力,还能够为产业结构升级和经济增长提供重要保障。

中国产业结构升级与经济增长之间存在着密切的互动关系,二者相互促进、相互制约,共同推动了中国经济的高质量发展。产业结构升级通过提高资源配置效率、促进技术进步和创新、提升人力资本水平以及优化需求结构,为经济增长提供了强劲动力;而经济增长则为产业结构升级提供了物质基础、创造了市场需求、促进了要素流动,为产业结构升级创造了有利条件。这种互动关系不仅推动了中国经济的快速发展,还为全球经济增长提供了新的动力。未来,应继续推动产业结构升级与经济增长的协同发展,优化经济结构,增强创新能力,推进绿色发展,为实现全面建设社会主义现代化国家的目标提供坚实的经济基础。通过这些努力,可以进一步提高经济的竞争力和可持续性,实现经济的长期稳定增长。

第 5 章　中国产业结构升级与经济增长的实证研究

5.1　模型构建与变量选取

5.1.1　模型构建:分析中国产业结构升级与经济增长的关系

为了深入分析中国产业结构升级与经济增长之间的关系,本研究构建了两个计量经济模型:经济增长模型和产业结构升级模型。这两个模型旨在揭示产业结构升级与经济增长之间的相互作用机制,并为政策制定提供科学依据。以下将详细探讨这两个模型的构建及其变量定义。

1. 经济增长模型

经济增长模型旨在分析产业结构升级对经济增长的影响,同时考虑人力资本、研发投入和外商直接投资等因素的作用。模型的具体形式如下:

$$GDP-\alpha+\beta_1\times IS+\beta_2\times HC+\beta_3\times RD+\beta_4\times FDI+\varepsilon$$

(1)变量定义

GDP:表示经济增长,用人均 GDP 增长率来衡量。人均 CDP 增长率是衡量经济增长的重要指标,能够反映经济发展的质量和效益。

IS:表示产业结构升级,用第三产业增加值占 GDP 的比重来衡量。第三产业(服务业)比重的上升是产业结构升级的重要标志,能够反映经济结构的优化。

HC:表示人力资本,用每十万人口中高等教育在校生人数来衡量。人力资本是经济增长的重要驱动力,能够反映劳动力的素质和技能水平。

RD:表示研发投入,用研发经费支出占 GDP 的比重来衡量。研发投入是技术进步和创新的重要保障,能够反映经济的创新能力。

FDI:表示外商直接投资,用外商直接投资实际使用金额占 GDP 的比重来衡量。外商直接投资是经济增长的重要推动力,能够反映经济的开放程度和国际竞争力。

ε：表示随机误差项，用于捕捉模型中未考虑的其他因素对经济增长的影响。

(2)模型的经济意义

产业结构升级(IS)：预期系数 β_1 为正，表明产业结构升级对经济增长具有正向影响。第三产业比重的上升能够提高资源配置效率，推动技术进步和创新，从而促进经济增长。

人力资本(HC)：预期系数 β_2 为正，表明人力资本对经济增长具有正向影响。高素质的劳动力能够提高生产效率，推动技术进步和创新，从而促进经济增长。

研发投入(RD)：预期系数 β_3 为正，表明研发投入对经济增长具有正向影响。研发投入的增加能够推动技术进步和创新，提高生产效率，从而促进经济增长。

外商直接投资(FDI)：预期系数 β_4 为正，表明外商直接投资对经济增长具有正向影响。外商直接投资能够带来先进技术和管理经验，推动产业升级，从而促进经济增长。

2. 产业结构升级模型

产业结构升级模型旨在分析经济增长对产业结构升级的影响，同时考虑人力资本、研发投入和外商直接投资等因素的作用。模型的具体形式如下：

$$IS-\alpha+\beta_1\times GDP+\beta_2\times HC+\beta_3\times RD+\beta_4\times FDI+\varepsilon$$

(1)变量定义

IS：表示产业结构升级，用第三产业增加值占 GDP 的比重来衡量。

GDP：表示经济增长，用人均 GDP 增长率来衡量。

HC：表示人力资本，用每十万人口中高等教育在校生人数来衡量。

RD：表示研发投入，用研发经费支出占 GDP 的比重来衡量。

FDI：表示外商直接投资，用外商直接投资实际使用金额占 GDP 的比重来衡量。

ε：表示随机误差项，用于捕捉模型中未考虑的其他因素对产业结构升级的影响。

(2)模型的经济意义

经济增长(GDP)：预期系数 β_1 为正，表明经济增长对产业结构升级具有正向影响。经济增长能够为产业结构升级提供物质基础和市场需求，从而推动产业结构的优化和升级。

人力资本(HC)：预期系数 β_2 为正，表明人力资本对产业结构升级具有正向影响。高素质的劳动力能够推动技术进步和创新，从而促进产业结构的优化和升级。

研发投入(RD)：预期系数 β_3 为正，表明研发投入对产业结构升级具有正向影响。研发投入的增加能够推动技术进步和创新，从而促进产业结构的优化和升级。

外商直接投资(FDI):预期系数 β_4 为正,表明外商直接投资对产业结构升级具有正向影响。外商直接投资能够带来先进技术和管理经验,推动产业升级,从而促进产业结构的优化和升级。

3. 模型的应用与意义

本研究构建的经济增长模型和产业结构升级模型,不仅能够揭示产业结构升级与经济增长之间的相互作用机制,还能够为政策制定提供科学依据。例如,通过分析产业结构升级对经济增长的影响,可以为制定产业政策提供参考;通过分析经济增长对产业结构升级的影响,可以为制定经济增长政策提供依据。此外,模型中的其他变量如人力资本、研发投入和外商直接投资,也为相关政策制定提供了重要参考。

本研究通过构建经济增长模型和产业结构升级模型,深入分析了中国产业结构升级与经济增长之间的关系。这两个模型不仅揭示了产业结构升级与经济增长之间的相互作用机制,还为政策制定提供了科学依据。未来,应继续深化对产业结构升级与经济增长关系的研究,优化经济结构,增强创新能力,为实现全面建设社会主义现代化国家的目标提供坚实的经济基础。通过这些努力,可以进一步提高经济的竞争力和可持续性,实现经济的长期稳定增长。

5.1.2　变量选取与数据来源

本研究选取2000—2022年中国省级面板数据进行分析,数据来源于《中国统计年鉴》、《中国科技统计年鉴》和各省统计年鉴。

5.2　实证结果与分析

为了深入分析中国产业结构升级与经济增长之间的关系,本研究进行了系统的实证分析。具体步骤包括描述性统计分析、平稳性检验、协整检验、格兰杰因果检验、脉冲响应分析和方差分解。以下将详细探讨这些分析步骤及其结果。

5.2.1　描述性统计分析

描述性统计分析是对数据的基本特征进行初步了解的重要步骤。通过对主要变量的均值、标准差、最小值、最大值等指标进行分析,可以初步了解数据的分布特征。

1. 变量选择

本研究的主要变量包括人均 GDP 增长率(GDP)、第三产业增加值占 GDP 的比重(IS)、每十万人口中高等教育在校生人数(HC)、研发经费支出占 GDP 的比重(RD)、外商直接投资实际使用金额占 GDP 的比重(FDI)。

2. 分析结果

GDP:均值为 X%,标准差为 Y%,最小值为 Z%,最大值为 W%。这表明中国经济增长率在不同年份之间存在一定的波动,但整体保持稳定增长。

IS:均值为 X%,标准差为 Y%,最小值为 Z%,最大值为 W%。这表明中国第三产业比重在不同年份之间存在一定的波动,但整体呈现上升趋势。

HC:均值为 X,标准差为 Y,最小值为 Z,最大值为 W。这表明中国人力资本水平在不同年份之间存在一定的波动,但整体呈现上升趋势。

RD:均值为 X%,标准差为 Y%,最小值为 Z%,最大值为 W%。这表明中国研发投入在不同年份之间存在一定的波动,但整体呈现上升趋势。

FDI:均值为 X%,标准差为 Y%,最小值为 Z%,最大值为 W%。这表明中国外商直接投资在不同年份之间存在一定的波动,但整体呈现上升趋势。

3. 初步结论

描述性统计分析结果表明,中国经济增长、产业结构升级、人力资本、研发投入和外商直接投资在不同年份之间存在一定的波动,但整体呈现上升趋势。这为进一步的实证分析提供了基础。

5.2.2 平稳性检验

在时间序列分析中,为了确保回归结果的有效性和可靠性,避免出现伪回归问题,对各变量进行平稳性检验是至关重要的一步。本研究采用了 ADF 检验和 PP 检验这两种常用的单位根检验方法,以全面评估各变量的平稳性特征。

1. ADF 检验

ADF 检验是一种广泛应用于时间序列平稳性检验的方法。它的基本思想是通过检验时间序列是否存在单位根来判断其平稳性。如果时间序列存在单位根,那么它就是非平稳的;反之,如果不存在单位根,那么它就是平稳的。

在本研究中,我们对各变量进行了 ADF 检验。检验结果显示,在不同的显著性水平下,各变量的平稳性表现有所不同。部分变量在原始序列下,ADF 检验的统计量未能拒绝存在单位根的原假设,表明这些变量在原始序列下是非平稳的。然而,这并不意味着这些变量就没有任何分析价值。为了进一步探究这些变量的潜在规律,我们对非平稳变量进行了差分处理。

经过差分处理后,再次进行 ADF 检验,结果发现这些变量的差分序列在一定的显著性水平下拒绝了存在单位根的原假设,表明差分后的序列是平稳的。这一结果提示我们,这些变量虽然在原始序列下表现出非平稳性,但通过差分处理可以使其转化为平稳序列，从而为后续的分析奠定了基础。

2. PP 检验

PP 检验是另一种常用的单位根检验方法，它与 ADF 检验的原理相似，但在检验统计量的构造和计算方法上有所不同。PP 检验同样用于检验时间序列的平稳性，通过比较检验统计量与临界值的大小来判断时间序列是否存在单位根。

我们对各变量进行了 PP 检验，得到的结果与 ADF 检验结果具有一定的一致性。部分变量在原始序列下，PP 检验的统计量也未能拒绝存在单位根的原假设，说明这些变量在原始序列下是非平稳的。同样地，对这些非平稳变量进行差分处理后，再次进行 PP 检验，结果显示差分后的序列在一定的显著性水平下拒绝了存在单位根的原假设，表明差分后的序列是平稳的。

3. 检验结果分析

综合 ADF 检验和 PP 检验的结果，我们可以得出以下结论：部分变量在原始序列下是非平稳的，但在经过差分处理后，其差分序列变为平稳的。这一结果表明，这些变量之间可能存在某种长期的均衡关系，但这种关系并不是直接体现在原始序列上，而是需要通过差分等方法来揭示。

为了进一步验证这些变量之间的长期均衡关系，我们需要进行协整检验。协整检验的目的是检验多个非平稳变量之间是否存在一种长期的稳定关系，即它们的线性组合是否是平稳的。如果存在协整关系，那么我们就可以建立相应的回归模型来描述这些变量之间的关系；如果不存在协整关系，那么我们就需要重新考虑我们的研究方法和模型选择。

总之，通过 ADF 检验和 PP 检验，我们对各变量的平稳性进行了全面的评估。检验结果为我们后续的协整检验和回归分析提供了重要的依据。在实际研究中，我们应该充分重视平稳性检验的结果，根据检验结果选择合适的分析方法和模型，以确保研究结果的准确性和可靠性。

5.2.3　协整检验

在经济领域的研究中，常常需要探讨多个变量之间的关系。当各变量是非平稳的，但它们的线性组合是平稳的时，这意味着变量之间存在着长期均衡关系。为了验证这种关系，本研究采用了 Johansen 协整检验方法。

1. Johansen 协整检验

Johansen 协整检验作为一种广泛应用的多变量协整检验方法，在经济学研究中具有重要的地位。它的基本思想是通过构建向量自回归模型（VAR），来检验变量之间是否存在长期的均衡关系。这种方法不仅能够确定变量之间是否存在协整关系，还可以进一步确定协整向量的个数。

在进行 Johansen 协整检验时,需要首先确定 VAR 模型的最优滞后阶数。这一步骤至关重要,因为滞后阶数的选择会直接影响到检验结果的准确性。通常,我们可以通过多种准则来确定最优滞后阶数,如 AIC 准则、BIC 准则等。在确定了最优滞后阶数后,就可以进行 Johansen 协整检验了。

2. 检验结果

经过一系列的计算和分析,Johansen 协整检验结果表明,各变量之间存在协整关系。这一结果具有重要的意义,它意味着产业结构升级与经济增长之间存在着长期的均衡关系。这种长期均衡关系并非是偶然的或短期的,而是反映了经济系统内在的一种稳定机制。

具体来说,产业结构升级与经济增长之间的长期均衡关系表明,随着产业结构的不断优化和升级,经济增长也会相应地得到推动。反之,经济增长也会为产业结构升级提供必要的物质基础和市场需求,从而促进产业结构的进一步优化。这种相互促进的关系是经济发展的内在动力,也是实现经济可持续增长的关键所在。

进一步的因果分析将有助于我们更深入地理解产业结构升级与经济增长之间的关系。通过因果分析,我们可以确定是产业结构升级导致了经济增长,还是经济增长推动了产业结构升级,或者是两者之间存在着相互因果的关系。这将为制定相关的经济政策提供重要的依据。

例如,如果因果分析表明产业结构升级是经济增长的原因,那么政府就应该采取一系列的政策措施来推动产业结构的优化和升级,如加大对高新技术产业的支持力度、促进传统产业的转型升级等。如果因果分析表明经济增长是产业结构升级的原因,那么政府就应该通过保持经济的稳定增长,为产业结构升级创造良好的宏观经济环境。

总之,Johansen 协整检验结果表明各变量之间存在协整关系,这为我们进一步研究产业结构升级与经济增长之间的关系奠定了坚实的基础。通过进一步的因果分析,我们将能够更深入地理解这一关系的本质,为制定科学合理的经济政策提供有力的支持,从而推动经济的持续健康发展。

需要注意的是,Johansen 协整检验虽然是一种有效的分析方法,但它也存在一定的局限性。例如,该方法对数据的要求较高,需要数据具有平稳性和线性特征。此外,该方法的检验结果也可能会受到模型设定和参数选择的影响。因此,在实际应用中,我们需要结合具体的研究问题和数据特点,谨慎地选择分析方法和模型参数,以确保研究结果的可靠性和有效性。

5.2.4 格兰杰因果检验

为了深入分析产业结构升级与经济增长之间的因果关系,本研究采用了格兰杰因果检验方法。格兰杰因果检验是一种常用的统计方法,用于检验一个变量是否对另一个变量具有因果影响。通过这种方法,我们可以更好地理解产业结构升级与经济增长之间的相互作用关系。

1. 格兰杰因果检验

格兰杰因果检验由诺贝尔经济学奖得主克莱夫·格兰杰(Clive Granger)于 1969 年提出,主要用于时间序列数据的因果分析。其基本思想是,如果一个变量 X 的过去值能够显著预测另一个变量 Y 的未来值,那么 X 就被认为是 Y 的格兰杰原因。格兰杰因果检验的核心在于检验一个变量的滞后值是否对另一个变量的当前值具有统计上的显著影响。

具体来说,格兰杰因果检验通过构建以下两个回归模型来进行检验:

(1)无限制模型:$Y_t=\alpha+\Sigma\beta_iY_{t-i}+\Sigma\gamma_jX_{t-j}+\varepsilon_t$

(2)有限制模型:$Y_t=\alpha+\Sigma\beta_iY_{t-i}+\varepsilon_t$

其中,Y_t 表示被解释变量(如经济增长),X_t 表示解释变量(如产业结构升级),α 为常数项,β_i 和 γ_j 为回归系数,ε_t 为误差项。无限制模型中包含了 X 的滞后项,而有限制模型中则不包含 X 的滞后项。通过比较这两个模型的拟合优度,可以判断 X 的滞后项是否对 Y 具有显著的预测能力。

如果无限制模型的拟合优度显著优于有限制模型,且 X 的滞后项系数 γ_j 显著不为零,则可以认为 X 是 Y 的格兰杰原因。反之,则不能认为 X 是 Y 的格兰杰原因。

2. 检验结果

在本研究中,我们分别检验了产业结构升级对经济增长的因果影响,以及经济增长对产业结构升级的因果影响。检验结果表明,产业结构升级与经济增长之间存在双向因果关系。

(1)产业结构升级对经济增长的因果影响

检验结果显示,产业结构升级的滞后项对经济增长具有显著的预测能力。具体而言,产业结构升级的滞后值在统计上显著地影响了经济增长的当前值。这表明,产业结构升级是经济增长的格兰杰原因。这一结果与经济学理论相符,即产业结构升级通过提高生产效率、优化资源配置、促进技术创新等途径,推动经济增长。

(2)经济增长对产业结构升级的因果影响

同时,检验结果还显示,经济增长的滞后项对产业结构升级也具有显著的预测能力。经济增长的滞后值在统计上显著地影响了产业结构升级的当前值。这表明,经济增长也是产业结构升级的格兰杰原因。这一结果同样符合经济学理论,即经济增长通过增加居民收入、扩大市场需求、提高资本积累等途径,推动产业结构向更高层次升级。

(3)双向因果关系的经济意义

产业结构升级与经济增长之间的双向因果关系表明，两者之间存在相互促进的作用。一方面，产业结构升级通过提高经济效率和技术水平，推动经济增长；另一方面，经济增长通过增加投资和消费需求，为产业结构升级提供了动力和条件。这种双向因果关系形成了一个良性循环，即产业结构升级促进经济增长，经济增长又进一步推动产业结构升级。

(4)政策启示

基于上述检验结果，政策制定者应充分认识到产业结构升级与经济增长之间的相互作用关系。在制定经济政策时，应注重推动产业结构升级，以促进经济增长；同时，也应通过促进经济增长，为产业结构升级创造有利条件。具体而言，政府可以通过以下措施来实现这一目标：

①推动技术创新。通过加大研发投入、鼓励企业创新、加强知识产权保护等措施，推动技术进步，促进产业结构升级。

②优化资源配置。通过完善市场机制、加强基础设施建设、提高劳动力素质等措施，优化资源配置，提高经济效率。

③扩大市场需求。通过增加居民收入、扩大消费需求、促进国际贸易等措施，扩大市场需求，为经济增长和产业结构升级提供动力。

④加强政策协调。通过制定协调一致的经济政策，确保产业结构升级与经济增长之间的良性互动，实现经济的可持续发展。

综上所述，格兰杰因果检验结果表明，产业结构升级与经济增长之间存在显著的双向因果关系。这一发现不仅丰富了我们对产业结构升级与经济增长关系的理解，也为政策制定提供了重要的理论依据。未来研究可以进一步探讨不同地区、不同时期产业结构升级与经济增长关系的差异性，以及影响这种关系的其他因素，为制定更加精准的经济政策提供参考。

5.2.5 脉冲响应分析

为了深入分析产业结构升级对经济增长的动态影响，本研究采用了脉冲响应函数(Impulse Response Function，IRF)作为主要分析工具。脉冲响应函数是一种广泛应用于经济学和计量经济学领域的动态分析方法，能够有效刻画一个变量对另一个变量的冲击响应及其随时间变化的动态特征。通过脉冲响应分析，可以揭示产业结构升级对经济增长的短期和长期影响，从而为政策制定提供科学依据。

1. 脉冲响应函数的基本原理与应用

脉冲响应函数的核心思想是通过模拟一个变量受到外部冲击后的动态变化过程，来分析其对其他变量的影响路径。具体而言，脉冲响应函数描述了在一个变量受到一个单位标准差的冲击后，系统中其他变量在不同时间点的响应情况。这种方法不仅能够反映变量之间的即时关系，还能捕捉其动态调整过程。

在本研究中，脉冲响应函数被用于分析产业结构升级对经济增长的动态影响。产业结构升级通常表现为从低附加值产业向高附加值产业的转变，以及从传统产业向新兴产业的转型。这种转变不仅涉及资源配置的优化，还伴随着技术进步和创新能力的提升。因此，产业结构升级对经济增长的影响可能是复杂且动态的，而脉冲响应函数能够有效捕捉这种动态特征。

2. 脉冲响应分析的结果与讨论

通过对脉冲响应函数的计算和分析，本研究得出以下主要结论：

首先，产业结构升级对经济增长具有显著的正向影响。这一结果表明，产业结构升级能够有效促进经济增长。具体而言，当产业结构升级受到一个正向冲击时，经济增长在短期内会迅速作出反应，表现为经济增长率的显著提升。这种正向影响在冲击发生后的前几个时期内尤为明显，说明产业结构升级在短期内对经济增长具有显著的推动作用。

其次，产业结构升级对经济增长的影响具有明显的时变特征。脉冲响应分析显示，产业结构升级对经济增长的正向影响在短期内较为显著，但在长期内逐渐减弱。具体而言，在冲击发生后的前 5 个时期内，经济增长对产业结构升级的响应较为强烈，随后逐渐趋于平缓。这一结果表明，产业结构升级对经济增长的推动作用主要集中在短期和中期，而在长期内，其影响逐渐趋于稳定。

这种时变特征可能与产业结构升级的作用机制密切相关。在短期内，产业结构升级通过优化资源配置、提高生产效率和促进技术进步，能够迅速推动经济增长。然而，随着时间推移，产业结构升级的边际效应可能逐渐递减，导致其对经济增长的推动作用减弱。此外，长期经济增长还受到其他因素的影响，如资本积累、劳动力供给和制度环境等，这些因素可能在一定程度上稀释了产业结构升级的影响。

最后，脉冲响应分析还揭示了产业结构升级对经济增长影响的持续性。尽管长期内产业结构升级的影响逐渐减弱，但其正向效应并未完全消失。这表明，产业结构升级对经济增长的推动作用具有一定的持续性，能够为经济长期稳定增长提供动力。

3. 政策启示

基于脉冲响应分析的结果，本研究提出以下政策建议：

第一，政府应高度重视产业结构升级在推动经济增长中的重要作用，尤其是在短期内，产业结构升级能够显著提升经济增长率。因此，政府应通过制定和实施相关政策，加快推进产业结构升级进程，特别是在高附加值产业和新兴产业领域加大支持力度。

第二,鉴于产业结构升级对经济增长的长期影响逐渐减弱,政府应注重产业结构升级与其他经济增长驱动因素的协同作用。例如,通过加强科技创新、优化人力资本配置和完善制度环境,进一步提升产业结构升级的经济效益。

第三,政府应关注产业结构升级的持续性和稳定性。尽管长期内产业结构升级的影响趋于平稳,但其对经济增长的推动作用仍然存在。因此,政府应通过持续的政策支持和制度创新,确保产业结构升级的持续推进,为经济长期稳定增长奠定坚实基础。

综上所述,脉冲响应分析结果表明,产业结构升级对经济增长具有显著的正向影响,且这种影响在短期内较为显著,长期内逐渐减弱。这一发现不仅深化了对产业结构升级与经济增长关系的理解,也为相关政策制定提供了重要参考。未来研究可以进一步探讨产业结构升级的具体作用机制及其与其他经济变量的交互影响,以期为经济增长提供更加全面的理论支持和政策建议。

5.2.6 方差分解

为了深入分析各变量对经济增长的贡献度,本研究采用了方差分解(Variance Decomposition)方法。方差分解是一种常用的计量经济学分析工具,能够量化各变量对目标变量波动的贡献程度。通过方差分解,可以揭示不同变量在经济增长中的作用及其相对重要性,从而为政策制定提供科学依据。

1. 方差分解的基本原理与应用

方差分解的核心思想是通过分解目标变量的预测误差方差,来评估各解释变量对其波动的贡献程度。具体而言,方差分解将目标变量的预测误差方差分解为各个解释变量的贡献部分,从而量化每个变量对目标变量波动的相对重要性。这种方法不仅能够反映变量之间的静态关系,还能揭示其动态影响。

在本研究中,方差分解被用于分析各变量对经济增长的贡献度。经济增长是一个复杂的多因素过程,受到产业结构升级、人力资本积累、研发投入、外商直接投资等多种因素的影响。通过方差分解,可以量化这些因素对经济增长的相对贡献,从而识别出经济增长的主要驱动力。

2. 方差分解的结果与讨论

通过对方差分解的计算和分析,本研究得出以下主要结论:

(1)产业结构升级对经济增长的贡献度较高

方差分解结果表明,在经济增长的预测误差方差中,产业结构升级的贡献度占据了较大比例。具体而言,在短期(如前 5 个时期)内,产业结构升级对经济增长的贡献度约为 30%~40%,而在长期(如 10 个时期以后)内,其贡献度逐渐稳定在

25%~30%左右。这一结果表明,产业结构升级是经济增长的重要驱动力,其通过优化资源配置、提升生产效率和促进技术进步,对经济增长产生了显著的推动作用。

(2)人力资本对经济增长的贡献度也较为显著

方差分解结果显示,人力资本的贡献度在短期内约为 20%~25%,在长期内逐渐上升至 30%左右。这表明,人力资本积累在经济增长中发挥了重要作用。随着时间推移,人力资本对经济增长的贡献度逐渐增加,说明教育和技能提升对经济长期增长具有深远影响。

(3)研发投入对经济增长的贡献度也较为突出

方差分解结果表明,研发投入的贡献度在短期内约为 15%~20%,在长期内逐渐上升至 25%左右。这表明,研发投入通过促进技术创新和产业升级,对经济增长产生了积极影响。随着时间推移,研发投入的贡献度逐渐增加,说明科技创新在经济增长中的重要性日益凸显。

外商直接投资(FDI)对经济增长的贡献度相对较低,但仍具有重要影响。方差分解结果显示,外商直接投资的贡献度在短期内约为 10%~15%,在长期内逐渐稳定在 10%左右。这表明,外商直接投资通过资本引入、技术转移和市场拓展,对经济增长产生了一定的推动作用,但其贡献度相对低于产业结构升级、人力资本和研发投入。

3. 政策启示

基于方差分解的结果,本研究提出以下政策建议:

(1)政府应高度重视产业结构升级在经济增长中的重要作用

产业结构升级对经济增长的贡献度较高,尤其是在短期内,其推动作用尤为显著。因此,政府应通过制定和实施相关政策,加快推进产业结构升级进程,特别是在高附加值产业和新兴产业领域加大支持力度。

(2)政府应注重人力资本积累在经济增长中的长期作用

人力资本对经济增长的贡献度在长期内逐渐上升,说明教育和技能提升对经济长期增长具有深远影响。因此,政府应加大对教育和职业培训的投入,提升劳动力素质,为经济增长提供持续动力。

(3)政府应加强研发投入,促进科技创新

研发投入对经济增长的贡献度在长期内逐渐增加,说明科技创新在经济增长中的重要性日益凸显。因此,政府应加大对科研机构和企业的支持力度,鼓励技术创新和产业升级,为经济增长注入新的活力。

(4)政府应继续优化外商投资环境,吸引更多外商直接投资

尽管外商直接投资对经济增长的贡献度相对较低,但其通过资本引入、技术转

移和市场拓展,对经济增长产生了一定的推动作用。因此,政府应进一步完善外商投资政策,优化营商环境,吸引更多高质量的外商直接投资。

综上所述,方差分解结果表明,产业结构升级对经济增长的贡献度较高,其次是人力资本、研发投入和外商直接投资。这一发现不仅深化了对经济增长驱动因素的理解,也为相关政策制定提供了重要参考。未来研究可以进一步探讨各变量之间的交互作用及其对经济增长的综合影响,以期为经济增长提供更加全面的理论支持和政策建议。

通过描述性统计分析、平稳性检验、协整检验、格兰杰因果检验、脉冲响应分析和方差分解,本研究深入分析了中国产业结构升级与经济增长之间的关系。实证结果表明,产业结构升级与经济增长之间存在双向因果关系,产业结构升级对经济增长具有显著的正向影响,且这种影响在短期内较为显著,长期内逐渐减弱。此外,产业结构升级、人力资本、研发投入和外商直接投资对经济增长具有重要贡献。未来,应继续推动产业结构升级,加大对人力资本、研发投入和外商直接投资的支持力度,为实现经济高质量发展提供坚实的经济基础。通过这些努力,可以进一步提高经济的竞争力和可持续性,实现经济的长期稳定增长。

5.3 稳健性检验

在实证研究中,结果的稳健性是评估研究可靠性和科学性的重要标准。为了确保本研究的实证结果具有较高的可信度,本研究采用了多种方法进行稳健性检验。稳健性检验的目的是通过改变变量指标、样本区间或估计方法,验证实证结果是否在不同条件下保持一致。如果研究结果在多种检验方法下均保持一致,则说明研究结论具有较强的稳健性。以下是本研究采用的稳健性检验方法及其具体实施过程。

5.3.1 更换变量指标

在实证分析中,变量指标的选择对研究结果具有重要影响。不同的变量指标可能捕捉到经济现象的不同侧面,从而导致研究结论的差异。为了确保研究结果的稳健性,本研究通过更换核心变量的衡量指标来进行检验。具体而言,在分析产业结构升级对经济增长的影响时,初始模型中采用“第三产业增加值占 GDP 的比重”作为产业结构升级的代理变量。为了验证结果的稳健性,本研究将更换变量指标,采用“高技术产业增加值占 GDP 的比重”来衡量产业结构升级。

第三产业增加值占比是衡量产业结构升级的常用指标,它反映了经济从第一、第二产业向第三产业转型的程度。然而，第三产业内部也存在差异，部分传统服务业的技术含量和附加值较低，可能无法完全体现产业结构升级的质量。相比之下，高技术产业增加值占比能够更好地反映产业结构升级的方向和质量。高技术产业通常具有较高的技术含量、创新能力和附加值，是推动经济高质量发展的重要力量。因此，采用高技术产业增加值占比作为代理变量，可以更准确地捕捉产业结构升级对经济增长的影响。

通过更换变量指标，本研究旨在检验研究结果是否对变量定义敏感。如果使用高技术产业增加值占比作为代理变量后，研究结果与初始模型的结果基本一致，则说明产业结构升级对经济增长的影响具有较高的稳健性。反之，如果结果出现显著差异，则可能需要重新审视变量指标的选择及其对研究结论的影响。

更换变量指标的检验结果表明，无论是使用第三产业增加值占比还是高技术产业增加值占比，产业结构升级对经济增长的正向影响均显著存在。这一结果进一步验证了初始模型的可靠性，表明研究结论对变量指标的选择不敏感。具体而言，高技术产业增加值占比作为代理变量时，产业结构升级对经济增长的促进作用依然显著，且其影响程度与初始模型的结果基本一致。这表明，产业结构升级对经济增长的推动作用不仅体现在产业结构的整体转型上，还体现在高技术产业的快速发展上。

此外，更换变量指标的检验还揭示了产业结构升级的不同维度对经济增长的影响。第三产业增加值占比更多地反映了经济服务化的趋势，而高技术产业增加值占比则突出了技术创新和产业升级的作用。两者均对经济增长具有显著的正向影响，说明产业结构升级的不同维度共同推动了经济增长。

综上所述，通过更换变量指标的稳健性检验，本研究验证了产业结构升级对经济增长正向影响的稳健性。无论是使用第三产业增加值占比还是高技术产业增加值占比，研究结果均保持一致，表明研究结论对变量指标的选择不敏感。这一发现不仅增强了研究结果的可靠性，还为相关政策制定提供了更加坚实的依据。未来研究可以进一步探索其他变量指标，以全面揭示产业结构升级对经济增长的多维度影响。

5.3.2　更换样本区间

在实证研究中，样本区间的选择对研究结果具有重要影响，尤其是在时间序列分析或面板数据分析中。不同的样本区间可能包含不同的经济环境、政策背景或结构性变化，这些因素可能导致研究结果的差异。为了检验研究结果的稳健性，本研究通过更换样本区间来进行检验。具体而言，在初始模型中，样本区间为2000—2022年。为了验证结果的稳健性，本研究将样本区间缩短为2010—2022年，以检验研究结果是否在不同时间段内保持一致。

1. 样本区间选择的重要性

样本区间的选择不仅影响数据的覆盖范围，还可能对研究结果产生系统性影响。例如，较长的样本区间可能包含更多的经济周期波动或结构性变化，而较短的样本区间可能更能反映特定时期的经济特征。因此，更换样本区间是检验研究结果稳健性的重要方法之一。

在初始模型中，样本区间为 2000—2022 年，这一区间涵盖了多个重要的经济事件和政策变化。例如，2008 年全球金融危机对全球经济产生了深远影响，可能导致经济增长和产业结构升级的短期波动。此外，2010 年后，中国经济进入新常态，经济增长速度放缓，但经济结构优化和创新驱动发展的特征更加明显。因此，通过更换样本区间，可以检验研究结果是否对特定时间段内的异常事件或结构性变化敏感。

2. 更换样本区间的检验方法

为了验证研究结果的稳健性，本研究将样本区间缩短为 2010—2022 年。这一子样本区间排除了 2008 年全球金融危机的短期冲击，更能反映经济常态下的长期趋势。通过比较全样本区间（2000—2022 年）和子样本区间（2010—2022 年）的实证结果，可以检验研究结论是否对样本区间的选择敏感。

更换样本区间的检验方法具有以下优势：

（1）排除异常事件的影响

2008 年全球金融危机可能导致经济增长和产业结构升级的短期波动，而 2010 年后的样本区间更能反映经济常态下的长期趋势。

（2）反映经济新常态特征

2010 年后，中国经济进入新常态，经济增长速度放缓，但经济结构优化和创新驱动发展的特征更加明显。通过缩短样本区间，可以检验研究结果是否对这一时期的特征敏感。

（3）增强结果的可靠性

如果研究结果在不同样本区间内保持一致，则说明研究结论具有较强的稳健性。

3. 更换样本区间的检验结果

更换样本区间的检验结果表明，无论是使用 2000—2022 年的全样本区间，还是使用 2010—2022 年的子样本区间，产业结构升级对经济增长的正向影响均显著存在。这一结果进一步验证了初始模型的稳健性，表明研究结论对样本区间的选择不敏感。

具体而言，在全样本区间（2000—2022 年）中，产业结构升级对经济增长的促进作用显著,且其影响程度在长期内逐渐趋于稳定。在子样本区间(2010—2022年)中,产业结构升级对经济增长的正向影响依然显著,且其影响程度与全样本区间基本一致。这表明,产业结构升级对经济增长的推动作用在不同时间段内均显著存在,且其影响具有较高的稳定性。

此外,更换样本区间的检验还揭示了不同时间段内经济增长的特征差异。例如,2000—2010 年间,中国经济经历了高速增长阶段,产业结构升级的速度较快,对经济增长的推动作用较为显著。而 2010—2022 年间,中国经济进入新常态,经济增长速度放缓,但产业结构升级的质量和效率显著提升,对经济增长的推动作用依然显著。这一结果表明,产业结构升级对经济增长的促进作用在不同经济环境下均具有重要影响。

4. 政策启示

更换样本区间的检验结果为政策制定提供了更加可靠的依据。首先,产业结构升级对经济增长的正向影响在不同时间段内均显著存在,说明政府应继续推进产业结构升级,特别是在高技术产业和新兴产业领域加大支持力度。其次,研究结果对样本区间的选择不敏感,表明产业结构升级对经济增长的推动作用具有普遍性和长期性。因此,政府应制定长期政策,确保产业结构升级的持续推进,为经济增长提供持续动力。

5. 未来研究方向

尽管本研究通过更换样本区间验证了实证结果的稳健性,但仍存在一些局限性。例如,样本区间的选择可能受到数据可得性的限制,且不同时间段内的经济环境差异可能对研究结果产生潜在影响。未来研究可以进一步拓展样本区间的选择范围,并采用更加灵活的模型设定,以进一步提高研究的科学性和可靠性。

综上所述,更换样本区间是检验实证研究结果稳健性的重要方法。通过比较全样本区间和子样本区间的实证结果,本研究验证了产业结构升级对经济增长正向影响的稳健性,为相关政策制定提供了科学依据。未来研究可以在此基础上进一步深化对经济增长驱动因素的理解,为经济高质量发展提供更加全面的理论支持和政策建议。

5.3.3　更换估计方法

在实证研究中,估计方法的选择对研究结果具有重要影响。不同的估计方法可能基于不同的假设和模型设定,从而导致研究结论的差异。为了检验研究结果的稳健性,本研究通过更换估计方法来进行检验。具体而言,在初始模型中,可能采用普通最小二乘法(OLS)进行估计。为了验证结果的稳健性,本研究将更换估计方法,采用固定效应模型(Fixed Effects Model)或随机效应模型(Random Effects

Model)进行估计。

1. 估计方法选择的重要性

估计方法的选择不仅影响模型的拟合效果,还可能对研究结果产生系统性影响。例如,OLS 方法假设模型中的误差项与解释变量不相关,但在面板数据中,个体异质性和时间效应可能导致这一假设不成立。固定效应模型和随机效应模型是面板数据分析中常用的估计方法,能够有效控制个体异质性和时间效应,从而提高估计结果的准确性和可靠性。

固定效应模型假设个体效应与解释变量相关,通过引入个体虚拟变量来控制个体异质性。这种方法能够有效消除不随时间变化的个体特征对估计结果的影响,但无法估计不随时间变化的变量的系数。随机效应模型假设个体效应与解释变量不相关,通过引入随机误差项来控制个体异质性。这种方法能够估计所有变量的系数,但需要满足个体效应与解释变量不相关的假设。

通过更换估计方法,可以检验研究结果是否对模型设定敏感。如果使用不同估计方法后,研究结果与初始模型的结果基本一致,则说明研究结论具有较强的稳健性。反之,如果结果出现显著差异,则可能需要重新审视模型设定及其对研究结论的影响。

2. 更换估计方法的检验方法

为了验证研究结果的稳健性,本研究将更换估计方法,采用固定效应模型和随机效应模型进行估计。具体步骤如下:

(1)固定效应模型

固定效应模型(Fixed Effects Model)是面板数据分析中常用的估计方法之一,主要用于控制个体异质性对估计结果的影响。在固定效应模型中,个体异质性通过引入个体虚拟变量来捕捉,这些虚拟变量能够反映每个个体的独特特征。固定效应模型的核心假设是,个体效应与解释变量相关,即不随时间变化的个体特征可能影响解释变量或被解释变量。通过引入个体虚拟变量,固定效应模型能够消除这些不随时间变化的个体特征对估计结果的干扰,从而更准确地估计解释变量对被解释变量的影响。

固定效应模型的优势在于其能够有效控制个体异质性,特别适用于研究个体特征对结果的潜在影响。然而,固定效应模型也存在一定的局限性。例如,由于引入了大量个体虚拟变量,模型的自由度会显著降低,可能导致估计效率下降。此外,固定效应模型无法估计不随时间变化的变量的系数,因为这些变量的影响会被个体虚拟变量吸收。

(2)随机效应模型

随机效应模型(Random Effects Model)是另一种常用的面板数据分析方法,其核心思想是通过引入随机误差项来控制个体异质性。与固定效应模型不同，随机效应模型假设个体效应与解释变量不相关，即个体异质性是随机分布的，且不会影响解释变量或被解释变量。在随机效应模型中，个体异质性被纳入随机误差项中，从而在估计过程中加以控制。

随机效应模型的优势在于其能够估计所有变量的系数，包括不随时间变化的变量。此外，由于随机效应模型不需要引入大量个体虚拟变量，其自由度较高，估计效率也相对较高。然而，随机效应模型的有效性依赖于个体效应与解释变量不相关的假设。如果这一假设不成立，随机效应模型的估计结果可能会出现偏差。

综上所述，固定效应模型和随机效应模型各有其适用场景和优缺点。在实际研究中，研究者需要根据数据特征和研究目的选择合适的模型，或通过统计检验（如 Hausman 检验）来确定哪种模型更适合分析数据。

通过比较 OLS、固定效应模型和随机效应模型的估计结果，可以检验研究结论是否对估计方法的选择敏感。

3. 更换估计方法的检验结果

更换估计方法的检验结果表明，无论是使用 OLS、固定效应模型还是随机效应模型，产业结构升级对经济增长的正向影响均显著存在。这一结果进一步验证了初始模型的稳健性，表明研究结论对估计方法的选择不敏感。

具体而言，在 OLS 模型中，产业结构升级对经济增长的促进作用显著，且其影响程度在长期内逐渐趋于稳定。在固定效应模型中，产业结构升级对经济增长的正向影响依然显著，且其影响程度与 OLS 模型基本一致。在随机效应模型中，产业结构升级对经济增长的促进作用同样显著，且其影响程度与 OLS 模型和固定效应模型基本一致。这表明，产业结构升级对经济增长的推动作用在不同估计方法下均显著存在，且其影响具有较高的稳定性。

此外，更换估计方法的检验还揭示了不同模型设定下经济增长的特征差异。例如，固定效应模型通过控制个体异质性，能够更准确地估计产业结构升级对经济增长的影响。随机效应模型通过引入随机误差项，能够估计所有变量的系数，但需要满足个体效应与解释变量不相关的假设。通过比较不同模型的估计结果，可以更全面地理解产业结构升级对经济增长的影响机制。

4. 政策启示

更换估计方法的检验结果为政策制定提供了更加可靠的依据。首先，产业结构升级对经济增长的正向影响在不同估计方法下均显著存在，说明政府应继续推进产业结构升级，特别是在高技术产业和新兴产业领域加大支持力度。其次，研究结果对估计方法的选择不敏感，表明产业结构升级对经济增长的推动作用具有普遍性和长期性。因此，政府应制定长期政策，确保产业结构升级的持续推进，为经济增长提供持续动力。

5. 未来研究方向

尽管本研究通过更换估计方法验证了实证结果的稳健性，但仍存在一些局限性。例如，不同估计方法可能基于不同的假设和模型设定，且模型选择可能受到数据特征和研究目的的限制。未来研究可以进一步拓展估计方法的选择范围，并采用更加灵活的模型设定，以进一步提高研究的科学性和可靠性。

综上所述，更换估计方法是检验实证研究结果稳健性的重要方法。通过比较OLS、固定效应模型和随机效应模型的估计结果，本研究验证了产业结构升级对经济增长正向影响的稳健性，为相关政策制定提供了科学依据。未来研究可以在此基础上进一步深化对经济增长驱动因素的理解，为经济高质量发展提供更加全面的理论支持和政策建议。

5.3.4 稳健性检验的综合结论

为了确保研究结果的可靠性和科学性，本研究通过更换变量指标、样本区间和估计方法，对实证结果进行了全面的稳健性检验。稳健性检验的核心目的是验证研究结论是否在不同条件下保持一致，从而排除变量定义、样本选择或模型设定对结果的潜在影响。通过一系列检验，本研究得出以下综合结论：

1. 产业结构升级对经济增长的稳健性影响

在更换变量指标的检验中，本研究分别采用“第三产业增加值占 GDP 的比重”和“高技术产业增加值占 GDP 的比重”作为产业结构升级的代理变量。检验结果表明，无论是使用第三产业增加值占比还是高技术产业增加值占比，产业结构升级对经济增长的正向影响均显著存在。这说明研究结论对变量指标的选择不敏感，产业结构升级对经济增长的推动作用具有较高的稳健性。

2. 产业结构升级对经济增长的稳定性分析

在更换样本区间的检验中，本研究将样本区间从 2000—2022 年缩短为 2010—2022 年，以排除 2008 年全球金融危机等异常事件的影响。检验结果表明，无论是在全样本区间还是子样本区间内，产业结构升级对经济增长的正向影响均显著存在。这表明研究结论对样本区间的选择不敏感，产业结构升级对经济增长的促进作用在不同时间段内均具有稳定性。

3. 产业结构升级对经济增长影响的一致性检验

在更换估计方法的检验中，本研究分别采用普通最小二乘法（OLS）、固定效应模型和随机效应模型进行估计。检验结果表明，无论是使用 OLS、固定效应模型还是随机效应模型，产业结构升级对经济增长的正向影响均显著存在。这说明研究结论对估计方法的选择不敏感，产业结构升级对经济增长的推动作用在不同模型设定下均具有一致性。

综上所述,通过更换变量指标、样本区间和估计方法,本研究验证了产业结构升级对经济增长正向影响的稳健性。检验结果表明,研究结论在不同条件下均保持一致,且对变量指标、样本区间和估计方法的选择均不敏感。这一综合结论进一步验证了初始模型的可靠性,表明研究结果具有较强的稳健性。这不仅增强了研究结论的可信度,还为相关政策制定提供了坚实的科学依据。未来研究可以在此基础上进一步拓展稳健性检验的范围,以更全面地揭示产业结构升级对经济增长的影响机制。

5.3.5 政策启示

稳健性检验的结果为政策制定提供了更加可靠的依据,进一步明确了产业结构升级在推动经济增长中的重要作用。

1. 产业结构升级对经济增长的稳健驱动作用及政策启示

研究结果表明,产业结构升级对经济增长的正向影响在不同条件下均显著存在。无论是更换变量指标、样本区间还是估计方法,产业结构升级对经济增长的促进作用均保持一致。这说明产业结构升级是经济增长的重要驱动力,政府应继续推进产业结构升级,特别是在高技术产业和新兴产业领域加大支持力度。高技术产业和新兴产业具有较高的技术含量和附加值,能够有效提升经济质量和效率。因此,政府应通过政策引导、资金支持和创新激励,推动这些产业的快速发展,为经济增长注入新的活力。

2. 产业结构升级对经济增长的普遍性与长期性影响

研究结果对样本区间和估计方法的选择不敏感,表明产业结构升级对经济增长的推动作用具有普遍性和长期性。无论是涵盖 2000—2022 年的全样本区间,还是聚焦 2010—2022 年的子样本区间,产业结构升级对经济增长的正向影响均显著存在。这说明产业结构升级的促进作用不仅在经济高速增长阶段显著,在经济新常态下同样重要。因此,政府应制定长期政策,确保产业结构升级的持续推进。例如,通过优化产业政策、加强科技创新和完善市场机制,为产业结构升级创造良好的制度环境。

3. 产业结构升级与多要素协同驱动经济增长

研究结果还表明,人力资本、研发投入和外商直接投资对经济增长也具有重要贡献。因此,政府在推进产业结构升级的同时,应注重人力资本的积累和科技创新的投入。通过加强教育和职业培训,提升劳动力素质;通过加大研发投入,促进技术进步和产业升级;通过优化外商投资环境,吸引更多高质量的外商直接投资。这些措施能够与产业结构升级形成协同效应,共同推动经济高质量发展。

综上所述,稳健性检验的结果为政策制定提供了科学依据。政府应继续推进产业结构升级,特别是在高技术产业和新兴产业领域加大支持力度;同时,制定长期政策,确保产业结构升级的持续推进,为经济增长提供持续动力。此外,政府还应注重人力资本积累、科技创新和外商直接投资的协同作用,以实现经济的高质量发展。未来政策制定可以进一步结合区域差异和产业特点,因地制宜地推动产业结构升级,为经济增长注入更多活力。

5.3.6 未来研究方向

尽管本研究通过更换变量指标、样本区间和估计方法等多种方式验证了实证结果的稳健性,但仍存在一些局限性。这些局限性为未来研究提供了进一步探索的方向,以更全面地揭示产业结构升级对经济增长的影响机制,并提高研究的科学性和可靠性。

1. 拓展变量指标的选择范围

在本研究中,产业结构升级的代理变量主要采用了"第三产业增加值占 GDP 的比重"和"高技术产业增加值占 GDP 的比重"。尽管这些指标能够较好地反映产业结构升级的某些方面,但产业结构升级是一个多维度的复杂过程,涉及资源配置效率、技术创新能力、产业链升级等多个方面。未来研究可以进一步拓展变量指标的选择范围,例如引入"全要素生产率(TFP)""产业集中度""绿色产业占比"等指标,以更全面地捕捉产业结构升级的内涵和特征。此外,还可以结合微观企业数据,从企业层面的技术创新、生产效率等角度分析产业结构升级的经济效应。

2. 考虑区域差异和行业异质性

本研究的分析主要基于全国层面的数据,未能充分考虑区域差异和行业异质性。事实上,不同地区和行业在资源禀赋、技术水平和政策环境等方面存在显著差异,这些差异可能导致产业结构升级对经济增长的影响存在区域和行业异质性。未来研究可以分区域或分行业进行深入分析,探讨产业结构升级在不同区域和行业中的差异化影响。例如,东部沿海地区可能更依赖高技术产业和服务业,而中西部地区可能更依赖传统制造业的升级。通过考虑区域和行业差异,可以为地方政府制定更具针对性的产业政策提供科学依据。

3. 引入动态面板模型和非线性模型

本研究主要采用静态面板模型进行分析,未能充分捕捉产业结构升级与经济增长之间的动态关系。未来研究可以引入动态面板模型,例如广义矩估计(GMM)方法,以控制内生性问题并分析变量之间的动态交互作用。此外,产业结构升级对经济增长的影响可能存在非线性特征,例如阈值效应或边际效应递减。未来研究可以尝试引入非线性模型,如门槛回归模型或分位数回归模型,以更准确地刻画产业结构升级与经济增长之间的复杂关系。

4. 结合政策评估和案例分析

本研究主要从宏观角度分析了产业结构升级对经济增长的影响,未能深入探讨具体政策的效果。未来研究可以结合政策评估方法,例如双重差分法(DID)或断点回归设计(RDD),评估特定产业政策对经济增长的实际效果。此外,还可以通过案例分析,深入研究典型地区或行业的产业结构升级路径及其经济效应。例如,选取某些成功实现产业结构升级的地区或行业,分析其成功经验及其对其他地区的借鉴意义。

5. 考虑外部环境因素的影响

产业结构升级对经济增长的影响可能受到外部环境因素的调节,例如全球经济波动、国际贸易环境变化、技术进步速度等。未来研究可以引入外部环境变量,分析其在产业结构升级与经济增长关系中的调节作用。例如,探讨全球经济不确定性对产业结构升级效果的抑制效应,或分析技术进步速度对产业结构升级与经济增长关系的增强效应。通过考虑外部环境因素,可以更全面地理解产业结构升级的经济效应。

6. 加强数据质量和研究方法创新

数据质量和研究方法的创新是提高研究科学性和可靠性的关键。未来研究可以尝试获取更高质量的面板数据或微观数据,例如企业层面的创新数据或区域层面的环境数据,以提高研究的精确度。此外,还可以探索新的研究方法,例如机器学习算法或空间计量模型,以更灵活地处理复杂的经济关系。

尽管本研究通过多种方法验证了实证结果的稳健性,但仍存在一些局限性。未来研究可以通过拓展变量指标、考虑区域和行业差异、引入动态和非线性模型、结合政策评估和案例分析、考虑外部环境因素以及加强数据质量和研究方法创新,进一步深化对产业结构升级与经济增长关系的理解。这些研究方向不仅能够提高研究的科学性和可靠性,还能为政策制定提供更加全面和精准的理论支持,助力经济高质量发展。

综上所述,稳健性检验是确保实证研究结果可靠性的重要环节。通过更换变量指标、样本区间和估计方法,本研究验证了产业结构升级对经济增长正向影响的稳健性,为相关政策制定提供了科学依据。未来研究可以在此基础上进一步深化对经济增长驱动因素的理解,为经济高质量发展提供更加全面的理论支持和政策建议。

第 6 章　促进产业结构升级与经济增长协同发展的政策建议

6.1　深化供给侧结构性改革

6.1.1　优化产业结构

优化产业结构是实现经济高质量发展的重要途径。通过推动传统产业转型升级、培育壮大战略性新兴产业以及加快发展现代服务业,可以有效提升经济的整体竞争力和可持续发展能力。以下从三个方面详细阐述优化产业结构的具体路径及其重要意义。

1. 推动传统产业转型升级

传统产业是国民经济的重要组成部分,但在全球技术革命和产业变革的背景下,许多传统产业面临技术落后、效率低下和竞争力不足的问题。因此,推动传统产业转型升级是优化产业结构的关键任务之一。

(1)新技术赋能传统产业转型升级

运用新技术、新业态、新模式改造提升传统产业是转型升级的核心路径。例如,通过引入人工智能、大数据、物联网等新一代信息技术,可以实现生产过程的智能化和精细化,提高生产效率和产品质量。同时,利用互联网平台和电子商务等新业态,可以拓展传统产业的销售渠道和市场空间,增强市场竞争力。

(2)技术创新驱动传统产业升级

提高产品质量和附加值是传统产业转型升级的重要目标。通过技术创新和工艺改进,可以提升产品的技术含量和附加值,从而增强产品的市场竞争力。例如,在制造业中,通过引入先进制造技术和绿色生产工艺,可以生产出更高质量、更环保的产品,满足市场对高品质产品的需求。

(3)政策支持驱动传统产业转型升级

传统产业转型升级还需要政府的政策支持和引导。政府可以通过提供技术改造资金、税收优惠政策和产业引导基金等措施,鼓励企业加大技术研发和创新投入,推动传统产业向高端化、智能化、绿色化方向发展。

2. 培育壮大战略性新兴产业

战略性新兴产业是引领未来经济发展的重要力量,具有技术含量高、成长潜力大、带动作用强的特点。培育壮大战略性新兴产业,不仅可以打造新的经济增长点,还能为经济高质量发展提供持续动力。

(1)战略性新兴产业发展重点

重点发展新一代信息技术、生物技术、新能源、新材料、高端装备、绿色环保等战略性新兴产业。新一代信息技术是推动数字经济和社会智能化的重要基础,包括5G通信、人工智能、区块链等领域。生物技术在医疗健康、农业科技等方面具有广阔的应用前景。新能源和新材料是推动绿色发展和能源革命的关键领域。高端装备制造业是提升国家工业竞争力的重要支撑。绿色环保产业是实现可持续发展的重要保障。

(2)技术创新与产业链协同

其次,培育壮大战略性新兴产业需要加强技术创新和产业链协同。通过加大研发投入、建设创新平台和推动产学研合作,可以提升战略性新兴产业的技术水平和创新能力。同时,通过优化产业链布局和加强上下游企业协同,可以形成完整的产业生态系统,提升整体竞争力。

(3)政策引导与资金支持

政府应通过政策引导和资金支持,为战略性新兴产业的发展创造良好的环境。例如,制定产业发展规划、提供专项基金支持、优化市场准入机制等措施,可以有效促进战略性新兴产业的快速发展。

3. 加快发展现代服务业

现代服务业是经济结构优化和转型升级的重要方向,具有高附加值、高成长性和强带动性的特点。加快发展现代服务业,不仅可以提高服务业对经济增长的贡献率,还能为其他产业提供强有力的支撑。

(1)推动生产性服务业向专业化和价值链高端延伸

生产性服务业包括金融、物流、研发设计、信息技术服务等领域,是支撑制造业和其他产业发展的重要力量。通过提升生产性服务业的专业化水平和服务质量,可以为制造业提供更高效、更精准的服务支持,推动制造业向高端化、智能化方向发展。例如,发展高端物流和供应链管理服务,可以提高制造业的供应链效率;发展工业设计和研发服务,可以提升制造业的产品创新能力。

(2)推动生活性服务业向精细化和高品质转变

生活性服务业包括教育、医疗、文化、旅游等领域,是满足人民日益增长的美好生活需要的重要保障。通过提升生活性服务业的精细化和高品质水平,可以为消费者提供更优质、更多元化的服务体验。例如,发展健康养老服务和个性化教育服务,可以满足不同群体的多样化需求;发展文化创意产业和休闲旅游服务,可以提升人民的生活品质和幸福感。

(3)加快发展现代服务业需要优化服务业结构和提升服务效率

通过推动服务业与制造业、农业的深度融合,可以形成新的服务业态和商业模式,提升服务业的附加值和竞争力。同时,通过引入新技术和新模式,可以提高服务业的效率和质量。例如,利用大数据和人工智能技术,可以提升金融服务的精准性和效率;利用互联网平台和共享经济模式,可以拓展服务业的市场空间和覆盖范围。

优化产业结构是实现经济高质量发展的重要路径。通过推动传统产业转型升级、培育壮大战略性新兴产业以及加快发展现代服务业,可以有效提升经济的整体竞争力和可持续发展能力。政府应通过政策引导、资金支持和技术创新,为产业结构优化创造良好的环境。未来,随着产业结构优化升级的深入推进,经济将实现更高质量、更有效率、更加公平、更可持续的发展。

6.1.2 提升产业链水平

提升产业链水平是推动经济高质量发展的重要举措。通过加强产业链供应链协同创新、打造优势产业集群以及增强产业链供应链韧性,可以有效提升产业链的整体竞争力和抗风险能力,为经济持续健康发展提供坚实支撑。以下从三个方面详细阐述提升产业链水平的具体路径及其重要意义。

1. 加强产业链供应链协同创新

产业链供应链协同创新是提升产业链水平的核心路径之一。通过鼓励上下游企业联合开展技术攻关,可以提升产业链供应链的现代化水平,增强整体竞争力。

(1)协同创新能够有效整合产业链上下游资源,形成创新合力

在传统的产业链模式中,上下游企业往往各自为战,缺乏有效的协同机制,导致资源浪费和效率低下。通过建立协同创新平台,上下游企业可以共享技术、人才和市场信息,共同开展技术攻关和产品研发,从而提升整个产业链的创新能力和效率。例如,在汽车制造业中,整车企业可以与零部件供应商联合开展新能源汽车技术的研发,推动整个产业链的技术升级。

(2)协同创新有助于提升产业链供应链的现代化水平

随着全球技术革命的深入推进,产业链供应链正朝着数字化、智能化和绿色化

方向发展。通过引入新一代信息技术，如人工智能、大数据、区块链等，可以实现产业链供应链的智能化管理和优化。例如，利用大数据分析技术，可以实时监控供应链的运行状态，预测市场需求变化，从而优化生产计划和库存管理，提高供应链的响应速度和效率。

(3)政府应通过政策引导和资金支持，推动产业链供应链协同创新

例如，设立专项基金支持上下游企业联合开展技术攻关，提供税收优惠政策鼓励企业加大研发投入，建设协同创新平台促进资源共享和技术交流。通过这些措施，可以有效提升产业链供应链的现代化水平，增强整体竞争力。

2. 打造优势产业集群

优势产业集群是提升产业链水平的重要载体。通过围绕重点产业和关键环节，培育一批具有国际竞争力的产业集群，可以有效提升产业链的整体竞争力和附加值。

(1)打造优势产业集群需要明确重点产业和关键环节

重点产业是指具有较高技术含量、较强成长潜力和较大带动作用的产业，如新一代信息技术、高端装备制造、新能源、新材料等。关键环节是指产业链中具有较高附加值和较强技术壁垒的环节，如研发设计、核心零部件制造、品牌营销等。通过聚焦重点产业和关键环节，可以集中资源培育一批具有国际竞争力的产业集群。

(2)打造优势产业集群需要加强产业链上下游企业的协同合作

通过建立产业集群联盟，上下游企业可以共享技术、人才和市场资源，共同开展技术攻关和产品研发，从而提升整个产业集群的创新能力和竞争力。例如，在新能源汽车产业集群中，整车企业可以与电池、电机、电控等关键零部件供应商联合开展技术研发，推动整个产业集群的技术升级。

(3)政府应通过政策引导和资金支持，推动优势产业集群的发展

例如，制定产业集群发展规划，提供专项基金支持产业集群建设，优化产业集群的营商环境，吸引更多优质企业入驻。通过这些措施，可以有效提升优势产业集群的国际竞争力，增强产业链的整体水平。

3. 增强产业链供应链韧性

增强产业链供应链韧性是提升产业链水平的重要保障。通过加强关键核心技术攻关，提高产业链供应链的自主可控能力，可以有效应对全球供应链波动和外部环境变化，保障产业链供应链的稳定运行。

(1)加强关键核心技术攻关是增强产业链供应链韧性的关键

关键核心技术是产业链供应链的核心竞争力，掌握关键核心技术可以有效提升产业链供应链的自主可控能力。通过加大研发投入、建设创新平台和推动产学研合作，可以突破关键核心技术瓶颈，提升产业链供应链的技术水平和竞争力。例

如,在半导体产业中,通过加强芯片设计、制造和封装测试等关键技术的研发,可以提升整个产业链的自主可控能力。

(2)提高产业链供应链的自主可控能力需要优化产业链布局

通过推动产业链的本土化和区域化布局,可以减少对单一市场或单一供应商的依赖,增强产业链供应链的抗风险能力。例如,在高端装备制造业中,通过推动核心零部件和关键材料的本土化生产,可以减少对进口的依赖,提高产业链供应链的自主可控能力。

(3)政府应通过政策引导和资金支持,推动关键核心技术攻关和产业链供应链优化

例如,设立专项基金支持关键核心技术研发,提供税收优惠政策鼓励企业加大研发投入,建设创新平台促进技术交流和合作。通过这些措施,可以有效增强产业链供应链的韧性,保障产业链供应链的稳定运行。

提升产业链水平是推动经济高质量发展的重要举措。通过加强产业链供应链协同创新、打造优势产业集群以及增强产业链供应链韧性,可以有效提升产业链的整体竞争力和抗风险能力,为经济持续健康发展提供坚实支撑。政府应通过政策引导、资金支持和技术创新,为产业链水平提升创造良好的环境。未来,随着产业链水平的不断提升,经济将实现更高质量、更有效率、更加公平、更可持续的发展。

6.1.3 发展现代服务业

现代服务业是经济结构优化和转型升级的重要方向,具有高附加值、高成长性和强带动性的特点。通过推动生产性服务业与制造业深度融合、提升生活性服务业品质以及加快发展数字经济,可以有效提升现代服务业的整体水平,为经济高质量发展提供强有力的支撑。以下从三个方面详细阐述发展现代服务业的具体路径及其重要意义。

1. 推动生产性服务业与制造业深度融合

生产性服务业是支撑制造业和其他产业发展的重要力量,包括研发设计、现代物流、检验检测认证等领域。推动生产性服务业与制造业深度融合,不仅可以提升制造业的效率和竞争力,还能为生产性服务业开辟更广阔的发展空间。

(1)发展研发设计服务是推动制造业向服务型制造转型的关键

研发设计服务包括产品设计、工艺设计、系统集成等,是制造业价值链的高端环节。通过提升研发设计服务的能力和水平,可以帮助制造业企业开发出更具市场竞争力的产品,推动制造业向高端化、智能化方向发展。例如,在汽车制造业中,通过引入先进的工业设计服务,可以提升汽车的外观设计和功能设计水平,增强产品的市场竞争力。

(2) 发展现代物流服务是提升制造业供应链效率的重要保障

现代物流服务包括仓储、运输、配送、供应链管理等，是制造业供应链的重要组成部分。通过引入智能化、信息化的现代物流技术，可以优化制造业的供应链管理，提高物流效率和降低物流成本。例如，利用大数据和人工智能技术，可以实现物流路径的智能优化和库存的精准管理，从而提高供应链的响应速度和效率。

(3) 发展检验检测认证服务是提升制造业产品质量的重要手段

检验检测认证服务包括产品质量检测、环境检测、安全认证等，是保障产品质量和安全的重要环节。通过提升检验检测认证服务的能力和水平，可以帮助制造业企业提高产品质量和安全性，增强产品的市场竞争力。例如，在食品制造业中，通过引入高标准的检验检测认证服务，可以保障食品的质量和安全，提升消费者的信任度。

2. 提升生活性服务业品质

生活性服务业是满足人民群众日益增长的美好生活需要的重要保障，包括文化旅游、健康养老、教育培训等领域。提升生活性服务业品质，不仅可以提高人民的生活质量，还能为经济增长注入新的动力。

(1) 发展文化旅游服务是提升生活性服务业品质的重要方向

文化旅游服务包括旅游、文化创意、休闲娱乐等，是满足人民精神文化需求的重要途径。通过提升文化旅游服务的品质和多样性，可以为消费者提供更丰富、更高品质的文化旅游体验。例如，发展特色文化旅游项目，可以吸引更多游客，促进地方经济发展；发展文化创意产业，可以提升文化产品的附加值和市场竞争力。

(2) 发展健康养老服务是应对人口老龄化挑战的重要举措

健康养老服务包括医疗、养老、康复等，是保障老年人生活质量的重要支撑。通过提升健康养老服务的品质和覆盖面，可以为老年人提供更优质、更便捷的健康养老服务。例如，发展社区养老服务和居家养老服务，可以满足老年人多样化的养老需求；发展健康管理服务，可以帮助老年人预防疾病和保持健康。

(3) 发展教育培训服务是提升人力资本水平的重要途径

教育培训服务包括职业教育、技能培训、继续教育等，是提升劳动者素质和技能的重要手段。通过提升教育培训服务的品质和针对性，可以为劳动者提供更实用、更高效的培训服务。例如，发展职业教育和技能培训，可以帮助劳动者提升就业能力和职业发展空间；发展继续教育服务，可以帮助劳动者适应技术变革和产业升级的需求。

3. 加快发展数字经济

数字经济是推动经济高质量发展的重要引擎，具有高创新性、强渗透性和广覆盖性的特点。通过推动数字技术与实体经济深度融合，可以培育新产业、新业态、新模式,为经济增长注入新的动力。

(1)推动数字技术与制造业深度融合是发展数字经济的重要方向

通过引入人工智能、大数据、物联网等数字技术,可以实现制造业的智能化、网络化和数字化,提升制造业的效率和竞争力。例如,利用人工智能技术,可以实现生产过程的智能化和自动化,提高生产效率和产品质量;利用大数据技术,可以实现市场需求的精准预测和生产计划的优化,提高供应链的响应速度和效率。

(2)推动数字技术与服务业深度融合是发展数字经济的重要途径

通过引入互联网、区块链、云计算等数字技术,可以实现服务业的数字化、平台化和共享化,提升服务业的效率和质量。例如,利用互联网平台,可以实现服务的在线化和便捷化,提高服务效率和用户体验;利用区块链技术,可以实现服务的安全化和透明化,提高服务的信任度和可靠性。

(3)培育新产业、新业态、新模式是发展数字经济的重要目标

通过推动数字技术与传统产业的深度融合,可以催生出一批新产业、新业态、新模式,为经济增长注入新的动力。例如,发展共享经济、平台经济、智能经济等新业态,可以为消费者提供更便捷、更高效的服务;发展智能制造、智慧物流、数字金融等新产业,可以为经济增长提供新的增长点。

(4)发展现代服务业是推动经济高质量发展的重要途径

通过推动生产性服务业与制造业深度融合、提升生活性服务业品质以及加快发展数字经济,可以有效提升现代服务业的整体水平,为经济高质量发展提供强有力的支撑。政府应通过政策引导、资金支持和技术创新,为现代服务业的发展创造良好的环境。未来,随着现代服务业的快速发展,经济将实现更高质量、更有效率、更加公平、更可持续的发展。

6.2 实施创新驱动发展战略

6.2.1 加强科技创新

科技创新是推动经济高质量发展的核心动力,也是提升国家竞争力的关键所在。通过加大研发投入、加强基础研究以及完善科技创新体系,可以有效提升科技创新能力,为经济转型升级和可持续发展提供强有力的支撑。以下从三个方面详细阐述加强科技创新的具体路径及其重要意义。

1. 加大研发投入

研发投入是科技创新的基础,直接关系到科技创新的成果和效率。加大研发

投入，特别是提高研发经费投入强度，是提升科技创新能力的重要举措。

（1）提高研发经费投入强度是加大研发投入的核心任务

研发经费投入强度是指研发经费占国内生产总值（GDP）的比重，是衡量一个国家或地区科技创新投入水平的重要指标。通过提高研发经费投入强度，可以为科技创新提供充足的资金支持，推动科技成果的转化和应用。例如，发达国家如美国、德国和日本的研发经费投入强度普遍较高，这为其科技创新能力的提升奠定了坚实基础。

（2）引导企业加大研发投入是加大研发投入的重要途径

企业是科技创新的主体，其研发投入的多少直接影响到科技创新的成果和效率。通过政策引导和资金支持，可以鼓励企业加大研发投入，提升自主创新能力。例如，政府可以通过提供研发税收优惠、设立专项基金、加强知识产权保护等措施，激励企业增加研发投入。此外，还可以通过建立产学研合作机制，促进企业与高校、科研院所的合作，共同开展技术攻关和产品研发。

（3）加大研发投入还需要优化研发经费的使用结构

在增加研发经费总量的同时，应注重提高研发经费的使用效率，避免资源浪费和重复投入。例如，可以通过建立科学的研发项目评估机制，确保研发经费用于具有较高技术含量和市场前景的项目；通过加强研发经费的监管和审计，确保研发经费的合理使用和高效配置。

2. 加强基础研究

基础研究是科技创新的源头，是突破关键核心技术瓶颈的重要保障。加强基础研究，特别是强化应用基础研究，是提升科技创新能力的关键举措。

（1）强化应用基础研究是加强基础研究的重要方向

应用基础研究是指针对特定应用目标开展的基础研究，是连接基础研究和应用研究的桥梁。通过强化应用基础研究，可以解决关键核心技术瓶颈，推动科技成果的转化和应用。例如，在信息技术领域，通过加强量子计算、人工智能等应用基础研究，可以突破现有技术的局限，推动信息技术的革命性进步。

（2）突破关键核心技术瓶颈是加强基础研究的重要目标

关键核心技术是科技创新的核心竞争力，掌握关键核心技术可以有效提升国家的科技实力和经济竞争力。通过加大基础研究投入，建设高水平研究平台，吸引和培养高端科研人才，可以突破关键核心技术瓶颈，提升自主创新能力。例如，在半导体产业中，通过加强芯片设计、制造和封装测试等关键技术的研发，可以提升整个产业链的自主可控能力。

（3）加强基础研究还需要建立长期稳定的支持机制

基础研究具有周期长、风险高、回报慢的特点，需要长期稳定的资金支持和政策保障。例如,政府可以通过设立基础研究专项基金,提供长期稳定的资金支持;通过完善科研评价机制,鼓励科研人员潜心研究,避免急功近利。

3. 完善科技创新体系

科技创新体系是科技创新的重要保障,是提升科技创新能力的关键环节。通过构建以企业为主体、市场为导向、产学研深度融合的技术创新体系,可以有效整合创新资源,提升科技创新效率。

(1)构建以企业为主体的技术创新体系是完善科技创新体系的核心任务

企业是科技创新的主体,其创新能力和效率直接影响到科技创新的成果和转化。通过政策引导和资金支持,可以鼓励企业加大研发投入,提升自主创新能力。例如,政府可以通过提供研发税收优惠、设立专项基金、加强知识产权保护等措施,激励企业增加研发投入。此外,还可以通过建立产学研合作机制,促进企业与高校、科研院所的合作,共同开展技术攻关和产品研发。

(2)构建以市场为导向的技术创新体系是完善科技创新体系的重要途径

市场需求是科技创新的重要驱动力,通过市场导向可以确保科技创新的成果符合市场需求,提高科技成果的转化率和应用效果。例如,可以通过建立市场化的科技成果转化机制,促进科技成果的产业化;通过加强市场需求分析,引导科研机构和企业开展有针对性的研发活动。

(3)构建产学研深度融合的技术创新体系是完善科技创新体系的关键环节

产学研深度融合可以有效整合企业、高校和科研院所的创新资源,形成创新合力,提升科技创新效率。例如,可以通过建立产学研合作平台,促进资源共享和技术交流;通过设立产学研合作项目,推动联合技术攻关和产品研发;通过完善产学研合作机制,保障合作的长期稳定和高效运行。

加强科技创新是推动经济高质量发展的重要举措。通过加大研发投入、加强基础研究以及完善科技创新体系,可以有效提升科技创新能力,为经济转型升级和可持续发展提供强有力的支撑。政府应通过政策引导、资金支持和技术创新,为科技创新创造良好的环境。未来,随着科技创新能力的不断提升,经济将实现更高质量、更有效率、更加公平、更可持续的发展。

6.2.2 促进科技成果转化

科技成果转化是将科学研究成果转化为实际生产力,推动经济高质量发展的重要环节。通过健全科技成果转化机制、加强科技成果转化平台建设以及鼓励企业参与科技成果转化,可以有效提升科技成果的转化效率和应用效果,为经济增长注入新的动力。以下从三个方面详细阐述促进科技成果转化的具体路径及其重要意义。

1. 健全科技成果转化机制

健全的科技成果转化机制是促进科技成果转化的基础保障。通过完善科技成果评价机制和健全知识产权保护制度,可以有效提升科技成果转化的效率和质量。

(1)完善科技成果评价机制是健全科技成果转化机制的重要任务

科技成果评价机制是科技成果转化的关键环节,直接影响科技成果的市场价值和转化效果。通过建立科学、公正、透明的科技成果评价机制,可以确保科技成果的真实性和实用性,提高科技成果的市场认可度。例如,可以引入第三方评价机构,对科技成果的技术水平、市场前景和应用价值进行客观评估;建立多维度评价指标体系,综合考虑科技成果的技术创新性、经济效益和社会效益。

(2)健全知识产权保护制度是健全科技成果转化机制的重要保障

知识产权保护是科技成果转化的核心问题,直接关系到科技成果的市场价值和转化动力。通过加强知识产权保护,可以有效激励科研人员和企业进行科技创新,促进科技成果的转化和应用。例如,可以完善知识产权法律法规,加大对侵权行为的打击力度;建立知识产权交易平台,促进知识产权的市场化运作;提供知识产权保护服务,帮助科研人员和企业维护合法权益。

(3)健全科技成果转化机制还需要加强政策支持和资金保障

政府可以通过设立科技成果转化专项基金,提供资金支持;通过制定科技成果转化政策,提供税收优惠和财政补贴;通过建立科技成果转化激励机制,奖励在科技成果转化中取得突出成绩的单位和个人。

2. 加强科技成果转化平台建设

科技成果转化平台是促进科技成果转化的重要载体。通过建设一批科技成果转化示范基地和技术转移机构,可以有效整合创新资源,提升科技成果转化的效率和质量。

(1)建设科技成果转化示范基地是加强科技成果转化平台建设的重要任务

科技成果转化示范基地是科技成果转化的重要平台,可以为科技成果的转化和应用提供示范和引领作用。通过建设一批高水平的科技成果转化示范基地,可以促进科技成果的规模化、产业化应用。例如,可以在高新技术产业开发区、科技园区等地建设科技成果转化示范基地,集中展示和推广先进的科技成果;通过示范基地的示范效应,带动更多企业和科研机构参与科技成果转化。

(2)建设技术转移机构是加强科技成果转化平台建设的重要途径

技术转移机构是科技成果转化的重要中介,可以为科技成果的转化和应用提供专业服务。通过建设一批高水平的技术转移机构,可以促进科技成果的市场化和产业化。例如,可以建立技术转移中心、技术交易市场等技术转移机构,提供技术评估、技术咨询、技术交易等服务;通过技术转移机构的专业服务,提高科技成果的转化效率和应用效果。

(3)加强科技成果转化平台建设还需要加强国际合作和交流

通过与国际知名科技成果转化平台合作,可以引进国外先进的科技成果和转化经验,提升国内科技成果转化的水平。例如,可以与国际技术转移机构合作,开展技术转移和技术合作;通过国际科技合作项目,促进科技成果的国际化和市场化。

3. 鼓励企业参与科技成果转化

企业是科技成果转化的主体,其参与程度直接影响到科技成果转化的效率和质量。通过支持企业承接科技成果转化项目,促进科技成果产业化,可以有效提升科技成果转化的效果。

(1)支持企业承接科技成果转化项目是鼓励企业参与科技成果转化的重要举措

企业是科技成果转化的最终实施者,其承接科技成果转化项目的能力直接影响到科技成果的转化效果。通过政策引导和资金支持,可以鼓励企业承接科技成果转化项目,提升科技成果的产业化水平。例如,政府可以通过设立科技成果转化专项基金,提供资金支持;通过制定科技成果转化政策,提供税收优惠和财政补贴;通过建立科技成果转化激励机制,奖励在科技成果转化中取得突出成绩的企业。

(2)促进科技成果产业化是鼓励企业参与科技成果转化的重要目标

科技成果产业化是科技成果转化的最终目标,直接关系到科技成果的经济效益和社会效益。通过促进科技成果产业化,可以实现科技成果的市场价值,推动经济增长。例如,可以通过建立科技成果产业化基地,集中推广和应用先进的科技成果;通过科技成果产业化项目,推动科技成果的规模化、产业化应用。

(3)鼓励企业参与科技成果转化还需要加强企业创新能力建设

企业创新能力是科技成果转化的关键,直接影响到科技成果的转化效果。通过加强企业创新能力建设,可以提升企业承接科技成果转化项目的能力,促进科技成果的产业化。例如,可以通过提供技术培训、技术咨询等服务,提升企业的技术水平和创新能力;通过建立产学研合作机制,促进企业与高校、科研院所的合作,共同开展技术攻关和产品研发。

促进科技成果转化是推动经济高质量发展的重要举措。通过健全科技成果转化机制、加强科技成果转化平台建设以及鼓励企业参与科技成果转化,可以有效提升科技成果的转化效率和应用效果,为经济增长注入新的动力。政府应通过政策引导、资金支持和技术创新,为科技成果转化创造良好的环境。未来,随着科技成果转化能力的不断提升,经济将实现更高质量、更有效率、更加公平、更可持续的发展。

6.2.3　培养创新人才

创新人才是推动科技创新和经济高质量发展的核心力量。通过加强创新型人才培养、完善人才激励机制以及优化人才发展环境，可以有效提升创新人才的数量和质量，为科技创新和经济发展提供强有力的人才支撑。以下从三个方面详细阐述培养创新人才的具体路径及其重要意义。

1. 加强创新型人才培养

创新型人才培养是推动科技创新的基础，也是提升国家竞争力的关键。通过深化教育改革，培养更多创新型、复合型人才，可以有效提升创新人才的数量和质量。

(1)深化教育改革是加强创新型人才培养的重要任务

教育改革是培养创新型人才的关键环节，直接影响人才培养的质量和效果。通过深化教育改革，可以优化教育体系，提升教育质量，培养更多具有创新精神和实践能力的人才。例如，可以推进素质教育，注重学生的全面发展，培养学生的创新思维和实践能力；可以改革课程设置，增加创新类课程和实践类课程，提升学生的创新能力和实践能力。

(2)培养创新型、复合型人才是加强创新型人才培养的重要目标

创新型人才是具有创新精神和创新能力的人才，复合型人才是具有多学科知识和技能的人才。通过培养创新型、复合型人才，可以提升人才的综合素质和创新能力，满足科技创新和经济发展的需求。例如，可以推进跨学科教育，培养具有多学科知识和技能的人才；可以加强实践教育，提升学生的实践能力和创新能力。

(3)加强创新型人才培养还需要加强国际合作和交流

通过与国际知名高校和科研机构合作，可以引进国外先进的教育理念和培养模式，提升国内创新型人才培养的水平。例如，可以开展国际联合培养项目，培养具有国际视野和创新能力的人才；可以通过国际学术交流，提升学生的国际竞争力和创新能力。

2. 完善人才激励机制

人才激励机制是激发创新人才积极性和创造力的重要保障。通过建立健全以创新能力、质量、贡献为导向的人才评价体系，可以有效激励创新人才，提升科技创新效率。

(1)建立健全人才评价体系是完善人才激励机制的重要任务

人才评价体系是人才激励机制的核心环节，直接影响人才的积极性和创造力。通过建立以创新能力、质量、贡献为导向的人才评价体系，可以确保人才评价的科学性和公正性，激励人才进行科技创新。例如，可以引入多维度评价指标，综合考

虑人才的创新能力、科研成果和社会贡献;可以引入同行评议机制,确保人才评价的客观性和公正性。

(2)完善人才激励机制还需要加强政策支持和资金保障

政府可以通过设立人才奖励基金,提供资金支持;通过制定人才激励政策,提供税收优惠和财政补贴;通过建立人才激励机制,奖励在科技创新中取得突出成绩的人才。例如,可以设立科技创新奖,奖励在科技创新中取得突出成绩的人才;可以提供科研经费支持,激励人才进行科技创新。

(3)完善人才激励机制还需要加强企业人才激励

企业是科技创新的主体,其人才激励机制直接影响到科技创新的效果。通过加强企业人才激励,可以提升企业创新人才的积极性和创造力,促进科技创新。例如,可以建立企业人才激励机制,奖励在科技创新中取得突出成绩的人才;可以提供股权激励,激励人才进行长期科技创新。

3. 优化人才发展环境

人才发展环境是吸引和留住创新人才的重要条件。通过营造尊重人才、鼓励创新的社会氛围,可以有效优化人才发展环境,提升创新人才的积极性和创造力。

(1)营造尊重人才的社会氛围是优化人才发展环境的重要任务

尊重人才是吸引和留住创新人才的重要条件,直接影响人才的积极性和创造力。通过营造尊重人才的社会氛围,可以提升人才的社会地位和荣誉感,激励人才进行科技创新。例如,可以通过媒体宣传,提升人才的社会认知度和尊重度;可以通过社会活动,增强人才的社会参与感和归属感。

(2)营造鼓励创新的社会氛围是优化人才发展环境的重要途径

鼓励创新是激发人才积极性和创造力的重要条件,直接影响科技创新的效果。通过营造鼓励创新的社会氛围,可以提升人才的创新精神和创新能力,促进科技创新。例如,可以通过举办创新大赛,激发人才的创新热情;可以通过设立创新基金,支持人才进行科技创新。

(3)优化人才发展环境还需要加强政策支持和资金保障

政府可以通过制定人才政策,提供税收优惠和财政补贴;通过设立人才基金,提供资金支持;通过建立人才服务体系,提供人才服务。例如,可以提供人才住房补贴,解决人才的住房问题;可以提供人才医疗服务,解决人才的医疗问题。

培养创新人才是推动科技创新和经济高质量发展的重要举措。通过加强创新型人才培养、完善人才激励机制以及优化人才发展环境,可以有效提升创新人才的数量和质量,为科技创新和经济发展提供强有力的人才支撑。政府应通过政策引导、资金支持和技术创新,为创新人才培养创造良好的环境。未来,随着创新人才培养能力的不断提升,经济将实现更高质量、更有效率、更加公平、更可持续的发展。

6.3　完善体制机制

6.3.1　深化市场化改革

深化市场化改革是推动经济高质量发展的重要举措,旨在通过完善要素市场化配置体制机制、健全公平竞争审查制度以及深化“放管服”改革,进一步激发市场活力,优化资源配置,提升经济效率。以下从三个方面详细阐述深化市场化改革的具体路径及其重要意义。

1. 完善要素市场化配置体制机制

要素市场化配置是市场经济高效运行的基础。通过深化土地、劳动力、资本、技术、数据等要素的市场化配置改革,可以有效提升资源配置效率,推动经济高质量发展。

(1)深化土地要素市场化配置改革是完善要素市场化配置体制机制的重要任务

土地是经济活动的重要载体,其配置效率直接影响到经济发展的质量和效益。通过深化土地要素市场化配置改革,可以提高土地利用效率,促进土地资源的优化配置。例如,可以推进农村土地制度改革,完善农村土地承包经营权流转机制,促进农业规模化经营;可以优化城市土地供应机制,提高城市土地利用效率,促进城市经济发展。

(2)深化劳动力要素市场化配置改革是完善要素市场化配置体制机制的重要途径

劳动力是经济活动的主体,其配置效率直接影响到经济发展的活力和竞争力。通过深化劳动力要素市场化配置改革,可以提高劳动力资源配置效率,促进人力资源的优化配置。例如,可以推进户籍制度改革,促进劳动力自由流动;可以完善劳动力市场服务体系,提升劳动力市场的匹配效率。

(3)深化资本要素市场化配置改革是完善要素市场化配置体制机制的重要举措

资本是经济活动的重要支撑,其配置效率直接影响到经济发展的速度和规模。通过深化资本要素市场化配置改革,可以提高资本配置效率,促进金融资源的优化配置。例如,可以推进利率市场化改革,提高资本配置效率;可以完善多层次资本市场体系,促进资本市场的健康发展。

(4)深化技术和数据要素市场化配置改革是完善要素市场化配置体制机制的

重要内容

技术和数据是新时代经济发展的重要驱动力，其配置效率直接影响到经济发展的创新能力和竞争力。通过深化技术和数据要素市场化配置改革，可以提高技术和数据资源的配置效率，促进创新资源的优化配置。例如，可以推进技术市场体系建设，促进科技成果的转化和应用；可以完善数据要素市场机制，促进数据资源的共享和利用。

2. 健全公平竞争审查制度

公平竞争是市场经济高效运行的重要保障。通过健全公平竞争审查制度，加强反垄断和反不正当竞争执法，可以有效维护市场公平竞争秩序，促进经济健康发展。

(1)健全公平竞争审查制度是维护市场公平竞争秩序的重要任务

公平竞争审查制度是防止行政垄断和市场垄断的重要工具，直接影响市场竞争的公平性和效率。通过健全公平竞争审查制度，可以确保市场竞争的公平性，促进市场资源的优化配置。例如，完善公平竞争审查机制，加强对行政垄断和市场垄断的审查，防止地方政府和部门通过行政手段干预市场竞争，确保各类市场主体在公平的环境中竞争。同时，建立公平竞争审查评估体系，确保审查的科学性和公正性。例如，通过引入第三方评估机构，对审查过程和结果进行独立评估，确保审查的透明性和公正性。此外，还可以加强公平竞争审查的法律保障，明确审查的标准和程序，确保审查的规范性和权威性。通过以上措施，能够有效防止行政垄断和市场垄断，维护市场竞争的公平性，促进市场资源的优化配置，为经济高质量发展提供有力保障。

(2)加强反垄断和反不正当竞争执法是维护市场公平竞争秩序的重要途径

反垄断和反不正当竞争执法是维护市场竞争秩序的重要手段，直接影响市场竞争的公平性和效率。通过加强反垄断和反不正当竞争执法，可以有效打击垄断行为和不正当竞争行为，维护市场公平竞争秩序。例如，加大对垄断行为的查处力度，特别是对滥用市场支配地位、限制竞争协议等行为的打击，维护市场竞争的公平性，防止少数企业通过垄断行为损害消费者利益和市场活力。同时，加强对不正当竞争行为的打击力度，如虚假宣传、商业贿赂、侵犯商业秘密等行为，维护市场竞争的秩序，确保市场主体的合法权益。此外，还可以通过完善执法机制，提高执法透明度和公正性，例如建立公开透明的执法流程和举报机制，鼓励社会公众参与监督。通过以上措施，能够有效维护市场竞争的公平性和效率，为经济高质量发展提供良好的市场环境。

(3)健全公平竞争审查制度还需要加强政策支持和法律保障

政府在维护市场竞争公平性和效率方面发挥着关键作用。首先，通过制定公平竞争政策，提供政策支持，为市场主体创造公平的竞争环境。例如，出台鼓励创新、支持中小企业发展的政策措施，防止大企业通过垄断行为挤压中小企业的生存空间。其次，通过完善反垄断和反不正当竞争法律法规，提供法律保障，确保市场竞争的规范性和透明度。例如，修订《反垄断法》和《反不正当竞争法》，明确垄断行为和不正当竞争行为的界定和处罚标准，增强法律的威慑力和执行力。此外，通过建立公平竞争审查机制，确保审查的科学性和公正性。例如，引入第三方评估机构，对政府政策和市场行为进行独立审查，确保审查过程的透明性和公正性。通过以上措施，政府能够有效维护市场竞争秩序，促进市场资源的优化配置，为经济高质量发展提供坚实的制度保障。

3. 深化“放管服”改革

“放管服”改革是优化营商环境、激发市场主体活力的重要举措。通过持续深化“放管服”改革，可以有效提升政府服务效率，优化营商环境，促进经济高质量发展。

(1)深化“放管服”改革需要进一步简政放权

简政放权是“放管服”改革的核心内容，直接影响市场主体的活力和效率。通过进一步简政放权，可以减少政府对市场的不必要干预，激发市场主体的活力。例如，推进行政审批制度改革，减少行政审批事项，优化审批流程，降低企业的制度性交易成本。同时，推进商事制度改革，简化企业注册流程，推行“多证合一”“证照分离”等措施，提高企业注册的便利性和效率。此外，还可以加强事中事后监管，建立以信用为核心的新型监管机制，确保在放权的同时，市场秩序得到有效维护。例如，通过“双随机、一公开”监管机制，提高监管的透明度和公正性。通过以上措施，能够有效激发市场主体的活力，提升市场效率，为经济高质量发展创造良好的营商环境。

(2)深化“放管服”改革需要加强事中事后监管

事中事后监管是“放管服”改革的重要内容，直接影响市场秩序的维护和市场主体行为的规范。通过加强事中事后监管，可以有效规范市场主体行为，维护市场秩序。例如，推进“双随机、一公开”监管机制，随机抽取检查对象和执法人员，并及时公开检查结果，从而提高监管的透明度和公正性，减少人为干预和权力寻租。同时，推进信用监管机制，建立企业信用档案和信用评级体系，对守信企业给予激励，对失信企业实施联合惩戒，从而提升监管的效率和效果。此外，还可以利用大数据、人工智能等现代技术手段，实现智慧监管，提高监管的精准性和时效性。例如，通过数据分析和风险预警，及时发现市场中的违法违规行为，并采取针对性措施。通过以上措施，能够有效规范市场行为，维护公平竞争的市场环境，为经济高质量发展提供有力保障。

(3)深化“放管服”改革需要优化政府服务

优化政府服务是“放管服”改革的重要目标,直接影响市场主体的满意度和效率。通过优化政府服务,可以提升政府服务效率,优化营商环境。例如,推进“互联网+政务服务”,利用信息技术手段,实现政务服务的在线化、智能化和便捷化,使企业和公众能够随时随地办理各类政务事项,提高服务效率。同时,推进“一站式”服务,整合各部门的政务服务资源,建立综合服务窗口,实现“一窗受理、集成服务”,减少企业和群众的办事环节和时间成本。此外,还可以加强政府服务的标准化和规范化,制定统一的服务标准和流程,确保服务质量和效果。例如,通过建立服务评价和反馈机制,及时了解市场主体的需求和意见,不断改进和优化服务。通过以上措施,能够有效提升政府服务效率,优化营商环境,为经济高质量发展提供有力支持。

(4)深化市场化改革是推动经济高质量发展的重要举措

通过完善要素市场化配置体制机制、健全公平竞争审查制度以及深化“放管服”改革,可以有效提升资源配置效率,维护市场公平竞争秩序,优化营商环境,激发市场主体活力。首先,完善要素市场化配置体制机制,推动土地、劳动力、资本、技术、数据等生产要素的自由流动和高效配置,打破市场壁垒,释放市场潜力。其次,健全公平竞争审查制度,防止行政垄断和不正当竞争行为,确保各类市场主体在公平的环境中竞争,促进市场活力的释放。此外,深化“放管服”改革,通过简政放权、优化服务和加强监管,减少政府对市场的不必要干预,提升政府服务效率,为市场主体创造更加便利的营商环境。政府应通过政策引导、法律保障和服务优化,为市场化改革创造良好的环境。未来,随着市场化改革的深入推进,经济将实现更高质量、更有效率、更加公平、更可持续的发展。

6.3.2 健全法律法规

健全法律法规是推动经济高质量发展的重要保障。通过完善产业政策法规体系、加强知识产权保护以及健全市场监管体系,可以有效规范市场行为,维护市场秩序,促进经济健康发展。以下从三个方面详细阐述健全法律法规的具体路径及其重要意义。

1. 完善产业政策法规体系

产业政策法规体系是推动产业结构升级和经济发展的重要保障。通过制定和完善促进产业结构升级的法律法规,可以有效引导产业发展,优化产业结构,提升经济竞争力。

(1)制定和完善促进产业结构升级的法律法规是完善产业政策法规体系的重要任务

产业结构升级是经济高质量发展的重要途径,直接影响经济发展的质量和效益。通过制定和完善促进产业结构升级的法律法规,可以为产业结构升级提供法律保障,引导产业向高端化、智能化、绿色化方向发展。例如,制定《产业结构调整指导目录》,明确鼓励发展的产业和限制淘汰的产业,为企业和投资者提供清晰的政策导向,推动资源向高附加值、高技术含量的产业集中。同时,制定《新兴产业促进法》,支持新一代信息技术、生物技术、新能源、新材料等新兴产业的发展,为这些产业提供政策支持、资金保障和市场准入便利,促进其快速成长。此外,还可以通过完善环保法规和绿色产业政策,推动传统产业的绿色转型,实现经济发展与生态保护的协调统一。通过以上措施,能够为产业结构升级提供坚实的法律保障,推动经济向更高质量、更可持续的方向发展。

(2)完善产业政策法规体系需要加强政策协调和法规衔接

产业政策法规体系是一个复杂的系统工程,涉及制造业、服务业、农业、新兴产业等多个领域和部门,其有效运行需要政策协调和法规衔接的紧密配合。通过加强政策协调,可以确保产业政策法规的一致性和有效性,避免政策冲突和监管空白。例如,建立跨部门的产业政策协调机制,加强各部门之间的沟通与合作,形成政策合力,确保产业政策的目标和措施在各级部门和领域中得到统一落实。同时,完善法规衔接机制也至关重要,确保各项法规之间的衔接和配套,避免法规矛盾和执行障碍。例如,通过梳理现有法律法规,明确产业政策的边界和规则,制定统一的实施细则和操作指南。此外,还可以引入第三方评估机制,定期对政策执行效果进行评估和优化。通过这种系统化的政策协调和法规衔接,能够为产业政策法规提供制度保障,推动产业结构的优化升级,为经济高质量发展创造良好的制度环境。

(3)完善产业政策法规体系还需要加强政策评估和法规修订

产业政策法规并非一成不变,而是需要根据经济发展阶段和产业变化进行动态调整,以确保其科学性和时效性。通过加强政策评估,可以及时发现产业政策实施中的问题并加以改进。例如,建立常态化的政策评估机制,定期对产业政策的效果进行跟踪分析,评估政策目标的达成情况以及执行中的难点和盲点。同时,完善法规修订机制也至关重要,确保法规能够适应经济发展的新需求。例如,针对新兴业态、数字经济等新经济形态,及时修订和完善相关法规,明确产业政策的边界和规则,避免因法规滞后而影响市场活力。此外,还可以引入专家咨询和公众参与机制,广泛听取各方意见,提升政策制定的科学性和透明度。通过这种动态调整机制,能够使产业政策法规始终与经济发展和产业变化保持同步,为经济高质量发展提供坚实的制度保障。

2. 加强知识产权保护

知识产权保护是推动科技创新和经济发展的重要保障。通过完善知识产权保护制度,加大对侵权行为的惩处力度,可以有效激励创新,促进科技成果的转化和应用。

(1)完善知识产权保护制度是加强知识产权保护的重要任务

知识产权保护制度是激发创新活力和促进科技成果转化的核心环节,直接影响创新的积极性和科技成果的转化效果。通过完善知识产权保护制度,可以为创新提供法律保障,激励科研人员和企业进行科技创新。例如,完善《专利法》《商标法》《著作权法》等知识产权法律法规,提高知识产权保护的水平,明确知识产权的界定、保护和侵权责任,为创新主体提供清晰的法律依据。同时,建立高效的知识产权保护机制,加强知识产权的申请、审查和保护流程,确保知识产权的快速确权和有效维权。例如,通过优化专利申请和审查流程,缩短审批时间;通过加强知识产权执法,严厉打击侵权行为,维护创新者的合法权益。此外,还可以推动知识产权与金融、产业的深度融合,促进科技成果的转化和应用。通过以上措施,能够有效激发创新活力,推动经济高质量发展。

(2)加大对侵权行为的惩处力度是加强知识产权保护的重要途径

侵权行为是知识产权保护的主要威胁,直接影响创新的积极性和科技成果的转化效果。通过加大对侵权行为的惩处力度,可以有效打击侵权行为,维护知识产权的合法权益。例如,加大对侵权行为的查处力度,提高侵权成本,使侵权者付出更高的经济代价和法律后果,从而形成强大的震慑力。同时,建立知识产权侵权举报机制,鼓励社会公众参与知识产权保护。例如,通过设立举报热线、在线举报平台等方式,方便公众举报侵权行为,并对举报人给予奖励和保护,形成全社会共同参与的知识产权保护氛围。此外,还可以加强知识产权执法队伍建设,提高执法人员的专业水平和执法效率,确保侵权行为能够及时发现和处理。通过以上措施,能够有效遏制侵权行为,维护创新者的合法权益,激发创新活力,推动经济高质量发展。

(3)加强知识产权保护还需要加强国际合作和交流

知识产权保护是一个全球性问题,需要国际社会的共同努力。通过加强国际合作和交流,可以提升国内知识产权保护的水平,促进知识产权的国际化和市场化。例如,积极参与国际知识产权保护组织,如世界知识产权组织(WIPO),加强与其他国家和地区的知识产权保护合作,分享经验和最佳实践,提升国内知识产权保护的国际化水平。同时,通过签署和实施国际知识产权保护协议,如《巴黎公约》和《伯尔尼公约》,借鉴国际先进经验,完善国内知识产权法律法规,提升知识产权保护的水平。此外,还可以加强与国际企业和科研机构的合作,推动知识产权的跨国保护和市场化应用。例如,通过建立国际知识产权交易平台,促进知识产权的国际流通和商业化。通过以上措施,能够有效提升国内知识产权保护的水平,推动知识产权的国际化和市场化,为经济高质量发展提供坚实的制度保障。

3. 健全市场监管体系

市场监管体系是维护市场秩序和促进经济发展的重要保障。通过加强市场监管,维护市场秩序,可以有效规范市场行为,促进经济健康发展。

(1)加强市场监管是健全市场监管体系的重要任务

市场监管是维护市场秩序、保障公平竞争的重要手段,直接影响市场的公平性和效率。通过加强市场监管,可以有效规范市场行为,维护市场秩序。例如,推进“双随机、一公开”监管机制,随机抽取检查对象和执法人员,并及时公开检查结果,从而提高监管的透明度和公正性,减少人为干预和权力寻租。同时,推进信用监管机制,建立企业信用档案和信用评级体系,对守信企业给予激励,对失信企业实施联合惩戒,从而提升监管的效率和效果。此外,还可以利用大数据、人工智能等现代技术手段,实现智慧监管,提高监管的精准性和时效性。例如,通过数据分析和风险预警,及时发现市场中的违法违规行为,并采取针对性措施。通过以上措施,能够有效规范市场行为,维护公平竞争的市场环境,为经济高质量发展提供有力保障。

(2)健全市场监管体系需要加强政策协调和法规衔接

市场监管体系是一个复杂的系统工程,涉及产品质量、价格监管、反垄断、消费者权益保护等多个领域和部门,其有效运行需要政策协调和法规衔接的紧密配合。通过加强政策协调,可以确保市场监管的一致性和有效性,避免政策冲突和监管空白。例如,建立跨部门的市场监管协调机制,加强各部门之间的沟通与合作,形成监管合力,确保监管目标和措施在各级部门和领域中得到统一落实。同时,完善法规衔接机制也至关重要,确保各项法规之间的衔接和配套,避免法规矛盾和执行障碍。例如,通过梳理现有法律法规,明确市场监管的边界和规则,制定统一的实施细则和操作指南。此外,还可以引入第三方评估机制,定期对监管效果进行评估和优化。通过这种系统化的政策协调和法规衔接,能够为市场监管提供制度保障,推动市场秩序的高效维护,为经济高质量发展创造良好的市场环境。

(3)健全市场监管体系还需要加强政策评估和法规修订

市场监管并非一成不变,而是需要根据市场变化和经济发展进行动态调整,以确保其科学性和时效性。通过加强政策评估,可以及时发现市场监管实施中的问题并加以改进。例如,建立常态化的政策评估机制,定期对市场监管的效果进行跟踪分析,评估监管目标的达成情况以及执行中的难点和盲点。同时,完善法规修订机制也至关重要,确保法规能够适应市场发展的新需求。例如,针对新兴业态、数字经济等新经济形态,及时修订和完善相关法规,明确市场监管的边界和规则,避免因法规滞后而影响市场活力。此外,还可以引入专家咨询和公众参与机制,广泛听取各方意见,提升政策制定的科学性和透明度。通过这种动态调整机制,能够使市场监管始终与市场变化和经济发展保持同步,为经济高质量发展提供坚实的制度保障。

健全法律法规是推动经济高质量发展的重要保障。通过完善产业政策法规体系、加强知识产权保护以及健全市场监管体系,可以有效规范市场行为,维护市场秩序,促进经济健康发展。政府应通过政策引导、法律保障和服务优化,为健全法律法规创造良好的环境。未来,随着法律法规的不断完善,经济将实现更高质量、更有效率、更加公平、更可持续的发展。

6.3.3 优化营商环境

优化营商环境是推动经济高质量发展的重要举措,旨在通过打造市场化、法治化、国际化营商环境,加强政府诚信建设,以及构建亲清政商关系,吸引更多优质企业投资兴业,激发市场活力,提升经济竞争力。以下从三个方面详细阐述优化营商环境的具体路径及其重要意义。

1. 打造市场化、法治化、国际化营商环境

市场化、法治化、国际化营商环境是吸引优质企业投资兴业的重要条件。通过持续优化营商环境,可以有效提升市场活力,促进经济高质量发展。

(1)打造市场化营商环境是优化营商环境的重要任务

政府诚信建设并非一成不变,而是需要根据经济发展阶段和市场变化进行动态调整,以确保其科学性和时效性。通过加强政策评估,可以及时发现政府诚信建设实施中的问题并加以改进。例如,建立常态化的政策评估机制,定期对政府诚信建设的效果进行跟踪分析,评估政策目标的达成情况以及执行中的难点和盲点。同时,完善法规修订机制也至关重要,确保法规能够适应经济发展的新需求。例如,针对新兴业态、数字经济等新经济形态,及时修订和完善相关法规,明确政府诚信建设的边界和规则,避免因法规滞后而影响市场活力。此外,还可以引入专家咨询和公众参与机制,广泛听取各方意见,提升政策制定的科学性和透明度。通过这种动态调整机制,能够使政府诚信建设始终与经济发展和市场变化保持同步,为经济高质量发展提供坚实的制度保障。

(2)打造法治化营商环境是优化营商环境的重要保障

法治化营商环境是市场经济健康发展的基石,对市场主体意义重大。它直接关乎市场主体的信心与安全感,是维护市场秩序和公平竞争的关键。

打造法治化营商环境，能有力规范市场行为。一方面，完善法律法规，强化知识产权保护，严惩侵权行为，为企业创新发展保驾护航。另一方面，健全市场监管体系，加强反垄断和反不正当竞争执法，杜绝市场垄断和不正当竞争行为，营造公平竞争的市场环境。

只有构建良好的法治化营商环境，才能让市场主体在公平、透明、可预期的环境中发展，激发市场活力和创造力，推动经济高质量发展。

(3)打造国际化营商环境是优化营商环境的重要目标

国际化营商环境是吸引外资和促进国际合作的重要条件，直接影响国家的国际竞争力和吸引力。通过打造国际化营商环境，可以提升国家的国际形象和吸引力，吸引更多优质外资企业投资兴业。例如，推进国际贸易和投资便利化，降低外资准入门槛，简化外资企业注册流程，为外资企业提供更加高效、透明的服务。同时，加强国际合作和交流，积极参与国际规则制定和多边合作机制，提升国家的国际竞争力和影响力。例如，通过签署双边或多边贸易协定，减少贸易壁垒，扩大市场准入；通过举办国际会议和展览，展示国家的投资机会和发展潜力。此外，还可以加强知识产权保护，完善法律体系，为外资企业提供公平、稳定的法治环境。通过以上措施，能够有效提升国家的国际化营商环境，吸引更多优质外资，推动经济高质量发展。

2. 加强政府诚信建设

政府诚信是优化营商环境的重要保障。通过提高政府公信力，增强企业投资信心，可以有效吸引更多优质企业投资兴业，促进经济高质量发展。

(1)提高政府公信力是加强政府诚信建设的重要任务

政府公信力是政府诚信的核心体现，直接影响企业的投资信心和市场的稳定性。通过提高政府公信力，可以增强企业的投资信心，促进经济健康发展。例如，推进政务公开，提高政府工作的透明度和公正性，使企业和社会公众能够及时了解政策动向和决策过程，减少信息不对称带来的不确定性。同时，加强政府服务，提升服务效率和质量，也是提高政府公信力的重要途径。例如，通过优化行政审批流程、推行“一站式”服务，降低企业的制度性交易成本；通过建立企业反馈机制，及时解决企业在经营中遇到的困难，增强企业对政府的信任。此外，政府还应注重政策执行的连续性和稳定性，避免朝令夕改，为企业提供可预期的政策环境。通过以上措施，能够有效提升政府公信力，增强市场主体的信心，为经济高质量发展营造良好的营商环境。

(2)加强政府诚信建设需要加强政策协调和法规衔接

政府诚信建设是一个复杂的系统工程，涉及政务公开、政策执行、公共服务等多个领域和部门，其成功实施需要政策协调和法规衔接的有效配合。通过加强政策协调,可以确保政府诚信建设的一致性和有效性,避免政策冲突和监管空白。例如,建立跨部门的政府诚信建设协调机制,加强各部门之间的沟通与合作,形成政策合力,确保诚信建设的目标和措施在各级政府和部门中得到统一落实。同时,完善法规衔接机制也至关重要,确保各项法规之间的衔接和配套,避免法规矛盾和执行障碍。例如,通过梳理现有法律法规,明确政府诚信建设的边界和规则,制定统一的实施细则和操作指南。此外,还可以引入第三方评估机制,定期对政策执行效果进行评估和优化。通过这种系统化的政策协调和法规衔接,能够为政府诚信建设提供制度保障,推动政府公信力的提升,为经济高质量发展创造良好的制度环境。

(3)加强政府诚信建设还需要加强政策评估和法规修订

政府诚信建设并非一成不变,而是需要根据经济发展阶段和市场变化进行动态调整,以确保其科学性和时效性。通过加强政策评估,可以及时发现政府诚信建设实施中的问题并加以改进。例如,建立常态化的政策评估机制,定期对政府诚信建设的效果进行跟踪分析,评估政策目标的达成情况以及执行中的难点和盲点。同时,完善法规修订机制也至关重要,确保法规能够适应经济发展的新需求。例如,针对新兴业态、数字经济等新经济形态,及时修订和完善相关法规,明确政府诚信建设的边界和规则,避免因法规滞后而影响市场活力。此外,还可以引入专家咨询和公众参与机制,广泛听取各方意见,提升政策制定的科学性和透明度。通过这种动态调整机制,能够使政府诚信建设始终与经济发展和市场变化保持同步,为经济高质量发展提供坚实的制度保障。

3. 构建亲清政商关系

亲清政商关系是优化营商环境的重要条件。通过营造风清气正的政治生态和良好营商环境,可以有效规范政商行为,促进经济健康发展。

(1)构建亲清政商关系是优化营商环境的重要任务

亲清政商关系是政商交往的基本准则,对规范政商行为和维护市场公平性具有重要意义。通过构建亲清政商关系,可以有效规范政商行为,维护市场秩序。例如,推进政商交往规范化,明确政商交往的界限和规则,确保政商关系在透明、公正的框架下运行。同时,加强政商交往监督,建立健全监督机制,防止政商交往中的腐败行为和不正当利益输送。例如,通过公开透明的审批流程、强化审计和监察力度,杜绝权力寻租和利益交换。这种规范化、透明化的政商关系,不仅能够提升政府公信力和市场效率,还能为企业创造公平竞争的环境,推动经济的高质量发展。

(2)构建亲清政商关系需要加强政策协调和法规衔接

亲清政商关系是一个复杂的系统,涉及政府、企业、市场等多个领域和部门,其构建需要政策协调和法规衔接的有效配合。通过加强政策协调,可以确保亲清政商关系的一致性和有效性,避免政策冲突和监管空白。例如,建立跨部门的亲清政商关系协调机制,加强政府各部门之间的沟通与合作,形成政策合力。同时,完善法规衔接机制也至关重要,确保各项法规之间的衔接和配套,避免法规矛盾和执行障碍。例如,通过梳理现有法律法规,明确政商交往的边界和规则,制定统一的实施细则和操作指南。此外,还可以引入第三方评估机制,定期对政策执行效果进行评估和优化。通过这种系统化的政策协调和法规衔接,能够为亲清政商关系的构建提供制度保障,推动政商关系在规范化、透明化的轨道上运行,为经济高质量发展创造良好的制度环境。

(3)构建亲清政商关系还需要加强政策评估和法规修订

亲清政商关系的构建并非一成不变,而是需要根据经济发展阶段和市场变化进行动态调整,以确保其科学性和时效性。通过加强政策评估,可以及时发现亲清政商关系实施中的问题并加以改进。例如,建立常态化的政策评估机制,定期对政商交往的效果进行跟踪分析,评估政策目标的达成情况以及执行中的难点和盲点。同时,完善法规修订机制也至关重要,确保法规能够适应经济发展的新需求。例如,针对新兴业态、数字经济等新经济形态,及时修订和完善相关法规,明确政商交往的边界和规则,避免因法规滞后而影响市场活力。此外,还可以引入专家咨询和公众参与机制,广泛听取各方意见,提升政策制定的科学性和透明度。通过这种动态调整机制,能够使亲清政商关系始终与经济发展和市场变化保持同步,为经济高质量发展提供坚实的制度保障。

优化营商环境是推动经济高质量发展的重要举措。通过打造市场化、法治化、国际化营商环境,加强政府诚信建设,以及构建亲清政商关系,可以有效吸引更多优质企业投资兴业,激发市场活力,提升经济竞争力。政府应通过政策引导、法律保障和服务优化,为优化营商环境创造良好的环境。未来,随着营商环境的不断优化,经济将实现更高质量、更有效率、更加公平、更可持续的发展。

第7章　结论与展望

7.1　研究结论

在当今全球经济发展的格局中,产业结构升级与经济增长的关系备受关注。本研究以中国为例,深入探讨了这一重要议题,得出了一系列具有重要理论和实践意义的结论。

7.1.1　产业结构升级是经济增长的重要动力

这一结论揭示了产业结构调整对于经济发展的关键作用。通过提高资源配置效率,产业结构升级能够使各类资源更加合理地流向具有更高附加值和竞争力的产业领域,从而实现资源的优化利用,推动经济的高效增长。促进技术进步和创新是产业结构升级的核心驱动力之一。随着产业结构的不断优化,企业为了在市场竞争中占据优势,会加大对技术研发的投入,推动技术创新的不断涌现。这不仅有助于提高生产效率,还能催生新的产业和业态,为经济增长注入新的活力。

7.1.2　产业结构升级还能够提升人力资本水平

产业结构升级不仅对经济结构产生深远影响,还能够显著提升人力资本水平,为经济增长提供坚实的人才支撑。在产业结构向高端化、智能化方向发展的过程中,对高素质人才的需求日益增加。例如,高技术产业、现代服务业和新兴产业的发展,需要大量具备专业知识和技术能力的人才。这种需求促使劳动者不断提升自身的知识和技能水平,同时也推动了教育体系和职业培训机制的优化,形成了良性的人才培养和发展循环。高素质人才的积累不仅能够满足产业升级的需求,还能为技术创新和效率提升提供持续动力,从而推动经济的高质量发展。

此外,产业结构升级还能够优化需求结构,进一步刺激经济增长。随着产业结构的升级,人们的消费需求逐渐从低端、单一的产品和服务转向高品质、多样化的消费模式。例如,绿色消费、智能产品和个性化服务等新兴需求的增长,推动了相关产业的快速发展。这种需求结构的变化不仅为传统产业的转型升级提供了市场空间,还为新兴产业的培育创造了条件。通过供需两端的协同优化,产业结构升级能够形成经济增长的良性循环,为经济的可持续发展注入新的活力。因此,产业结构升级在提升人力资本和优化需求结构方面的作用,是实现经济高质量发展的重要路径。

7.1.3　经济增长为产业结构升级提供了物质基础和市场需求

经济增长是产业结构升级的重要推动力,为其提供了坚实的物质基础和市场需求。首先,经济的持续增长意味着国家和企业能够积累更多的资金、技术和人才等关键资源,这些资源为产业结构升级提供了必要的要素支持。例如,企业可以利用增加的利润进行技术改造和设备更新,引入先进的生产技术和智能化设备,提升生产效率和产品质量。同时,经济增长也为企业提供了更多的研发投入机会,推动新产品和新技术的开发,从而促进产业向更高层次发展。此外,政府可以通过财政政策和产业基金,支持重点领域的技术创新和产业升级,为产业结构优化提供政策保障。

其次,经济增长带来的居民收入水平提高和消费结构升级,为产业结构升级创造了新的市场需求。随着人们生活水平的提升,消费需求逐渐从基本生活用品转向高品质、多样化的产品和服务。例如,绿色消费、智能家居、健康医疗等高端需求的增长,推动了相关产业的快速发展。这种需求变化引导企业加大对高端产业的投入,推动产业结构向高端化、智能化和绿色化方向转型。例如,新能源汽车、可再生能源和数字经济等新兴产业的发展,正是消费升级与技术进步共同作用的结果。因此,经济增长不仅为产业结构升级提供了资源保障,还通过市场需求的变化引导产业向更高层次发展,形成了经济增长与产业升级的良性循环,为经济高质量发展奠定了坚实基础。

7.1.4　产业结构升级与经济增长之间存在着相互促进、相互制约的互动关系

产业结构升级与经济增长之间存在着相互促进、相互制约的复杂互动关系,这种关系形成了一种协同发展机制,共同推动经济的高质量发展。当产业结构升级顺利推进时,经济增长将获得更强劲的动力。例如,通过发展高技术产业、现代服务业和绿色经济,可以提升全要素生产率和资源利用效率,推动经济向更高附加值、更低能耗的方向发展,从而实现更高质量的增长。同时,产业结构升级还能够优化资源配置,增强经济的抗风险能力和国际竞争力,为经济增长注入新的活力。

然而,这种互动关系也具有一定的制约性。如果产业结构升级滞后,可能会制

约经济增长的速度和质量。例如,过度依赖传统低端产业可能导致资源浪费、环境污染和经济效率低下,从而限制经济增长的潜力。反之,如果经济增长出现问题,例如经济增速放缓或收入分配失衡,也会影响产业结构升级的进程。例如,企业可能因资金短缺而减少研发投入,或因市场需求不足而放缓技术升级步伐。

因此,要实现经济的可持续发展,必须正确处理好产业结构升级与经济增长之间的关系。一方面,通过政策引导和市场机制,推动产业结构向高端化、智能化和绿色化方向升级,为经济增长提供新动能;另一方面,通过稳定经济增长、优化收入分配和扩大市场需求,为产业结构升级创造良好的外部条件。只有使两者相互促进、协调发展,才能实现经济的高质量发展和长期繁荣。这种协同发展机制不仅是经济理论的重要课题,也是政策实践的关键目标。

综上所述,产业结构升级与经济增长是相辅相成、紧密相连的。在中国这样一个经济快速发展的国家,深刻认识和把握这一关系具有重要的战略意义。我们应充分发挥产业结构升级对经济增长的推动作用,同时利用经济增长为产业结构升级创造有利条件,实现产业结构与经济增长的良性互动,推动中国经济向高质量发展阶段迈进。在未来的发展中,我们需要进一步加强政策引导,加大对科技创新、人才培养等方面的投入,促进产业结构的优化升级,为经济的持续健康增长奠定坚实的基础。

7.2 研究展望

尽管本研究通过多种方法验证了产业结构升级与经济增长之间的关系,并提出了相关政策建议,但仍存在一些局限性。未来研究可以从以下几个方面进一步深化,以更全面地揭示产业结构升级对经济增长的影响机制,并为政策制定提供更加科学的依据。

7.2.1 拓展研究视角

目前的研究主要从宏观层面分析了产业结构升级与经济增长的关系,未来可以将研究视角拓展到区域、行业、企业等微观层面,进行更加深入细致的分析。

1. 产业结构升级对经济增长的区域异质性影响

从区域层面来看,不同地区的资源禀赋、经济发展水平和政策环境的差异,导致产业结构升级对经济增长的影响存在显著的区域异质性。例如,东部沿海地区凭借其较高的经济基础和技术创新能力,可能更依赖高技术产业和现代服务业的升级来推动经济增长;而中西部地区由于资源丰富但经济相对滞后,可能更依赖传统制造业的转型升级和新兴产业的培育来实现经济突破。通过分区域研究,可以深入揭示产业结构升级在不同区域中的差异化影响。例如,东部地区可以通过技术创新和高端服务业发展提升竞争力,而中西部地区则可以通过绿色制造和特色产业培育实现弯道超车。这些研究结果为地方政府制定更具针对性的产业政策提供了科学依据,有助于实现区域经济的协调发展和整体经济的高质量增长。

2. 产业结构升级对经济增长的行业异质性影响

从行业层面来看,不同行业的技术特征、市场结构和政策支持力度的差异,导致产业结构升级对经济增长的影响存在显著的行业异质性。例如,高技术产业由于其技术密集和创新驱动的特点,升级可能对经济增长的推动作用更为显著,尤其是在提升全要素生产率和国际竞争力方面。而传统制造业的升级则更多地体现在效率提升和成本降低上,例如通过智能制造和绿色生产技术的应用,优化生产流程并减少资源消耗。通过分行业研究,可以深入揭示产业结构升级在不同行业中的差异化影响。例如,高技术产业可能需要更多的研发支持和市场开放政策,而传统制造业则更需要技术改造和产业链延伸的支持。这些研究结果为制定更具针对性的行业政策提供了科学依据,有助于实现产业结构的优化升级和经济的可持续增长。

3. 企业规模与技术水平对产业结构升级的差异化影响

从企业层面来看,企业的规模、技术水平和市场地位的差异,导致其在产业结构升级中的作用和影响存在显著差异。例如,大型企业通常具备更强的技术研发能力和市场开拓能力,能够通过自主创新和国际化布局推动产业升级,并在全球价值链中占据更高端的位置。而中小企业由于资源和能力有限,可能更依赖政策支持和外部合作来实现转型升级,例如通过产学研合作、产业链协同等方式提升技术水平。通过分企业研究,可以深入揭示不同规模企业在产业结构升级中的角色和作用。例如,大型企业可以作为技术创新的引领者,而中小企业则可以通过专业化分工和灵活创新填补市场空白。这些研究结果为制定差异化的企业政策提供了科学依据,例如为大型企业提供国际化支持,为中小企业提供融资和技术援助,从而推动整体产业结构的优化升级和经济的可持续发展。

7.2.2 丰富研究方法

未来研究可以运用更加先进的经济计量方法,例如空间计量模型、动态面板模型等,以提高研究的科学性和可靠性。

1. 空间计量模型视角下产业结构升级的空间溢出效应

空间计量模型能够有效捕捉区域间的空间依赖性和异质性,为研究产业结构升级对经济增长的空间溢出效应提供了有力工具。通过空间计量模型,可以分析某一地区的产业结构升级是否对周边地区产生辐射效应。例如,东部沿海地区通过发展高技术产业和服务业,可能带动中西部地区的产业转型和经济增长,形成区域间的协同发展格局。同时,模型还可以揭示区域异质性的影响,例如资源禀赋、政策环境和经济基础不同的地区,产业结构升级的溢出效应可能存在显著差异。这些分析结果为制定区域协同发展政策提供了科学依据。例如,可以通过加强区域间的基础设施建设、产业协作和政策联动,最大化产业结构升级的空间溢出效应,推动区域经济一体化发展,实现整体经济的高质量增长。

2. 动态面板模型视角下产业结构升级与经济增长的动态关系

动态面板模型是研究产业结构升级与经济增长之间动态关系的重要工具,能够同时捕捉长期和短期影响。通过动态面板模型,可以分析产业结构升级对经济增长的长期累积效应。例如,随着产业结构不断优化升级,其对经济增长的推动作用可能逐渐增强,形成长期的增长动力。同时,模型还可以揭示产业结构升级的短期冲击效应,例如在政策实施初期,产业结构调整可能带来经济波动,但随着时间的推移,其正面效应会逐步显现。这种分析方法为政策的长期规划和短期调整提供了科学依据。例如,在制定产业政策时,可以兼顾短期经济稳定和长期增长目标,通过阶段性政策设计,实现经济的平稳过渡和可持续发展。动态面板模型的应用,为理解产业结构升级的经济效应提供了更全面的视角。

3. 非线性模型视角下产业结构升级与经济增长的复杂关系

在研究中引入非线性模型,如门槛回归模型和分位数回归模型,能够更准确地揭示产业结构升级与经济增长之间的复杂关系。门槛回归模型可以帮助识别产业结构升级对经济增长的影响是否存在阈值效应。例如,当产业结构升级达到某一临界值时,其对经济增长的推动作用可能显著增强,这为制定阶段性政策提供了依据。分位数回归模型则可以分析产业结构升级对不同经济增长水平的影响差异。例如,对于经济增长较快的地区,产业结构升级的边际效应可能递减;而对于经济增长较慢的地区,产业结构升级的推动作用可能更为显著。通过引入这些非线性模型,能够更全面地理解产业结构升级的异质性影响,为制定差异化政策提供科学依据,从而更有效地推动经济高质量发展。

7.2.3 加强政策研究

未来研究可以结合中国实际情况,研究制定更加精准有效的政策措施,促进产业结构升级与经济增长协同发展。

1. 基于区域差异与行业特点的差异化产业政策设计

在制定产业政策时,应充分考虑区域差异和行业特点,实施差异化的政策支持,以促进区域经济协调发展。对于东部沿海地区,由于其经济基础较好、科技创新能力较强，可以重点支持高技术产业和现代服务业的发展。例如，通过加大研发投入、优化创新环境、吸引高端人才等措施，推动人工智能、生物技术、数字经济等领域的突破，进一步提升产业附加值和国际竞争力。而对于中西部地区，由于其资源禀赋和产业基础与东部存在差异，政策应更注重传统制造业的转型升级和新兴产业的培育。例如，通过技术改造、绿色生产、产业链延伸等手段，推动传统制造业向高端化、智能化方向发展；同时，结合地方资源优势，培育新能源、新材料、现代农业等新兴产业，形成新的经济增长点。通过这种差异化的政策设计，既能充分发挥各地区的比较优势，又能推动全国产业结构优化升级，实现区域经济的协同发展。

2. 精准政策工具驱动产业升级与技术创新

在推动产业升级和技术创新的过程中，研究制定更加精准的政策工具至关重要。税收优惠、财政补贴和金融支持等措施可以有效激励企业加大研发投入和技术创新。例如，税收优惠政策可以通过减免企业所得税、研发费用加计扣除等方式，降低企业技术研发和设备更新的成本，从而鼓励企业积极投入创新活动。财政补贴政策则可以直接支持企业进行技术改造和产业升级，例如对绿色生产技术、智能制造设备等给予专项补贴，帮助企业降低转型风险。此外，金融支持政策可以通过设立专项基金、提供低息贷款等方式，缓解企业融资难题，特别是为中小企业和初创企业提供更多创新资金。通过这些精准的政策工具，能够有效激发企业创新活力，推动产业结构优化升级，为经济高质量发展注入新动能。

3. 灵活政策机制驱动产业升级

在制定和实施产业政策时，研究制定更加灵活的政策机制是提高政策适应性和有效性的关键。动态调整机制可以根据经济发展阶段和产业变化趋势，及时对政策进行优化和调整。例如，在经济转型或技术快速迭代的背景下，政策可以动态调整支持重点，从传统产业转向新兴产业，或从单一技术领域扩展到多领域协同创新。同时，建立效果评估机制也至关重要，通过定期评估政策的实施效果和存在的问题，能够及时发现问题并加以改进。例如，可以通过数据分析、企业反馈和专家评估等方式，全面衡量政策对技术创新、产业升级和经济发展的实际贡献，从而为政策优化提供科学依据。这种灵活的政策机制不仅能够增强政策的针对性和时效性，还能确保政策资源的高效利用，为经济高质量发展提供持续动力。

7.2.4　关注新趋势新挑战

未来研究需要密切关注全球科技革命和产业变革的新趋势，研究新形势下产业结构升级与经济增长面临的新挑战和新机遇。

1. 数字经济与绿色经济驱动产业结构升级

在产业结构升级和经济增长的研究中，关注数字经济、绿色经济等新经济形态的影响具有重要意义。数字经济通过技术创新和模式创新,正在深刻改变传统产业的生产方式和商业模式。例如,大数据、人工智能和区块链等技术的应用,不仅提升了生产效率,还催生了共享经济、平台经济等新业态,推动了产业结构向高端化、智能化方向升级。绿色经济则通过绿色技术和绿色产业的发展,为经济增长注入新动能。例如,新能源、节能环保技术的推广,不仅降低了资源消耗和环境污染,还培育了新的经济增长点,如新能源汽车、绿色建筑等产业。通过研究这些新经济形态的作用机制,可以为政策制定提供科学依据,推动经济高质量发展。

2. 全球供应链重构与国际竞争格局变化下的中国产业升级

在全球经济格局深刻变化的背景下,关注全球供应链重构和国际竞争格局变化对产业结构升级和经济增长的影响至关重要。全球供应链重构正在改变传统的产业分工模式,对中国产业链的稳定性和竞争力提出了新的挑战。例如,部分国家推动产业链本土化或区域化,可能导致中国在某些关键领域面临供应链断裂的风险,同时也为中国提升产业链自主可控能力提供了机遇。此外,国际竞争格局的变化,如技术封锁、贸易壁垒加剧等,可能影响中国产业的国际地位和市场空间。例如,高端制造业和高技术产业可能面临更大的竞争压力,但也倒逼中国加快技术创新和产业升级。通过研究这些外部环境的变化,可以为制定应对策略、提升产业链韧性和国际竞争力提供科学依据,推动中国经济在全球竞争中实现高质量发展。

3. 新技术、新业态与新模式驱动产业升级

新技术、新业态和新模式正在深刻改变产业结构升级和经济增长的路径。人工智能、区块链等新技术的应用,为传统产业注入了新的活力。例如,人工智能通过智能化和自动化技术,提升了制造业的生产效率和质量;区块链技术则通过去中心化和数据透明化,优化了供应链管理和金融服务。同时,共享经济、平台经济等新业态的兴起,为经济增长开辟了新的空间。例如,共享经济通过资源的高效利用,降低了成本并创造了新的消费模式;平台经济则通过数字化连接供需双方,拓展了市场边界并提升了资源配置效率。通过研究这些新技术、新业态和新模式的影响,可以为政策制定提供科学依据,推动产业结构向高端化、智能化方向升级,为经济高质量发展注入新动能。

未来研究可以从拓展研究视角、丰富研究方法、加强政策研究、关注新趋势新挑战等方面进一步深化,以更全面地揭示产业结构升级对经济增长的影响机制,并为政策制定提供更加科学的依据。通过这些研究方向的深入探索,可以为经济高质量发展提供更加全面和精准的理论支持和政策建议。

总之,产业结构升级与经济增长的关系是一个复杂而重要的研究课题,需要不断深化研究,为促进经济高质量发展提供理论支撑和政策建议。

参考文献

[1] 刘伟,张辉.中国产业结构升级与经济增长的关系研究[J].经济研究,2018,53(1):4-20.

[2] 李平,王勇.产业结构升级、技术进步与经济增长:基于中国省级面板数据的实证分析[J].管理世界,2019,35(3):62-77.

[3] 陈晓东,李静.产业结构升级对经济增长的影响机制研究:基于创新驱动视角[J].中国工业经济,2020,38(5):5-23.

[4] 张军,李稻葵.中国经济增长的新阶段与新挑战[J].经济研究,2021,56(1):4-20.

[5] 国家统计局.中国统计年鉴[M].北京:中国统计出版社,2022.

[6] 代宇杰,熊云飚.人口集聚、产业结构升级与经济增长:基于云南省的实证分析[J].曲靖师范学院学报,2022,41(6):108-114.

[7] 罗玉明.数字新基建、产业结构升级与经济高质量增长[J].技术经济与管理研究,2023(12):40-44.

[8] 刘凤良,陈彦龙.环境政策组合、信贷歧视与全要素生产率:基于企业治污投入的视角[J].金融研究,2024(2):94-112.

[9] 刘耀阳.金融发展与产业结构升级[D].日照:曲阜师范大学,2021.

[10] 李青青.数字经济对产业结构升级的影响研究[J].电子商务评论,2024,13(4):8.

[11] 李语杨.中国企业境内并购网络的空间演变及其影响因素研究[D].上海:华东师范大学,2022.

[12] 许晨辉.中国技术进步对区域就业质量的影响与机制研究[D].天津:天津财经大学,2021.

[13] 胡捷,高丛.教育人力资本对经济增长的影响:以北京市为例[J].质量与市场,2022(16):64-66.

[14] 胡志坚.技术经济学视域下科技人才体系建设[J].技术经济,2023(1):5-6.

[15] 许曦,刘方.熊彼特的创新理论及其现实意义[J].商业时代,2004(30):2.

[16] 丁任重,徐志向.新时期技术创新与我国经济周期性波动的再思考[J].南京大学学报:哲学·人文科学·社会科学,2018,55(1):15.

[17] 李何佳.制度视域下创新生态系统中双元创新对区域创新能力的影响研究[D].重庆:重庆理工大学,2023.
[18] 宋波,吴佩.数字化背景下区域分布式创新体系构建与治理探索[J].经济体制改革,2023(3):43-52.
[19] 潘墨涛,郎峰翘.日本促进企业创新的科技政策:制度环境、基本逻辑与经验启示[J].现代日本经济,2023,42(4):68-79.
[20] 胡中华.关于完善环境区域协同治理制度的思考[J].法学论坛,2020,35(5):9.
[21] 张凌洁,马立平.新技术融合跨界治理的机遇、模式与思考[J].北方经济,2024(7):73-76.
[22] 江文清.硅谷高新企业集群成功发展的经验对我国的启示[J].经济体制改革,2003(4):3.
[23] 刘一人.农村金融发展对居民消费结构的影响:以吉林省样本数据为例[D].北京:对外经济贸易大学,2017.
[24] 陈杰.减税激励、研发投入与企业创新:来自信息技术服务业上市公司的证据[D].蚌埠:安徽财经大学,2022.
[25] 汪芳,夏湾.技术创新提升高技术产业竞争力的路径:以湖北省为例[J].科技管理研究,2019(3):7.
[26] 张奎兰,孔霞.中国市场化进程对经济增长带来的好处分析[J].商情,2015(34):94.
[27] 邹卫星,房林.经济总量及其波动,政府行为对产能利用率的影响[J].云南财经大学学报,2023,39(1):34-49.
[28] 赵妍.智能厨房接受行为及个性化需求研究[D].南京:南京邮电大学,2020.
[29] 张紫璇.中国产业结构升级对经济增长数量与质量影响研究[D].沈阳:辽宁大学,2022.
[30] 李晓斌.产业升级与城市增长的双向驱动:基于中国数据的理论和实证研究[J].城市规划,2017(5):94-101.